Embrace

DU BIST SCHÖN

Für Mathew, Oliver, Cruz, Mikaela, Bettyanne, Geoffrey,
Justine, Jason, Ben, Charlotte, Lily und Tante Ronda ...
Ihr seid alles für mich.

TARYN BRUMFITT

Embrace

DU BIST SCHÖN

SCHLUSS MIT
BODYSHAMING

PLAZA

ist ein Imprint der

HEEL Verlag GmbH
Gut Pottscheidt
53639 Königswinter
Tel.: 02223 9230-0
Fax: 02223 9230-13
info@heel-verlag.de
www.heel-verlag.de

Deutsche Ausgabe:
© 2017 HEEL Verlag GmbH
Plaza ist ein Imprint der HEEL Verlag GmbH

Originalausgabe:
© New Holland Publishers Pty Ltd, 2015
Originaltitel: Embrace: My Story from Body Loather to Body Lover
Original-ISBN 978-1-74257-618-3
Text: Taryn Brumfitt
Design: Thomas Casey
Lektorat: Joanne Rippin
Korrektorat: Angela Sutherland

Deutsche Ausgabe:
Übersetzung: Tamara Anders, Köln (Vorwort: Claudia Buchholtz, Rackwitz)
Fotos: Andre Agnew, Kate Ellis, Benjamin Liew, Karen Pfieffer, David Solm,
Bella Lieberberg, ETC Film Holdings PTY Ltd.
Coverdesign: Majestic Filmverleih GmbH
Satz: Axel Mertens, HEEL Verlag GmbH
Lektorat: Laura Wika von Czarnowski, Ulrike Reihn-Hamburger

Printed in Czech Republic

ISBN 978-3-95843-603-9

Inhalt

Von Ricki Lake

Für jemanden, der jahrelang mit der eigenen Körperwahrnehmung zu kämpfen hatte und dabei auch noch von den Medien beobachtet und beurteilt wurde, ist es geradezu eine Erleuchtung zu sehen, dass jemand wie Taryn Stellung bezieht gegen die Art und Weise, wie die Gesellschaft Frauen mit der Forderung nach einer bestimmten Idealfigur unter Druck setzt.

Dann und wann habe ich mir gewünscht, ich wäre in einen anderen Körper hineingeboren worden und hätte nicht so mit meinem Gewicht zu kämpfen, oder mein Aussehen hätte nicht solch einen negativen Effekt auf mein Selbstvertrauen, aber seien wir mal ehrlich: Den großen Durchbruch hätte es so nicht für mich gegeben, wäre ich damals in Größe 34 herumgelaufen. Ich denke, es ist vor allem wichtig, glücklich zu sein mit dem, was man hat – wir sind alle auf unsere Weise einzigartig, etwas Besonderes und schön.

Gegenüber meinem Körper empfand ich eine sehr komplexe Hassliebe und diese verschärfte sich zusätzlich, als Regisseur John Waters mich als „das dicke Mädchen" in seinem Film *Hairspray* besetzt hat. Ich fühlte mich wie ein wandelnder Widerspruch – einerseits wurde ich berühmt und alle mochten die Art dieses hinreißenden pummeligen Mädchens, andererseits kämpfte ich tief im Innern damit, zu mir selbst zu finden und mich wohlzufühlen in meiner Haut. Mir ist, als hätte ich einen Großteil meines Erwachsenendaseins mit diesem inneren Konflikt zugebracht, auf der Suche nach meiner natürlichen Figur: Ich – das waren 54 Kilo und das waren 118 Kilo, das reichte von Größe 34 bis Größe 54, von XS bis XXL.

Ich würde es den Frauen der nächsten Generation gönnen, sich weniger abmühen zu müssen, als ich es tat. Es wäre großartig, würden wir endlich durchschnittliche Frauen in Zeitschriften und im Fernsehen zeigen, und Frauen mit allen möglichen Körperformen und Kleidergrößen würdigen. Ich habe Söhne, keine

Töchter, aber selbst bei meinen Söhnen schmerzt es mich, wenn ich daran denke, was ich an sie weitergebe – wenn sie hören, wie ich mich über mein Gewicht beklage, während wir zusammen sind – das ist eine so ungesunde, fast unfreiwillige Angewohnheit. Was wir in unsere Körper investieren und wie wir auf uns achtgeben, all das ist so verkorkst – sich dem zu stellen ist sehr wichtig.

Deshalb finde ich es toll, was Taryn mit ihrem Buch und ihrem Dokumentarfilm bewirkt. Wie viele andere Frauen in dieser imagebewussten modernen Welt hatte sie Mühe, vom Hass auf den eigenen Körper loszukommen und von dem, was dieser Hass bewirkt. Und nun ermutigt sie Frauen, sich endlich nicht mehr ständig und wie besessen um die Größe der eigenen Brust oder des Bauchs zu sorgen, sondern einfach rauszugehen und das Leben zu genießen.

Das klingt einfach, aber natürlich ist es das nicht, es ist ein Prozess. Ich wünschte, ich wäre eine jener Frauen, die das einfach so überwinden konnten – tatsächlich jedoch war es wirklich mühsam. Aber über die Tatsache, dass ich so viele Tage meines Lebens an das Gefühl verloren habe, mit meinem Körper hadern zu müssen – darüber ärgere ich mich. Und wenn wir uns einig sind, dass wir jetzt genug haben und uns die Macht über unser Selbstbild zurückholen, die wir den Medien zugestanden haben, dann ist der Anfang vielleicht gemacht. In meinen Augen sind Projekte wie das Body Image Movement von Taryn Brumfitt der richtige Weg, um dieses Vorhaben in die Tat umzusetzen – es muss von unten beginnen, nicht anders herum.

Wenn man Taryns Buch liest, dann ist es, als ob man eine neue beste Freundin findet. Ihre warmherzige Persönlichkeit schimmert durch alles, was sie schreibt, hindurch – seien es die zum Schreien komischen körperlichen Kalamitäten, die demütigenden Peinlichkeiten, die keinem von uns fremd sein dürften, oder ihre leidenschaftlichen Attacken gegen die Diätindustrie, die uns pausenlos nach Strich und Faden abzockt. Ich empfehle dieses Buch allen Frauen, egal mit welcher Figur oder Konfektionsgröße, und ich lege allen Frauen dringend nahe: Reichen Sie es weiter an Ihre Töchter, Nichten, Patentöchter … und Söhne!

Ricki Lake

ÜBER RICKI LAKE

Ricki Lake ist eine US-amerikanische Schauspielerin und Talkshow-Moderatorin. Bekannt wurde sie durch ihre Hauptrolle im Film *Hairspray* (1988), in dem sie Tracy Turnblad, einen übergewichtigen Teenager, spielt. Von ihren persönlichen Problemen mit dem eigenen Körperbild berichtet Lake im Embrace-Dokumentarfilm.

KAPITEL 1

Rampenlicht und Pornoschuhe

„HABE ICH EINEN CAMELTOE? Oh mein Gott! Hi, ich bin Taryn, habe ich einen Cameltoe?" Scheiße, gleich rufen sie mich auf und ich glaube, ich habe mein Bikinihöschen so weit hochgezogen, dass sich meine Schamlippen unter dem Höschen abzeichnen. Ich gebe zu, dass ich die Hosen oft zu weit hochziehe und normalerweise komme ich damit durch, indem ich einen großen Schlabberpulli darüber trage. Jetzt aber gibt es keine Chance, von einem zu weit hochgezogenen Bikinihöschen abzulenken. Endlich finde ich ein Mädel, das die Zähne auseinanderkriegt und mich zur Antwort nicht nur verständnislos anglotzt wie die ersten beiden. „Äh, ich kann nichts erkennen, es ist ein bisschen dunkel hier." Na, das hilft.

Das Nächste, was ich höre, ist: „Bitte begrüßen Sie Taryn Brumfitt auf der Bühne." Die reden von mir! Madonna läuft, also ist definitiv mein Auftritt dran. Hier bin ich. Oh, diese Scheinwerfer blenden. Ich kann den silbernen Haarschopf meines Vaters im Publikum sehen. „Hi, Dad", sage ich in meinem Kopf (nervöses Kichern). Die Bühne ist hell, der Zuschauerraum ist dunkel, aber ich kann eine Menge Gesichter erkennen. Über 700 Leute schauen mir zu, wie ich in einem winzigen silbernen Bikini und Pornoschuhen über eine Bühne stakse. Ein Fitness-Model, das gegen 20 andere Mädels in einem Wettbewerb eines der angesehensten australischen Bodybuilding-Verbände antritt.

Wie bin ich hierhergekommen? Was habe ich mir bloß dabei gedacht? Lächerlich! Ich wünschte, das Publikum würde meine Geschichte kennen. Wäre es wohl unangebracht, wenn ich den Typen mit dem Mikrofon um etwas Redezeit bitte? Wahrscheinlich sehr unangebracht – okay, also nur lächeln. Innerlich lache ich. Ich lache so laut, dass es beinahe das Gefühl schierer Panik übertönt, die mich befällt, weil ich a) vor einer Menge Leute auf einer Bühne stehe und b) *im Bikini* vor einer Menge Leute auf einer Bühne stehe! Ich stakse über die Bühne und kann nur denken: „Bitte nicht vor Publikum in einem Bikini und Pornoschuhen hinfallen." Meine Beine zittern, mein Atem geht flach. Ich schaffe es bis zur anderen Seite der Bühne. Nehmt das, ihr Punktrichter, die ihr eure überkritischen Blicke in meine Seele bohrt! Ich bin nicht hingefallen, das verdient doch ein Lächeln oder eine kleine Aufmunterung? Keine Chance. Dann erinnere ich mich, dass ich hier nicht danach beurteilt werde, wie gut ich in diesen absurd hässlichen Schuhen laufen kann, oder nach meiner Persönlichkeit oder meiner Begabung – hier wird mein Körper beurteilt.

Als ich mich dem Moderator nähere, wird der Drang stärker, mir das Mikrofon zu schnappen. Innerlich bin ich überzeugt, in diesem Moment eine Rede über Körperliebe und Akzeptanz halten zu können, die mit jedem Motivationsredner mithalten könnte. Taryn, verdammt nochmal, komm runter, vergiss das Mikro, du bist nicht hier, damit die Leute dir zuhören, du bist hier, damit sie dich anschauen. Autsch, die Feministin in mir kriegt ganz gut was ab.

Ich erinnere mich für einen Moment an die Gründe, warum ich hier bin. Dies ist ein gesellschaftliches Experiment, das vor 15 Wochen begann, als ich gegenüber meiner Personal Trainerin Ruth eine folgenschwere Bemerkung machte: „Ich frage mich, wie es sich wohl anfühlt, einen perfekten Körper zu haben."

Ich hatte Ruth natürlich im Fitness-Studio kennengelernt, sie leitete den Box-Kurs am Samstag und sie war gnadenlos. Ich mochte ihre Art und ihre Stärke, sie nahm die Sache ernst und für mich, die ich gerne hart arbeite und meine innere Demi Moore aus dem Film *G.I Jane* raushängen lasse, war sie das perfekte Gegenstück.

Boxen war schon immer mein Lieblingssport. Als wir in der Schule ein Praktikum machen mussten, entschied ich mich, boxen zu lernen. Im zarten Alter von 15 Jahren dachte ich, es sei eine richtig gute Idee, in die Fußstapfen Rocky Balboas zu treten. Ich erinnere mich, dass der Beratungslehrer mich in eine andere Richtung lenken wollte und ich weiß ganz genau, dass ich ihn fragte, warum er es nicht für ein ausreichend ehrgeiziges Ziel hielte, ein Wettkampfsportler zu sein. Ich weiß auch noch, dass ich fragte, ob sein Widerstand gegen meine Praktikumsidee damit zu tun hätte, dass ich ein Mädchen sei. Das hatte es sicher nicht, ich war nur eine ätzende Besserwisserin und wollte Grenzen ausloten, denn darum geht es, wenn man als 15-jähriger Frechdachs morgens rohe Eier zum Frühstück schlürft.

Ruth stellte einen knallharten Trainingsplan für mich auf. Ich hatte ziemlich genau 15 Wochen zwischen dem Trainingsbeginn und dem Tag, an dem ich auf der Bühne auftreten sollte. Einen Tag nach dem Australia Day, dem Nationalfeiertag, ging es los. Ich kann mich genau erinnern, weil ich während der gesamten Trainingseinheit gegen Würgereiz ankämpfen musste. Da der Australia Day für die nächsten vier Monate der letzte Tag war, an dem ich nach Herzenslust essen und trinken konnte, hatte ich das gemacht, was jeder Australier getan hätte: Ich war zum Cricket-Länderspiel gegangen und hatte richtig die Sau rausgelassen.

Bei Cricket-Länderspielen in Australien schaut man nicht wirklich konzentriert dem Spiel zu. Man trinkt eine Menge, spritzt sich gegenseitig mit Wasser nass wie die Kinder, setzt sich verrückte Kopfbedeckungen auf und singt laut und viel „Aussie, Aussie, Aussie, Oi, Oi, Oi". Es ist ein Ort zum Feiern, außer natürlich, man sitzt in der Club-Lounge, wo man stattdessen kühlen Sauvignon Blanc schlürft, affige Kanapees kaut und wichtiger tut, als man wirklich ist. Hühnersuppe soll ja gut für die Seele sein; ich behaupte, ein Tag beim Cricket ist sogar noch besser. Eins ist allerdings ziemlich sicher: Am Vortag einer „Zeig-was-du-draufhast"-Trainingseinheit zum Cricket zu gehen, ist bestenfalls eine katastrophale Fehlentscheidung.

Ich schaffte es (so gerade eben) durch Tag eins meines Trainingsprogramms und dachte damals, es sei eine harte Einheit gewesen. Da wusste ich noch nicht, dass die nächsten 100 mindestens genauso hart, wenn nicht noch härter sein würden. Sechs Tage die Woche stand ich um 05.30 Uhr auf und lief, hob Gewichte, fuhr Rad, machte Squat-Sprünge, boxte, kickte, schwitzte und verausgabte mich oft genug buchstäblich bis zum Übergeben. Nach der Hälfte der Zeit ging ich von einer auf zwei Trainingseinheiten am Tag über. Das bedeutete: Zu Beginn des Tages Ausdauertraining auf leeren Magen und später am Abend dann Training an den Gewichten – zwischen dem Abendessen der Kinder um 17.00 Uhr und der Zubettgehzeit um 19.00 Uhr. (Ich sage zwar Zubettgehzeit der Kinder, aber meistens war ich abends so kaputt, dass ich mich gleich selbst ins Bett hätte bringen können.)

Ich musste so hart für meine Bikinifigur trainieren, weil die Zeit dafür so knapp war. Die meisten Teilnehmerinnen trainierten mindestens neun bis zwölf Monate bis zum Wettbewerb. Mein Motto war „schnell und hart" und Ruth hörte nicht auf mir zu sagen, ich müsse alles geben, weil ich starke Konkurrenz haben würde. Um ehrlich zu sein, hatte ich nie das Gefühl, gegen die anderen Mädels anzutreten – mein Ziel war es bloß, mich gut einzufügen und nicht unangenehm aufzufallen.

Eine dieser Trainingseinheiten werde ich nie vergessen. Es war die Woche des Wettkampfs und ich hatte die Anweisung bekommen, mir etwas „Carb-loading" zu gönnen. Ausdauerathleten nehmen bei dieser Strategie Kohlenhydrate zu sich, um eine maximale Menge Glykogen (Energie) in den Muskeln zu speichern. Bei einem Fitness-Wettkampf dient das Carb-loading im Grunde dazu, die Muskeln größer aussehen zu lassen und dazu noch die lose Haut am Bauch etwas zu spannen. Zunächst aber musste ich alle Kohlenhydrate loswerden: Drei Tage lang gab es nur Hühnchen und Brokkoli und am Donnerstag ging ich dann ins Studio und trainierte fast vier Stunden lang. Das Ziel war, das gesamte Glykogen aus den Muskeln zu verbrauchen und dann 48 Stunden vor meinem großen Bühnendebüt einen ordentlichen Vorrat davon zu bunkern.

Ruth kam an, als ich bereits zwei Stunden auf dem Laufband war, ich triefte vor Schweiß und war erschöpft. Ich war beinahe einen Halbmarathon gelaufen und fühlte mich, als sei nichts mehr im Tank, aber natürlich war da noch was und sie holte es aus mir raus. Nachdem ich mich kurz umgezogen hatte, gingen wir in den Gewichteraum und es gab noch einmal zwei Stunden Schinderei mit Zirkeltraining. Danach konnte ich mich kaum noch bewegen, ich war nicht gebrochen oder verheult wie Demi Moore, aber ich konnte bestimmt keinen vernünftigen Satz mehr reden und besonders gut gehen konnte ich auch nicht mehr.

Nach dem körperlichen Training musste ich jetzt noch optisch verschönert werden. Für jemanden, der sonst nicht oft Make-up trägt und keine Chemie an sich heranlässt (weder an die Haut noch ans Essen), bekam ich nun die volle Dröhnung: Haare, Make-up, Bräunungsspray, Nägel, noch einmal Bräunungsspray und eine Menge Enthaarung. Es fühlte sich so an, als sollte ich noch einmal heiraten. Die Bräunungsspray-Behandlung war ein Nervenkitzel. Gott sei Dank war die Kosmetikerin eine herzensgute und freundliche Frau, denn mit nacktem Hintern dazustehen, während jemand vor einem kniet und einem die Innenseite des Oberschenkels einsprüht, ist nichts für schwache Nerven! Als ich nach meiner Bräunung nach Hause kam, erkannte mich mein Mann Mat nicht mehr wieder und als er es schließlich doch tat, lachte er und wurde fast hysterisch. Ich sah wirklich bizarr aus, meine Tic-Tac-artigen Zähne strahlten hell im Kontrast zu meiner mahagonifarbenen Haut.

Als ich am Abend des Wettkampfs im Backstage-Bereich ankam, war ich unglaublich nervös. Viele Mädels kannten sich offensichtlich und gehörten scheinbar zu einer Gruppe, und ich bemerkte sofort, dass ich mit Abstand die Älteste war.

Diese Mädchen waren echt jung! Ich schätzte, dass ich etwa zehn Jahre älter war als die Älteste von ihnen.

Backstage gab es einen großen offenen Raum, wo sich Jungs und Mädels unbefangen umzogen, einölten und zurechtmachten. Dahinter war ein kleinerer Raum. Ich steuerte direkt darauf zu, denn ich war viel zu nervös, um vor hundert fremden Menschen meine Klamotten abzulegen und mich fertig zu machen. Als ich die Tür zu diesem kleinen Raum öffnete, befanden sich schon etwa ein Dutzend Mädchen darin. Ich sagte meinen Namen, verlieh ausführlich meinen persönlichen Gefühlen Ausdruck, lud mein Zeug ab und fing an, mich auszuziehen. Als ich, nachdem ich meine Trainingshose heruntergezogen hatte, aufsah, bemerkte ich, dass sie mich anstarrten, und zwar nicht unbedingt freundlichen Blickes. Jemand, der sich später als der Trainer der Mädchen herausstellte, sagte zu mir mit herrischer Stimme: „Das ist unser privater Raum, wo wir uns vorbereiten, und wir möchten uns gern in RUHE vorbereiten." Ich spürte ein Kribbeln in der Magengrube, ähnlich dem, das ich regelmäßig an der Highschool fühlte, wenn ich gemobbt wurde (eine andere Geschichte für ein anderes Kapitel). Ich war gekränkt und beschämt und ging damit um, wie ich es gewöhnlich tue, mit ein wenig Humor und zu viel Reden. Ernsthaft, immer wenn irgendein unangenehmer Mist passiert und ich in der Nähe bin, kriege ich mit Sicherheit verbalen Durchfall. „Oh, meine Damen, wie peinlich ist das denn?!" (Hier das Geräusch zirpender Grillen einfügen.) „Mein erster Wettkampf, ich kenne kaum jemanden, und dann lande ich im falschen Raum. Bei euch." (Nervöses Lachen.) „Na, ich denke, da hinter der Türe ist sicher noch ein Plätzchen nur für mich, das werde ich schon finden, nicht wahr, und zwar …" (Sie starren immer noch.) „… jetzt." Oh je, diese Mädels waren eine harte Truppe. Ich merkte, dass meine Trainingshose immer noch auf Knöchelhöhe hing. (Wieso hatte ich Turnschuhe angezogen und nicht Schlappen wie alle anderen?) Ich zog die Hose hoch, schnappte meine Sachen und ergriff die Flucht.

Überall herrschte Gedränge, also bezog ich mitten in einem Gang meine Stellung. Ich schaute mich um, Frauen machten Übungen mit Gymnastikbändern, Haarspray wurde gesprüht, Glanzlack aufgetragen – es wird ernst, meine Liebe.

Ich ging auf die Toilette, zog meinen Bikini an und mein Sportshirt wieder über das Oberteil. Ruth sah mich und fragte: „Wieso trägst du dieses Shirt?" Und ich antworte: „Ich will nicht vor allen im Bikini rumlaufen." Ruth schaute mich total perplex an. „Taryn, du gehst gleich vor ein paar hundert Leuten auf die Bühne, zieh dieses Shirt aus." Ich fühlte mich total bloßgestellt und genau in diesem

Moment traf mich die Enormität dessen, was ich gerade im Begriff war zu tun. Ich fühlte, wie mich eine Welle an Übelkeit überflutete, aber bevor ich Zustände kriegen konnte, war es Zeit, nach oben zu gehen und hinter der Bühne darauf zu warten, dass ich aufgerufen wurde. Also zerrte ich mein Bikiniunterteil so weit nach oben wie ich konnte und zog los.

Und jetzt stehe ich hier auf der Bühne, äußerlich lächelnd und innerlich über die Ungeheuerlichkeit lachend, dass ich, Taryn Brumfitt, auf einer Bühne in Pornoschuhen und Bikini herumstehe, womöglich mit einem Cameltoe (das werden wir wohl nie sicher erfahren). Wie ist es möglich, dass ich noch vor kurzer Zeit auf dem Badezimmerboden gelegen habe, mir die Augen ausheulte und jeden Zentimeter meines Körpers hasste? Wie bin ich hierhergekommen? Nun, das ist eine lange Geschichte und sie begann sieben Jahre zuvor, als ich in einem Krankenhaus auf einem Badewannenstuhl saß ...

KAPITEL 2

Der Badewannenstuhl

„OH MEIN GOTT, ES KOMMT WIEDER EINE", schreie ich über die Küchenzeile gekrümmt. Ich blicke auf und sehe, wie acht Handwerker mich durch die Glaswand des Anbaus anstarren, den wir gerade hinter dem Haus errichten. Kaum, dass unsere Blicke sich treffen, wenden sie sich sofort ab und hämmern, bohren und schleifen weiter. Wir wollten mit dem Umbau fertig sein, bevor das Baby kommt, aber wir sind einige Wochen im Verzug.

Als die Wehe vorbei ist, nutze ich die Gelegenheit und stecke den Kopf für ein freundliches Geplänkel mit den Jungs nach draußen und mache einige vorhersehbare und unlustige Witze, dass sie sich etwas beeilen müssten, weil das Baby gleich da ist. Im nächsten Moment zeigt mir die nächste Wehe, dass jetzt nicht die Zeit für blöde Witze ist und wir stattdessen lieber ins Krankenhaus fahren sollten.

Bei der Ankunft im Krankenhaus reiche ich der Hebamme schwungvoll meinen Geburtsplan. Es ist jetzt wichtig, dass sie und ihr Team meine wohlüberlegten Vorstellungen vom weiteren Tagesverlauf erfassen und verstehen, wie sie während der Wehen mit mir kommunizieren sollen. Erst vor wenigen Monaten haben Mat und ich eine erhebliche Summe für die Teilnahme an einem Hypnobirthing-Workshop ausgegeben und wir sind entschlossen, den gerechten Gegenwert dieser Investition in Form einer ruhigen, friedlichen und entspannten Geburt durch die korrekte Anwendung unserer im Workshop erworbenen Fähigkeiten zu erhalten.

Acht Stunden später sind alle Gedanken an Ruhe, Heiterkeit und Harmonie über Bord geworfen. Statt Entspannungsmusik läuft die amerikanische Talkshow *Dr. Phil* im Fernsehen. Ich hänge im Bad, die nassen Haare kleben mir im Gesicht und ich kreische wie eine Furie. Wieso läuft *Dr. Phil* überhaupt? Er gehört nicht zum Plan und hat auch mit Hypnobirth nichts zu tun, aber ich finde kaum die Kraft, Mat zu sagen, dass er den Fernseher ausschalten soll.

Bis hierhin habe ich acht Stunden Wehen ohne Schmerzmittel durchgemacht. Als der Bereitschaftsarzt der Geburtshilfeabteilung den Muttermund untersucht, sagt er mir, er sei drei Zentimeter weit geöffnet. Klar, dass ich ziemlich entsetzt bin. „WAS ZUM VERDAMMTEN HYPNOBIRTH REDEN SIE DA?", schreie ich – nur in meinem Kopf. Acht Stunden für drei cm? Soll das ein Witz sein? Ich hänge bereits in den Seilen und dann kommt wie beim Boxen der K.o.-Schlag. „Sie wird eine Epiduralanästhesie brauchen", sagt der Kerl zu der Krankenschwester vor mir und geht raus.

Nein, nein, NEIN! So war das nicht geplant. Was passiert hier, Leute? Das habe ich mir anders vorgestellt. Ich habe entsetzliche Schmerzen, ich bin so enttäuscht, dass ich nicht so stark bin, wie ich dachte, und ich werde in eine Schmerzmittel-Behandlung gedrängt, die ich ursprünglich nicht wollte. Ich hasse Nadeln und gleich kriege ich eine in meine Wirbelsäule gestochen. Ich gebe mich geschlagen und schluchze in Mats Schulter.

Eine Stunde später bin ich im Paradies der Epiduralanästhesie und frage mich, wieso jemand eine natürliche Geburt will, wenn man doch das goldene Epiduralticket haben kann. (Ob ich wohl die Hypnobirth-Kursgebühr zurückfordern kann? Fraglich.) Es gibt natürlich auch Nachteile bei der Epiduralanästhesie und dazu gehört, dass man die Wehen nicht spürt und deshalb alles sehr viel langsamer erscheint. Nach weiteren acht Stunden Wehen unter Betäubung habe ich mir angewöhnt, automatisch den Rufknopf zu drücken, sobald ich bei einer Kontraktion wieder mehr Schmerzen spüre, um mir nachschenken zu lassen.

Gott sei Dank hat die Hebamme, der ich meinen Geburtsplan gab, längst Feierabend. Im Bett sitzen, fernsehen und alle Nase lang die Ruftaste drücken, um Betäubungsmittel zu bekommen, ist doch ein ziemlicher Kontrast zum ursprünglichen „keine Medikamente, Peace, Love und Mantra-singen"-Ansatz. Ich bin sicher, das Personal hier hat schon unzählige Erstgebärende mit rosigen Vorstellungen und sorgfältigen Vorbereitungen für die perfekte Geburt erlebt. Immerhin hat die Hebamme nicht die Augen verdreht, als ich ihr ein Exemplar der drei Kopien gab, die ich für diese ganzheitliche Gruppenerfahrung an das Team verteilt habe.

Dank der magischen Epiduralanästhesie drückte und presste ich noch weitere dreieinhalb Stunden lang, bis endlich um 22.36 Uhr am 4. Juli, Oliver Jason Geoffrey Brumfitt geboren wurde. Mats Reaktion darauf, Oliver auf die Welt kommen zu sehen, war unbezahlbar. Er weinte und rief immer wieder: „Oh mein Gott, oh mein Gott!" Der Geburtshelfer sagte mir später, er hätte noch nie eine so überwältigte und lebhafte Reaktion eines Vaters gesehen. Ich hatte Mat nur sehr selten weinen gesehen. Er lässt sich nur ungern in die Karten schauen, aber dieser Moment war so, als sprudelten alle freudigen und schönen Erfahrungen seines ganzen Lebens auf einmal aus ihm hervor. Mat so verletzlich und mit Freude erfüllt zu sehen, machte diesen Moment noch schöner für mich.

In meinen Armen lag Oliver, mein Schatz – winzige Fingernägel, nasses tintenschwarzes Haar und in jeder Hinsicht vollkommen. Was für ein surrealer Moment. Ich war Mutter. Als ich meine Eltern mit der Neuigkeit anrief, eilten sie ins Krankenhaus, um ihren wunderschönen Enkel zu sehen. Als sie ihn in den Armen hielten, dachte ich, dass ich sie schon seit sehr langer Zeit nicht mehr so glücklich gesehen hatte. Mit Tränen in den Augen stellte ich ihnen Oliver vor und platzte fast vor Stolz und Aufregung, als ich seinen zweiten Vornamen verkündete: Jason.

Jason war mein Bruder, er war fünf Jahre zuvor plötzlich verstorben. Ich wusste, dass ein neues Leben in unserer Familie helfen würde, den Schmerz einer lebenslänglich auferlegten Trauer zu lindern. Von dem Moment, da ich Oliver hielt, wusste ich, dass ich bereit war, für ihn zu sterben. Erst jetzt verstand ich die unumkehrbare Traurigkeit meiner Mutter. Egal, was geschieht oder gesagt wird oder welche Freude sie auch immer in ihrem weiteren Leben erfahren wird, es wird nie eine reine Freude sein können. Ihr Leben wird immer behaftet sein, immer, genauso wie das meines Vaters. Erst als ich Oliver im Arm hielt, verstand ich die Maßlosigkeit von Liebe und Verlust. Es ist eine Liebe, die ich noch nie zuvor empfunden hatte, Worte können sie nicht ausdrücken.

Es war fast Mitternacht und ich war völlig fertig. Mum und Dad waren gegangen und ich stopfte mich mit etwa 20 Krankenhaussandwiches voll. (Ich habe eine seltsame Vorliebe für Krankenhaussandwiches, Flugzeugbrötchen und Krebsfleischimitat – tragisch, ich weiß!) Es war Zeit, meine enormen Brüste und genauso gigantischen Brustwarzen auf die Probe zu stellen. Oliver sollte ans Stillen herangeführt werden und Mannomann, was hatte er für einen Spaß daran. Er wusste instinktiv genau, was er zu tun hatte, im Gegensatz zu mir, die ich mich durch die ganze Situation doch etwas verwirrt fühlte. Mat stand rechts neben mir und sah mir fasziniert zu, als sei ich ein Tier, das in einer David-Attenborough-Doku etwas ganz Außergewöhnliches tut. Die Hebamme knetete mit den Händen meine Brustwarzen, um das Kolostrum herauszustreichen, und dann war da natürlich Oliver, der um meine Brustwarzen herumschnüffelte wie ein streunender Hund um eine Mülltonne. Klein-Oliver, das jüngste Familienmitglied und ein ganz neuer Mensch, machte es sich gemütlich und saugte an meinen Nippeln. Unglaublich. Soviel Action hatten meine Brustwarzen noch nicht erlebt und binnen einer halben Stunde fühlte ich mich taub. Oliver wurde schläfrig und ich dachte mir, ich hätte eine lange, warme Dusche verdient.

Meine Vagina war von der Geburt so taub, dass ich gerade so ins Bad watscheln konnte, wo ich mich auf dem Badewannenstuhl niederließ. Ich drehte den Wasserhahn auf und das Gefühl des warmen Wassers, das meinen Rücken herunterlief, war magisch. Wäre da nicht der Alte-Leute-Stuhl gewesen, auf dem ich saß, die Krankenhauskacheln, die Handläufe und die Leuchtstoffröhren, ich hätte geschworen, dass dieser Baderaum das Potenzial zur Wellnessoase hatte.

Dann schaute ich auf meinen Bauch herunter und hatte meinen ersten (von vielen) „WAS-ZUM-TEUFEL?"-Momenten. Neun Monate lang war er der prallste, sexieste und schönste Teil meines Körpers gewesen, jetzt war er zum Klumpen degeneriert. Er fühlte sich an wie Gelee, war schwabbelig und, offen gesagt, abstoßend.

Ich erinnerte mich daran, wie ich erstmals merkte, dass ich schwanger war, und mich sofort darauf freute, dass mein Bauch, auch bekannt als „meine Problemzone", endlich aus guten Gründen groß und rund sein würde und ich ihn zum ersten Mal in meinem Leben nicht würde einziehen müssen. Ich hatte alles an meinem schwangeren Bauch geliebt, die Form, wie er sich anfühlte und natürlich den Inhalt! Einer meiner Lieblings-Zeitvertreibe war es, meinen Bauch unter der Dusche einzuseifen und immer, immer wieder mit meinen Händen sein neues Terrain zu erkunden. Ich hatte meinen Körper nie mehr geliebt als während der Schwangerschaft.

Und jetzt saß ich hier auf dem Badewannenstuhl, mit tellergroßen Brustwarzen, einem geleeartigen Schwabbelbauch und Blut floss aus meiner Vagina. Ich war erschöpft, überwältigt und stand vor der größten Herausforderung meines Lebens. Nichts würde mehr so sein wie vorher.

Die nächsten Tage im Krankenhaus waren ein Nebel von schlafen, stillen und essen. Ich war total verliebt in Oliver – Mutterliebe kann man nicht begreifen, bis man sie erlebt hat, sie ist absolut überwältigend. Auf Olivers Geburtsanzeige ließ ich ein Gedicht von Maureen Hawkins drucken, das es perfekt auf den Punkt bringt: „Ehe du empfangen wurdest, wollte ich dich. Ehe du geboren wurdest, liebte ich dich. Ehe du eine Stunde hier warst, war ich bereit, für dich zu sterben. Dies ist das Wunder des Lebens."

Es war zauberhaft, Oliver nach Hause zu bringen. Es war so schön, ein Baby in der großen Wiege zu sehen, die seit Monaten in dem leeren Kinderzimmer stand. Wir bekamen schnell eine wirklich gute Routine in Gang, und nach einigen Wochen, die wir zurückgezogen zuhause verbracht hatten, war es Zeit für Mat und mich, ins gesellschaftliche Leben zurückzukehren.

Es war Samstagabend.

Abdeckcreme auf meine dunklen Augenringe – check. Große Oma-Unterhosen, um alles zusammenzuhalten – check. Ollie gestillt, Still-BH mit Einlagen ausstaffiert – check.

Ich kämmte mir die Haare und schlüpfte in ein neues Paar flippiger Ballerinas mit Tiermuster darauf. Tiermotive machen mich glücklich und als ich in den Spiegel schaute, dachte ich, dass ich ziemlich gut aussähe für eine frisch gebackene Mutter mit einem sechs Wochen alten Baby.

Wir waren zum Abendessen bei unseren Freunden Viki und Mary eingeladen, die praktischerweise nur zwei Straßen weiter wohnen. Wir sind seit ewigen Zeiten befreundet. Ich bin mit Marys Tochter Kaija zur Schule gegangen, sodass sich Mary und Viki wie alte Freunde der Familie anfühlen. Ihr Zuhause ist von der Sorte, bei der man nie wieder gehen möchte, angefüllt mit Lachen und vergnüglichen Stunden und einer Menge Essen. Ihre lettischen Brötchen mit Speck und Zwiebeln sind wirklich zum Sterben gut. Manchmal staube ich zu Ostern eine Tüte davon ab und verstecke sie vor dem Rest der Familie in der Tiefkühltruhe und esse sie heimlich ganz allein. Schlimm, nicht wahr? Aber ehrlich gesagt – keiner weiß diese Zwiebel-Speckbrötchen so zu würdigen wie ich und deshalb finde ich fast, es ist mein gutes Recht, sie allein zu essen.

Besuche bei Mary und Viki erinnern mich auch immer an unsere griechische Nachbarin Salome, die in Flagstaff Hill gegenüber von meinem Elternhaus wohnte, als ich klein war. Ich kann mich erinnern, wie ich in Salomes Küche saß, die einzigartig und verführerisch nach trautem Heim roch, und griechischen Kaffee trank und türkischen Honig aß. Wegen meiner australischen Mutter und meines britischen Vaters habe ich es immer gemocht, mit Leuten aus anderen Kulturen befreundet zu sein, teils weil sie andere Lebensgeschichten und Lebensstile hatten, aber vor allem wegen des Essens. Wir waren eine „Fleisch-und-drei-Gemüsesorten"-Familie und das machte mich rasend. Ich wollte Knoblauch, Zitronengras, Gewürze und Kräuter, aber das Tollste, was es zu unserem öden Essen manchmal gab, war Tartarsauce zum Fisch. Damit wir uns jetzt nicht falsch verstehen: Ich versuche nicht strategisch, meinem Magen zuliebe, mich mit Leuten anderer ethnischer Herkunft anzufreunden, aber wenn als zusätzlicher Bonus ein gutes Hühnchenkorma mit einer indischen Freundin oder asiatisches eingelegtes Gemüse von meinen chinesischen Kumpels herausspringt, sage ich nicht nein.

So schnell bin ich von einer Geschichte abzulenken. Mit Essen klappt das immer. Zurück zu meinem gekämmten Haar und den Ballerinas mit dem Tiermuster.

Wir hatten einen wirklich schönen Abend bei Mary und Viki. Es fühlte sich gut an, in Gesellschaft zu sein und den Stolz über die „Oooohs" und „Aaaahs" zu genießen, die unser neues Geschöpf Oliver erregte. Bei so vielen Leuten, die ihn im Arm halten wollten, konnte ich sogar ohne Unterbrechung zu Ende essen. Der Abend neigte sich gegen 21.30 Uhr dem Ende zu und Mat, Oliver und ich traten unseren sehr kurzen Heimweg an.

Wir waren kaum eine Minute gegangen, als ich plötzlich einen enormen Stuhldrang verspürte. Bevor ich meine Kinder bekam, war ich es gewohnt, diesen Drang (ebenso wie das kleine Geschäft) stundenlang einhalten zu können. Aber an diesem Abend kam der Drang urplötzlich und wurde aus dem Nichts unwiderstehlich. Ich drehte mich zu Mat und sagte: „Ich muss dringend aufs Klo." Er meinte, wir seien ja gleich zu Hause, und bemerkte eindeutig weder meinen flehenden Ton noch den intensiven Blick. „Schatz, ich muss wirklich dringend und groß, und zwar JETZT." Endlich verstand Mat und fing an, schneller zu gehen. „Oh, verdammt", japste ich, „im Ernst, ich mache mir gleich in die Hose, Mat. Lauf vor, schließ auf und mach die Alarmanlage aus, damit ich gleich durchrennen kann!" Und er rannte los und ich hinterher, halb rennend, halb im Seitschritt, jammernd und den Kinderwagen vor mir herschiebend. Ich frage mich immer, was die Nachbarn wohl gedacht haben müssen, die uns zufällig mit unserem neuen Baby im Kinderwagen beobachtet haben sollten. Dachten sie: „Aha, eine junge Familie, die sich samstagabends gesund und aktiv bewegt"? Jedenfalls hätte wohl keiner gedacht: „Schau mal, die Frau dort versucht, ihr Geschäft zurückzuhalten, während der Mann vorrennt, damit sie schnell und reibungslos ins Haus kommen kann."

Ich schaffte es in unsere Straße, indem ich lief, so schnell ich konnte, während ich daran dachte, dass mein kleines Baby in einem Kinderwagen lag, der nicht für hohe Geschwindigkeiten gedacht war und über Wege rollte, die für einen Neugeborenen mit weichen Fontanellen echte Todesfallen waren. Ich sah mein Haus mit dem perfekt gestrichenen weißen Gartenzaun, gleich waren wir da ... Ich schaffte es durchs Gartentor, durch die Eingangstüre, und – gerade einmal wenige Meter vor der Klotür wurde die Erleichterung, es (beinahe) geschafft zu haben, zu viel, und mitten in der Diele machte ich mir in die Unterhose. Vor meinem Ehemann. Ich schlurfte vorsichtig bis zur Toilette und brachte mich dort wieder in Ordnung. Ich erspare uns die Details, aber sagen wir es so: Sich als Erwachsene in die Hose zu scheißen, ist nicht nur dreckig und ekelhaft, es ist auch niederschmetternd für das Selbstwertgefühl.

Als ich wieder auftauchte, blickte Mat mich mit gesenktem Kopf an und wandte sich dann ab, peinlich berührt, wie ich nur vermuten konnte. Ich war zutiefst und vollkommen beschämt. Mat und ich gehen immer sehr offen miteinander um, ich könnte vor ihm fast alles tun und sagen, ohne zu befürchten, dass sich seine Gefühle für mich änderten. Aber mir vor ihm in die Hose zu machen, war definitiv Neuland für unsere Ehe.

Seit Olivers Geburt war jeder Gedanke daran, ein Objekt von Begehren zu sein oder eigene sexuelle Neigungen zu haben, schon stark ins Hintertreffen geraten. Jetzt, in meinem Zustand vollkommener Scham als Frau meines hinreißenden Ehemannes, fühlte ich mich extrem begehrens-unwert. Der Gedanke, wieder seine Geliebte zu sein, war fast unvorstellbar. Es war, als hätte die Geburt in meinem Kopf einen Schalter ausgeknipst und mit Kot in meiner Unterhose und diesem Ausdruck auf seinem Gesicht würde dieser Schalter nicht so schnell wieder eingeschaltet werden.

Einige Wochen nach diesem Zwischenfall entschied ich, mich aktiv um meinen Körper und meine Fitness zu kümmern und dass es Zeit war, wieder Netball spielen zu gehen. Es schien der perfekte Sport für den Wiedereinstieg zu sein, ich beherrschte ihn und im Sportclub gab es sogar eine Kinderkrippe für eventuelles Babysitten.

Als mein erstes Kind bekam Oliver keine Kinderkrippe von innen zu sehen, bis zwei Jahre später Cruz, mein zweites Baby, geboren wurde. Die meisten Mütter sind beim ersten Kind sehr pedantisch, was Schlafzeiten, die Vermeidung von Keimen und die Verpflegung angeht und ich war da nicht anders. Es ist witzig, wie man umso lockerer wird, je mehr Kinder man hat. Ich erinnere mich, wie meine Freundin Mel lachte, als wir beide schon unser zweites Kind hatten und meinem ein Zahnhilfe-Keks auf den Boden fiel. Ich hob ihn auf, sagte: „Zehn-Sekunden-Regel" (die bedeutet: wenn das Essen nicht länger als zehn Sekunden im

Dreck gelegen hat, sind noch keine Keime dran), und gab dem Kleinen den Keks zurück. Wir dachten an die Zeiten mit unseren Erstgeborenen zurück, als das eine Todsünde gewesen wäre!

Ich bin mal wieder abgeschweift, zurück zur Geschichte. An jenem Dienstag also war ich froh, auf dem Netball-Platz etwas Zeit für mich zu haben, mir Bewegung zu verschaffen und einen Sport zu treiben, den ich mit großer Begeisterung über 20 Jahre gespielt hatte. Ohne angeben zu wollen, halte ich mich für eine gute Netballerin. Ich war schon in sehr jungem Alter sehr wettbewerbsorientiert und ehrgeizig, wollte immer die Beste sein und war es auch fast, bevor ich rauchen und gelegentliches illegales Alkoholtrinken als Minderjährige mit meinen Freunden entdeckte. Ich war etwa 16, als ich eine Pause vom Netball nahm, aber da spielte ich für den besten Club des Staates und wenn ich dabeigeblieben wäre, wäre ich bestimmt ganz nach oben gekommen. Aber aus der Perspektive einer 16-Jährigen war weißer Cider im Park mit meiner Clique die bessere Alternative zum Netballtraining ...

Man könnte also sagen, dass es eine Art Comeback war, als Hobbysportlerin in einem harmlosen Spielchen um 10.10 Uhr am Dienstagmorgen meine Netball-Talente zu demonstrieren. Nach dem ersten Viertel fühlte ich mich auf dem Gipfel der Welt, ich hatte einige gegnerische Pässe abgefangen und konnte den Platz auf der Center-Position schnell und beweglich rauf und runter rennen. Ich hatte es immer noch drauf und war total aufgekratzt, als ich zum zweiten Viertel zurück auf den Platz lief.

Als Center spiele ich zum Angriff den Ball und passe idealerweise auf die Flügelstürmerin. Sie passt dann auf die Angriffsspitze, die dann hoffentlich den Punkt macht. Bei einem so geplanten Angriff verpasste unsere Spitze das Tor und damit hatten die Gegnerinnen den Ball. Ich rannte zurück, um meine gegnerische Center-Spielerin abzufangen, und der Ball kam ebenfalls den Platz herunter. Wie in einem Film in meinem Kopf sah ich voraus, was passieren würde, und sah meine Chance zu einem absolut spektakulären Abfangmanöver. Und genau so kam es, das Mädel mit dem Ball spielte den Pass genau zu der, die ich vorausgesehen hatte, und BUMM schnappte ich Superschnelle mir den Pass und hatte den Ball. Applaus für mich.

Moment Mal, was lief mir denn da warm am Bein runter? Oh, verdammt nochmal, ich hatte mich gerade vollgepinkelt. Tiefe Scham. Ich spielte den Ball schnell ab, machte diese kratzende Bewegung mit der Schuhspitze über den kleinen Urinfleck auf dem Spielfeld, und rieb mit meinem trockenen Bein umständlich das nasse Bein ab, damit es nicht so glänzte und allen auffiel. Durch den Kopf ging mir die eine Frage: „WAS ist da gerade passiert?"

Während meiner ganzen Schwangerschaft hatte meine sehr gute Freundin Nikki, die Physiotherapeutin ist, mich immer wieder gefragt, ob ich auch meine Beckenbodenübungen mache. Worauf ich immer herablassend log: „Natürlich, mache ich. Jetzt gerade zum Beispiel."

Warum, warum, warum bloß hatte ich diese ganze freie Zeit, bevor ich Kinder hatte, nicht genutzt, um wenigstens fünf Minuten am Tag diese Übungen zu machen? Schon gut, ich weiß die Antwort – weil man als Kinderlose immer denkt, man hätte keine Zeit. Erst, wenn man Kinder hat, weiß man, dass man zuvor im „Endlos-viel-Zeit-zur-freien-Verfügung"-Traum gelebt hat.

Ich schaffte es bis zum Ende des Spiels, aber man kann wohl sagen, dass meine Aktionen in diesen letzten Vierteln nichts Spektakuläres mehr hatten. Die Mädels auf dem Platz müssen gedacht haben, dass mir die Puste ausgegangen und ich das Spiel am Anfang viel zu schnell angegangen war. Ich bin sicher, sie dachten: „Jetzt rennt sie nicht mehr so flott den Platz rauf und runter mit ihrem wippenden Pferdeschwanz und fängt die Bälle ab, die Angeberin."

Wir verloren das Spiel, ich verlor meine Würde und mit gesenktem Haupt fuhr ich zurück zum Haus meiner Mum, wo sie auf Ollie aufpasste. Ich holte meine fast platzenden Brüste aus dem hässlichen und schmerzbereitenden Sport-BH und setzte mich auf die Couch. Milch tropfte von meinen Nippeln, während Oliver andockte, und ich erzählte meiner Mum, was passiert war. Sie schlug vor, dass ich Einlagen zum nächsten Spiel tragen sollte und das tat ich auch. Tatsächlich trug ich bei den Spielen in den nächsten Monaten immer zwei Einlagen und drei Unterhosen. Eine Einlage in der ersten Unterhose, darüber eine zweite Unterhose mit Einlagen und darüber die ultimative figurformende „Behalt-alles-drin-und-lass-nichts-raus"-Shapewear-Hose im Nancy-Ganz-Stil.

Ich war entschlossen, nie wieder einen Tropfen Urin auf einem Netballfeld zu hinterlassen, und ich tat es auch nicht. Aber natürlich vor allem deshalb nicht, weil ich ganz einfach nicht mehr mit demselben Einsatz spielte, wie ich es vorher immer getan hatte. Ich traute meinem Körper nicht mehr.

KAPITEL 3

Erwachsen werden

IN MEINER JUGEND habe ich meinen Körper niemals gehasst oder misstraut. Ich machte die üblichen Höhen und Tiefen des Teenagerdaseins durch, ich probierte Diäten aus, aß manchmal eine Woche lang nur Reiswaffeln mit Thunfisch, war an manchen Tagen überzeugt, ich sei dick, probierte das eine oder andere Verbotene aus, aber im Großen und Ganzen war ich normal.

Wenn ich über meine Kindheit nachdenke, glaube ich, dass ich zu sehr damit beschäftigt war, Mobbing zu überstehen, als mir Sorgen um meinen Körper zu machen. Ich wurde sowohl in der Grundschule als auch in der Highschool gemobbt. Meine erste Erinnerung an Mobbing war im fünften Schuljahr, als sich die Jungs plötzlich für mich zu interessieren begannen und das den anderen Mädchen einfach nicht passte. Ich wurde deshalb „Schlampe" genannt und weiß noch, dass ich es nicht verstand. Ich hatte die männliche Aufmerksamkeit nie absichtlich auf mich gezogen, ich erhielt sie einfach ungefragt.

Es war furchteinflößend, auf die Highschool zu kommen, aber ich fand mich schnell zurecht und hatte einen sehr engen Freundeskreis. Zum ersten Mal seit langer Zeit fühlte ich mich beschützt. Eine meiner besten Freundinnen hieß Katarina Urban und sie war ultracool. Wenn wir nicht damit beschäftigt waren, die weißen Strümpfe unserer superkurzen Sommer-Schuluniformen wieder ganz auf die Knöchel herunterzuschieben, kaum dass wir sie hochgezogen hatten, rauchten wir hinter der Imbissbude, schauten Stephen-King-Filme oder hielten merkwürdige Séancen ab. Ich hatte das Gefühl, dass mich endlich jemand richtig gut verstand.

Doch dann verkündeten mir meine Eltern, dass wir umziehen würden und ich auf eine andere Schule käme. Ich war zugleich niedergeschlagen und aufgeregt, ein Neustart konnte spaßig sein, ich konnte eine neue Rolle für mich erfinden und „die coole Neue" werden. Ich malte mir alles genau aus.

Und so kam es, dass ich keine Ahnung hatte, was auf mich zukam, als ich mit meiner makellosen Uniform, perfekt frisiertem Haar und auf Hochglanz polierten Schuhen auf die Unley High kam. Mitten im zehnten Schuljahr hatten sich alle Cliquen und Allianzen längst gebildet und ich war zutiefst verunsichert. Ich stand im Scheinwerferlicht, die anderen wollten wissen, wer ich war, woher ich kam und in welche Gruppe ich passen würde. Wie in den meisten australischen Schulen gab es den Club der Coolen, die Italiener, die Streber, die Griechen und die dazwischen (nicht richtig cool, aber keine Streber). Letztere flogen meist unbeachtet unter dem Radar. Natürlich wollte ich zu den Coolen gehören, deren Uniformen die Grenzen der Bekleidungsvorschriften ausloteten, die in der Pause rauchten – und die mich in den ersten Wochen kaum beachteten. Als der „Casual Day" angekündigt wurde, an dem wir alle in unseren eigenen Klamotten statt in der Uniform kommen konnten, dachte ich, ich hätte die Gelegenheit, mich endlich zu beweisen. Ich würde mit meiner Coolness alle Register ziehen und endlich würde die Clique der Coolen mich als eine der ihren in ihrer Mitte aufnehmen.

Mum fuhr mit mir zum Einkaufen zu Sportsgirl – einem Klamottenladen für junge Mädchen – deren T-Shirt mit vielfarbigem Markenlogo, in eine 501-Jeans gestopft, mich in die Sphären der Coolen-Clique katapultieren sollte. Die Fernsehwerbung von Sportsgirl endete mit einer Frauenstimme, die „Sportsgirl" flüsterte, nein hauchte, denn sie atmete hörbar aus und sagte gleichzeitig: „Spooooortsgiiiiiirl." Ich fand das total cool.

Am Abend vor dem Casual Day legte ich alle meine Sachen auf dem Boden meines Zimmers aus. Ich war total aufgeregt, dass ich endlich ausdrücken können würde, wer ich war. Aus allen meinen Poren würde ich Coolness versprühen. Als ich dann zur Schule kam, stand ich da wie ein Landei – ich hatte offensichtlich als einzige etwas nicht mitbekommen, denn alle anderen liefen mit Lacoste-Pullis oder in Mambo-Pullovern herum. Meistens dasselbe Modell, aber in unterschiedlichen Farben. Ich passte nicht dazu. Bis jetzt war mein Schicksal an der Schule ungewiss gewesen, an diesem Tag war meine Rolle bis zur Pause geklärt. Ich war die Außenseiterin, ich war nicht „in". Im Gegenteil, ich war völlig allein.

Das gemeine Mädchen, das den entscheidenden Angriff auf mich anführte, hieß Edith (abgekürzt Eddy). Sie war ein ganz schöner Schrank, man hätte keinen körperlichen Streit mit ihr haben wollen, und sie war gemein. Sie machte zusammen mit ihrer Clique anderer fieser Mädchen mein Leben praktisch zur Hölle und manchmal hatte ich wirklich Angst, dass sie mir auch körperlich wehtun würde.

Eddy bedrohte mich regelmäßig und es kursierten oft Gerüchte an der Schule, dass sie mich „verdreschen" wollte. Sie ängstigte mich zu Tode! Ich denke, es war daher keine Überraschung, dass ich während des Praktikums Boxen im Sportclub lernen wollte. In der Rückschau als Erwachsene wollte ich damals wahrscheinlich nur einen Weg finden, mich zu verteidigen, falls Eddy auf mich losgehen sollte.

Erst in den letzten Jahren, seit ich selbst Kinder habe, hat mein Wunsch nachgelassen, auf sie einzuschlagen und sie mit einem gezielten Tritt auszuknocken, wenn ich ihr begegnen sollte. Lange Zeit konnte ich, wenn das Gespräch auf sie kam oder ich ihren Namen auf Facebook sah, nur an Rache denken. Aber natürlich habe ich heute als Erwachsene eine bessere Vorstellung davon, warum Tyrannen andere Leute schikanieren. Ich bin sicher, dass sie selbst unter Ähnlichem zu leiden hatte und auf mir herumhackte, um sich selbst besser zu fühlen.

Jugendliche können grausam sein und die Jungs sangen gern einen Song mit der Zeile: „Edith Eddy gibt gern heady." Die Jungs zogen Eddy also damit auf, sie gebe gern „Headjobs", auch als Blowjobs bekannt. Sie lachte meistens zur Antwort, tat aber auch manchmal so, als sei sie stolz auf diesen Ruf. Das arme Mädel hatte wahrscheinlich wirklich mal einem Typ einen Blowjob gegeben, er hatte es gleich allen seinen Kumpels erzählt und als nächstes wurde sie allgemein als Schlampe gebrandmarkt.

Es erinnert mich irgendwie an all die Male in meinem Leben, in denen ich Männer abgewiesen habe und Sekunden später als Schlampe bezeichnet wurde. Die Gespräche liefen oft so ab:

„Hey, Schöne, kann ich dich zu einem Drink einladen?"

„Nein, danke, ich warte nur auf eine Freundin."

(Leise:) „Verfickte Schlampe."

Was zum …? Ich kenne eine Menge Frauen, die wissen, wovon ich rede. Ich erinnere mich auch an eine Gelegenheit auf meiner ersten Highschool, als ein älterer Junge mich küssen wollte und mich Schlampe nannte, als ich ihn zurückwies. Er kriegte, was er verdiente, als mein Bruder Jason rausbekam, was passiert war und mit seinen Freunden in deren Auto versuchte, diesen Typen auf seinem Fahrrad umzufahren. Vielleicht ein etwas übertriebener Beschützerinstinkt – ja, das war es – aber der Typ nannte mich nie wieder eine Schlampe, soviel ist sicher.

Aber zurück zu Eddy. Sie war wirklich ein fieses Ekel, aber ich bin sicher, dass sie ihre eigene Leidensgeschichte hatte. Irgendetwas oder irgendjemand hatte sie zu dem gemacht, was sie war. Ich mache ihr (heute) keine Vorwürfe deshalb und ich trage ihr die Sache auch nicht mehr so nach wie früher. Es ist nun einmal so passiert – einfach eine der Episoden, die mich zu der Person gemacht haben, die ich heute bin. Damals aber war es schwieriger, die tägliche Hänselei und die gemeinen Kommentare philosophisch zu betrachten. Diese Behandlung von damals prägt mich bis heute. Vor einigen Jahren gingen ein paar meiner Freundinnen zusammen ins Kino und luden mich nicht ein. Mat war damals auf Reisen und ich war tief verletzt, dass sie nicht daran gedacht hatten, dass ich mich auch gefreut hätte, mitzukommen. Statt das Ganze als „keine große Angelegenheit" abzutun, machte ich ein Riesentheater. Ich schickte meinen Freundinnen eine beleidigte E-Mail, wie „ausgeschlossen" ich mich fühlte und stellte unsere Freundschaft in Frage. Erst als mir klar wurde, dass ich mich völlig peinlich benommen hatte, konnte ich die wahren tieferen Gründe meines Verhaltens erkennen. Es ging mir nicht um einen entgangenen Kinoabend, sondern um das Gefühl, unerwünscht und ausgegrenzt zu sein, genau wie in der Highschool. Zum Glück habe ich diese Gefühle heute im Griff, es gibt schließlich nichts Schlimmeres als einen Freund, der „es nötig hat".

Gemobbt zu werden war hart und ich erinnere mich bis heute daran zurück, aber es gab etwas, das meine Kindheit und meine heutige Persönlichkeit noch stärker beeinflusste und prägte – der Tod.

Der Tod hat mich im Guten und im Schlechten geformt, aber wie ich denke, überwiegend im Guten. Ich bin seit jeher ein ungeduldiger Mensch, ich kann den Spruch „Rom wurde auch nicht an einem Tag erbaut" nicht ausstehen, für mich muss alles schon gestern erledigt sein. Ich weiß, dass dieser Charakterzug an mir für meine Freunde und Angehörigen einer der nervigsten ist. Die Räder müssen immer rollen, wir müssen vorankommen, wir haben keine Zeit zum Chillen und Relaxen, denn, wie ich ihnen erkläre, ist das Leben zu kurz. Oder anders gesagt: „Der Tod ist immer nahe, er könnte uns jeden Augenblick mit sich nehmen."

Ich war noch jung, als Tod und Tragödie mich erstmals streiften. Ich war 15, es war Heiligabend 1994, als wir zuhause einen merkwürdigen Anruf erhielten. Dad ging ran und ein Mann fragte: „Kennen Sie Keith Butterworth?" Dad bejahte dies und der Anruf wurde unterbrochen. Onkel Keith, ein sanft sprechender, ruhiger und freundlicher Mann, war Dads Bruder. Dad war verblüfft über den Anruf. Minuten später klopfte es an der Türe und zwei Polizeibeamte standen davor.

Sie erklärten, Onkel Keith und seine langjährige Freundin Catherine seien verschwunden. Es war völlig bizarr und ergab überhaupt keinen Sinn. Es gab nicht viele Einzelheiten und als die Polizisten gingen, wussten wir nur, dass Keith und Catherine beide verschwunden und die Umstände ihres Verschwindens irgendwie merkwürdig waren.

Am nächsten Tag war Weihnachten und Mum, Dad und ich flogen in die Ferien auf die Fidschi-Inseln. Jason war fast 20 und Justine, meine große Schwester, war 23 Jahre alt, und beide hatten andere Pläne. Auch wenn ich ein etwas zickiger Teenager war, freute ich mich auf einige Tage allein mit Mum und Dad, um mich als Einzelkind verwöhnen zu lassen.

Wir kamen in Fidschi an und Mum und Dad telefonierten alle paar Stunden mit Zuhause, um Neuigkeiten zu erfahren. Sie versuchten, mich zu meinem Schutz von den meisten Gesprächen fernzuhalten, aber ich merkte, dass mit Sicherheit irgendetwas nicht stimmte und schlechte Nachrichten heraufzogen. Am 27. Dezember ging ich mit Mum am Strand spazieren, als sie mir sagte, ich sollte mich auf das Schlimmste gefasst machen. Am Tag darauf, meinem 16. Geburtstag, erfuhren wir, dass Onkel Keith tot war und dass er Catherine umgebracht hatte. Die Bedeutung der Worte „Mach dich auf das Schlimmste gefasst", gefolgt davon, dass das Schlimmste tatsächlich eintrat, wurde für mich zu einem der größten Hindernisse, die ich je überwinden musste. Es ist, als hätten diese Worte in meiner Seele Wurzeln geschlagen, und alle Entscheidungen, die ich danach getroffen habe, waren auf das Wissen gegründet, dass das Schlimmste passieren konnte und passieren würde.

In Fidschi hatten wir ein frisch vermähltes Paar in den Flitterwochen kennengelernt, Kelley und Eric. In diesen großen Ferienanlagen trifft man ständig dieselben Leute und irgendwann merkt man, dass man „Hallo" sagen und ein Gespräch beginnen sollte. Dieses Paar war wirklich sehr nett. Während der Zeit in Fidschi hatten Mum oder Dad ihnen scheinbar von den Problemen zuhause erzählt und als die furchtbare Nachricht kam, boten Kelley und Eric ihre Unterstützung an und bestanden darauf, uns zu helfen, so schnell wie möglich nach Hause zu kommen. Mum und Dad hatten Schwierigkeiten, Flüge von Fidschi nach Hause zu bekommen, und Kelley und Eric, die Beziehungen zu Fluggesellschaften hatten, verbrachten Stunden am Telefon, damit wir an Rückflugtickets kamen. Und das alles in ihren Flitterwochen. Ich kann mich erinnern, dass ich mit Eric am Strand entlangging, wir unterhielten uns und es fühlte sich an, als hätte ich ihn mein ganzes Leben lang gekannt. Er gab mir sogar eine Zigarette und fühlte sich unglaublich unwohl dabei, denn er wusste, dass meine Eltern überhaupt nicht begeistert darüber sein würden.

Zuhause in Australien hatte meine Großmutter (Dads Mutter) ihren Sohn verloren und bemühte sich gleichzeitig, meine Schwester und meinen Bruder zu unterstützen. Offenbar kamen viele Reporter zu unserem Haus und belästigten sie, um Kommentare zu den Todesumständen von Onkel Keith und Catherine zu erhaschen. Auf der Titelseite der *Sunday Mail* (der größten Zeitung von Adelaide) prangte ein ganzseitiges Foto von Onkel Keiths Gesicht.

Es war entsetzlich, genau wie die Todesumstände. Onkel Keith hatte Catherine erwürgt und war dann zu einer ungenutzten Weide nördlich der Stadt gefahren, wo er sich mit dem Kohlenmonoxid der Abgase seines Autos getötet hatte. Das mir vertraute Leben wurde mit 16 plötzlich unvorhersehbar und das Wissen, dass schreckliche Dinge passieren würden, wurde für mich Teil meines Alltags. Jasons Tod einige Jahre später bestätigte das. Wenn ich mit einem Jungen zusammen war, würde er mich betrügen und verlassen, so glaubte ich damals. Und denen, die ich liebte, würde immer etwas Böses geschehen.

Etwas Gutes entstand aber aus dieser schrecklichen Situation, und zwar meine lebenslange Freundschaft mit Kelley. Nach unserer Heimkehr nach Adelaide wollte ich mit Kelley und Eric Kontakt halten und schickte ihnen oft Briefe oder rief sie für einen Plausch an. Wir hatten allerdings bestimmt keine Freundschaft entwickelt, die es rechtfertigte, dass ich mit einer Tasche in der Hand, auf der Suche nach einem Schlafplatz, plötzlich ein Jahr später vor ihrer Haustür auftauchte – aber genau das tat ich. Eines Abends hatte ich einen Streit mit Mum und Dad (keine Ahnung mehr, worum es überhaupt ging) und ich packte meine Tasche und haute ab. Ich übernachtete bei einer Freundin. Am nächsten Tag, ausgestattet lediglich mit einigen wenigen Sachen in meiner Tasche und ein paar Päckchen Zigaretten, sprang ich in den Bus, der um 07.00 Uhr morgens nach Melbourne fuhr. Als ich meine Mum am nächsten Tag anrief, war sie außer sich und brüllte: „WO BIST DU?", worauf ich nur antwortete: „Melbourne." Arme Mum und armer Dad. Ich war ein unbeherrschter Teenager und sie waren (und sind immer noch) die nettesten und fürsorglichsten Eltern, die man sich nur wünschen kann.

Ich brauchte also einen Schlafplatz, hatte keine Pläne, die Welt lag mir zu Füßen und ich war in der großen Stadt! Kelley und Eric hatten mittlerweile ein sechs Monate altes Baby, Rickel, und dann war auch noch ich da – ein frecher, unverantwortlicher und ganz bestimmt selbstsüchtiger Teenager, der dachte, es sei schon OK, wenn er vorbeikäme und sich einnistete. Und ich nistete mich ein, nicht eine Woche, nicht zwei Wochen, sondern für sechs Monate. Ja, richtig gelesen, sechs Monate – alle Mütter da draußen, könnt ihr euch vorstellen, ein Teenager, mit nicht viel mehr Gedanken im Kopf, als den an seine eigenen Bedürfnisse, macht sich in eurer Wohnung breit, wenn ihr gerade eine Familie gegründet habt?

Kelley und ich machen noch heute Witze über meine Selbstsucht. Wie sehr haben sich unsere Leben doch verändert. Unsere Freundschaft ist mir die wichtigste, sie war für mich eine Schwester, eine Mutter und eine beste Freundin. Sie war in allen guten und allen schlechten Zeiten für mich da und ich hatte das große Vergnügen, alle ihre drei Kinder großwerden zu sehen. Ich frage mich manchmal, ob ich wohl je erlebe, dass eins von ihren Kindern bei mir unterschlüpfen will – ich denke allerdings, sie hat ihnen stark davon abgeraten, denn wer will schon mit meinen drei lauten Kindern in einem Haus wohnen!?

Ich blieb etwa ein Jahr in Melbourne und arbeitete in Cafés und Restaurants. Weil ich die Schule geschmissen hatte (zum Teil wegen des Mobbings), hatte ich keinerlei Qualifikationen für gute Jobs. Tellerwaschen schien attraktiv genug als ich 16 war, aber was sollte ich mit dem Rest meines Lebens anfangen? Ich war schließlich erleichtert, als ich nach Adelaide zurückkehrte und wieder „zuhause" war, aber die Zukunft sah ziemlich grau aus.

In den nächsten Jahren arbeitete ich in jedem denkbaren Job. Ich arbeitete in einem Pflegeheim (immer noch mein Lieblingsjob bis heute, ich liebe es, für Leute zu sorgen), in Saftbars und Kaffeehäusern, ich arbeitete als Kindermädchen, ich gab mich etwa zwei Tage lang als Rezeptionistin aus und arbeitete als Security in Nachtclubs. Ich war auch eine Zeitlang auf Reisen. An meinem 21. Geburtstag brach ich zu einer Rucksacktour durch Europa auf, kam aber nur bis London, wo ich einen Job fand, mit dem ich genug verdiente, um zufällige Ausflüge an Orte wie Tunesien oder Korfu zu machen (weil es verbilligte Reiseangebote gab), und meinen Rucksack tatsächlich kein einziges Mal benutzte.

Als ich schließlich zurück nach Australien kam, fand ich endlich meinen Weg. Ich bewarb mich für einen Vertriebsjob bei einer Hotelmarketingfirma und arbeitete mich Stück für Stück nach oben (Soundtrack: „She works hard for her money"). Schließlich übernahm ich die Leitung für Australien und Neuseeland und lebte in der schönen neuseeländischen Stadt Christchurch.

Ich hatte eine kleine Wohnung im zweiten Stock eines sechsstöckigen Apartmenthauses, nur zehn Minuten zu Fuß vom Stadtzentrum und meinem Büro entfernt. Der Hagley Park war nur einige Schritte weit weg und unten am Ende meiner Straße gab es ein chinesisches Restaurant. Ich hatte in meinem kleinen Mini-Apartment sogar ein Karaoke-System aufgebaut, was mich im Nachhinein mit Scham erfüllt, denn die armen Nachbarn mussten mit anhören, wie ich endlos Songs von Madonna und Wham grölte. (Ein Mädchen, das seine Kindheit in den 1980ern hatte, kann man einfach nicht davon abhalten.)

Ich war Mitte 20, hatte einen guten Job, keine finanziellen Belastungen (ich hatte nicht einmal ein Auto) und ich fühlte mich, als läge mein ganzes Leben vor mir. Ich war in der Blüte meines Lebens und war mir dessen verdammt bewusst – was der Schlüssel dazu ist, das Leben in vollen Zügen zu genießen. Ein gutes Leben wird oft dadurch verschwendet, dass die Leute es nicht zu schätzen wissen, und so war ich besonders erfreut darüber, meinen Traum zu leben und ihn gleichzeitig hellwach zu genießen. Meine Wochentage drehten sich um die Arbeit, die ich gern machte, und an den Wochenenden gab es Karaoke, Shopping, und Eier Benedict. Ich hatte nicht viele Freunde in Christchurch, genauer muss man wohl ehrlich sagen, dass ich nur eine Freundin hatte – Janet.

Ich hatte es schwierig gefunden, in Christchurch neue Freunde zu finden. Ich arbeitete mit einem bunten Haufen von etwa 30 Leuten, aber weil ich „der Boss" war, machte ich keine Freundschaftsangebote, weil ich die Grenzen nicht verwischen wollte. Ich hatte einschlägige Erfahrungen mit einem männlichen Mitarbeiter gemacht und die Sache war, gelinde gesagt, nicht gut ausgegangen. Mit Janet war es etwas Anderes, sie hatte seit etwa sieben Jahren im Callcenter gearbeitet und war älter und weiser als die meisten (um die 40). Sie hatte mich von der Sekunde, als ich ankam, unter ihre Fittiche genommen und mir die Unterstützung und die guten Ratschläge gegeben, von denen ich so oft dachte, ich bräuchte sie nicht (was natürlich nicht stimmte).

Janet hatte kurze blonde Haare, fuhr einen hellgelben MR2, rauchte viel zu viele Zigaretten und trank genauso viel Kaffee wie ich. Jedes Mal, wenn sie „six" (bei ihr klang es wie „sux") oder „dick" („duck") sagte, musste ich laut lachen. Damit das jetzt nicht falsch verstanden wird: Wir haben uns nicht oft über „sechs Penisse" unterhalten, aber ihr wisst sicher, worauf ich hinauswill. Ohne dass ich ein ganzes Kapitel über Janet schreibe, kann ich nur versichern, dass man mit Janet Scott Pferde stehlen konnte und dass wir sie bis heute sehr mögen.

Der Morgen des 2. Mai begann wie jeder andere. Der Wecker klingelte, ich schleppte mich zur Dusche, schminkte und frisierte mich. Ich hatte mir kürzlich das Haar abschneiden lassen und das Styling beanspruchte morgens eine ärgerliche Menge meiner kostbaren Zeit. Einige Wochen vorher war ich mit üppigen langen blonden Locken in einen Friseursalon gegangen und hatte verkündet, dass ich wie Victoria Beckham an ihrem Hochzeitstag alles radikal abschneiden wollte. Die Friseurin schaute drein, als sei sie auf eine Goldader gestoßen und ich war wahrscheinlich bis dato der Höhepunkt ihrer beruflichen Laufbahn. Sie schnitt über 30 Zentimeter auf einmal ab und genoss jede Minute dabei. Ich bin mir nicht sicher, ob ich mit einer Pixie-Frisur besser aussah, aber ich weiß, dass das Rumfummeln am Morgen, um die Fransen richtig hinzukriegen, mehr als nervtötend war. Mit fertig gestyltem Haar und Make-up, das Kleid und die Highheels perfekt kombiniert, lief ich hinunter, um mich von Janet abholen zu lassen. Wir zogen beide an unseren Zigaretten, Musik quoll aus den Lautsprechern des gelben Zweisitzers, und ab ging's ins Büro. Ich bin sicher, wir sahen etwas tragisch aus, aber auf diesen kurzen Fahrten mit dem Auto ins Büro lag uns die Welt zu Füßen. Mit Janet war alles immer ganz easy und entspannt, wir fuhren friedlich dahin und nur selten legte Janet zwischendurch einen kleinen aggressiven (aber harmlosen) Sprint ein.

Etwa eine Stunde nachdem wir im Büro angekommen waren, klingelte das Telefon, Janet nahm ab und bat mich, kurz hinauszugehen, was etwas seltsam war, denn es war eigentlich mein Büro, in dem wir saßen. Ich ging hinaus und sah ihr vom Verkaufsbüro durch die Glaswand zu, die die beiden Büros trennte. Ich fragte mich, mit wem sie wohl sprach, denn es war offensichtlich etwas sehr Ernstes, ihr Gesicht nahm einen Ausdruck an, den ich nie vergessen werde. Nach einigen Minuten rief sie mich wieder herein. „Du musst dieses Gespräch annehmen", sagte sie zu mir. Ich nahm den Hörer und presste ihn ans Ohr. Es war meine Schwester.

Oh lieber Gott, verdammt, stimmt etwas nicht mit Mum und Dad? Hatte Dad einen Herzanfall? Oh Gott, was ist es? „Taryn, ich habe schlechte Nachrichten", sagte meine Schwester, „Jason ist tot." Der Hörer fiel mir aus der Hand und ich schrie voller Verzweifelung: „NEIN, NEIN, NEIN, NEINNEINNEIN-NEINNEIN!" Ich konnte mein Gewicht nicht mehr tragen, ich brach auf dem Fußboden zusammen und schluchzte unkontrollierbar. Ich weiß nicht mehr, was dann genau passierte, ich erinnere mich vage an ein Gespräch über Flüge nach Hause, aber es verschwamm alles.

Die nächste deutliche Erinnerung ist, dass ich mit Janet draußen eine Zigarette rauchte und einen Kaffee trank. Ich fühlte mich so taub. Ich beobachtete Leute, die an mir vorbeiliefen. Das Leben ging weiter wie gewohnt und ich wollte schreien deswegen. Ich fühlte mich ganz konfus und sehr wütend. Warum bewegt sich die Welt noch? Wieso machen die Leute weiter wie vorher? Wussten die verdammten Leute nicht, dass Jason Butterworth TOT ist?

Ich hatte gesagt, ich würde es schon schaffen, nach Hause nach Adelaide zu fliegen, aber meine Schwester Justine bestand darauf, dass ich zum Arzt ginge und mir zur Beruhigung auf der Reise Valium geben ließe. Janet fuhr mich zum Arzt, dann zu meiner Wohnung, um ein paar Sachen zu packen, und schließlich zum Flughafen.

Allein in dieses Flugzeug zu steigen war schwerer, als ich gedacht hatte. Der Sitz neben mir war frei und daneben saß ein Geschäftsmann mittleren Alters. Er sah gar nicht freundlich aus und dabei hätte ich am liebsten jemanden gehabt, der mich in den Arm nahm oder mir wenigstens einen verständnisvollen Blick zuwarf. Ich fühlte mich wie eine Ertrinkende und niemand um mich bemerkte die unüberwindliche Trauer, die ich verspürte. Ich fand es schwer, meine Lungen mit Sauerstoff zu füllen, mein Brustkorb war eng, mir war schlecht. Es war gruselig, die Wolken am Kabinenfenster vorbeischweben zu sehen. Wo war Jason jetzt? Bei wem war er? Was tat er? Und typischerweise dachte ich daran, wo sein Körper war. Lag er nackt und kalt auf einem Metallbett in einem dieser herausziehbaren Dinger im Leichenschauhaus? Wie weiß ist er? Sind seine Lippen blau? Ist sein Körper steif? Nichts, was ich dachte, ergab einen Sinn. War es das Valium oder waren diese Gedanken normal? Ich wusste es nicht.

Nach einem Umstieg in Melbourne kam ich in Adelaide an und meine Schwester holte mich ab. Zuhause war das Haus voll wohlmeinender Freunde und Nachbarn, aber ich wollte nur allein mit meiner Familie sein. Meine Mum stand noch unter Beruhigungsmitteln, sie und mein Vater waren vor Schock und Trauer völlig durcheinander.

Meine Eltern liebten Jason, er war ihr einziger Sohn und ein echter Typ. Er war charmant, witzig, charismatisch und heroinsüchtig, und mit 27 Jahren hatte er sich auf einer Bank im Belmore Park in Sydney Heroin in die Venen gespritzt und seinen letzten Atemzug getan. Er war ganz allein.

KAPITEL 4

Kragenechsen

ALS WIR DIE GOOD WOOD ROAD in einer schwarzen Limousine zu Jasons Beerdigung entlangfuhren, schaute ich auf das Gesicht meiner Mutter und dachte, wie schön sie aussah. Tatsächlich kann ich mich an keine andere Gelegenheit erinnern, zu der sie hübscher aussah als an diesem Tag.

Seit Jahren hatte ich meine Mutter nicht mehr als „hübsch" angesehen. Nicht, dass sie es nicht wäre, natürlich, aber es ist einfach kein üblicher Gedanke, den eine Frau in ihren Zwanzigern bezogen auf ihre Mutter hat. Als Kind, so kann ich mich erinnern, dachte ich oft, wie schön sie war, wenn ich ihr zusah, wie sie sich fertigmachte, um mit Dad auszugehen. Ich kann mich an den Geruch ihres Parfums und ihres Haares erinnern, wenn sie mich zum Abschied küsste. Sie war so hübsch. Ich mochte ihre Kleider, ich mochte ihre Schuhe und ihren glänzenden Schmuck.

In der Limousine saß mir jetzt eine Mutter gegenüber, der man die Seele herausgerissen hatte. Sie ertrug die schlimmsten Schmerzen und Leiden überhaupt – sie hatte ein Kind verloren. Warum sah sie also so hübsch aus? Ich habe sie nie gefragt, aber ich frage mich selbst, ob sie wohl dachte, für Jason schön sein zu müssen?

Wir wussten immer, dass Jason sehr beliebt bei seinen Altersgenossen war, aber ich glaube, ein Teil von uns war besorgt, wie viele Leute wohl zur Beerdigung kommen würden. Es war eine unausgesprochene Befürchtung, aber ich spürte eine gewisse Unsicherheit. Jason hatte in den Jahren vor seinem Tod wie ein Nomade gelebt und nicht viel Zeit in Adelaide verbracht, deshalb war es wahrscheinlich, dass viele seiner Bekannten nicht kommen würden. Wie unrecht wir hatten. Es kamen mehr als 200 Leute zur Beerdigung – alte Bekannte, Tennisfreunde, Freunde der Familie und natürlich seine Schulkameraden.

Es war der schönste und tröstlichste Anblick, so viele Leute zu sehen, die sich an Jason erinnerten und uns unterstützten.

Meine Schwester Justine und ich hatten einige Worte über Jason aufgeschrieben, um sie bei der Beerdigung vorzutragen. Ich wusste nicht, wie ich die Grabrede überstehen sollte, ohne zusammenzubrechen, aber der Inhalt meines Vortrags würde mir bestimmt dabei helfen, in der Spur zu bleiben. Ich musste diese Geschichte einfach erzählen.

Justine, Jason und ich wuchsen in Flagstaff Hill heran, in einer Neubausiedlung etwa 20 Kilometer außerhalb der Stadt. Es gab eine Menge Platz dort und direkt gegenüber befand sich ein großer Park. An den Wochenenden fuhren wir auf unseren Fahrrädern umher, spielten auf der Seilrutsche des Spielplatzes und versuchten, nicht von den Elstern attackiert zu werden. Die Elstern waren wirklich aggressiv, besonders, wenn wir auf dem Fahrrad saßen (ohne Helm, dies waren schließlich die Achtziger) und an dem großen Teich im Park auf und ab fuhren. Eines Tages kam Jason nach Hause und Blut tropfte aus seinen gelbblonden Haaren. Wir dachten, er sei vom Fahrrad gefallen, aber er war von einem Elsternschnabel böse verletzt worden. Als ich vor einigen Jahren meinem Sohn Cruz erklären wollte, dass sein Onkel Jason (den er natürlich nie kennengelernt hatte) gestorben sei, weil er „etwas hatte", das ihn krankmachte, rief Cruz mit absoluter Gewissheit in der Stimme aus: „Nein, hatte er nicht, Jason wurde von den Elstern gepickt und starb." Irgendwann in seinen fünf Lebensjahren hatte er die Elstern-Anekdote mitangehört und hatte sie mit Jasons Tod in Verbindung gebracht.

Es gab nicht nur eine Menge Elstern in Flagstaff Hill, es gab auch eine Menge Schlangen, Glattechsen und Eidechsen, und jedes Wochenende – ohne Ausnahme – sprangen Jason und ich über den Zaun hinter dem Grundstück und gingen in eine Schlucht, um dort die wilde Fauna zu untersuchen. Wir verbrachten viele Stunden auf gemeinsamen Streifzügen, hoben Rinde von Baumstämmen, um nach Geckos zu suchen, und versuchten, uns nicht am Stacheldraht zu schneiden, wenn wir an Orte vorstießen, wo wir vielleicht besser nicht hingegangen wären. Wir fingen Flusskrebse, Kaulquappen, Frösche, eine Menge Eidechsen und einmal, zum absoluten Entsetzen unserer Mum, bekamen wir ein Baby der Braunschlange, eine der giftigsten Schlangen der Welt, zu fassen. Aber das beste Reptil, das uns je begegnete, war eine Kragenechse.

Der Fang der Kragenechse war die Geschichte, die ich bei Jasons Beerdigung erzählte. Ich hätte stattdessen erzählen können, wie er beim 800-Meter-Lauf der Staatsmeisterschaften neben mir herrannte, um mich anzufeuern, als ich aufgeben wollte. Ich hätte der Trauergemeinde erzählen können, wie stolz ich war, dass Jason in dem Film *Der schmale Grat* Sean Penn gedoubelt hatte. Ja, ich hätte viele Geschichten erzählen können – aber ich wusste einfach, dass die Geschichte mit der Kragenechse diejenige war, die ihn selbst zum Lachen gebracht hätte.

Mein Magen krampfte, als ich für meine Ansprache zum Podium ging, ich musste an dem Sarg vorbei und es war fast zu viel für mich, als mir das Bild von Jason darin in den Sinn kam. Einige Tage zuvor war ich mit der Familie zur Leichenschau gegangen. Es ist bis heute das Schwerste und Emotionalste, was ich in meinem Leben getan habe. Ich erinnere mich an das Milchglas in der Tür der Leichenhalle und wie der verschwommene Sarg dahinter plötzlich scharf zu sehen war, als der Beerdigungsunternehmer die Türe öffnete. Ich erinnere mich, wie ich als Letzte an den Sarg trat, ich war noch nie in meinem Leben so versteinert. Mein Herz wurde mir von dem Anblick herausgerissen, meine Eltern zu Jason gehen zu sehen, sie mit ihm reden zu hören, als lebte er, sie schluchzen und seinen Namen rufen zu hören … Ich sehe noch die starken, alten Hände meines Vaters Jasons Wangen streicheln, genau so, wie er es 27 Jahre vorher getan hatte, als Jason ein Baby war. Ich sehe meine Mutter sein Haar berühren. Irgendwie war ich fast überzeugt, er werde gleich aus dem Sarg springen und „BUH!" rufen. Das klingt vielleicht etwas schräg, aber wenn man einen älteren Bruder hat und die meiste Zeit seines Lebens mit ihm gerauft, Streiche gespielt und sich geneckt hat, dann scheint es fast möglich – nur, dass es leider nicht geschehen konnte. Er war sehr, sehr tot. Seine Haut war kalt und weiß und sein Körper steif und hart. Ich berührte seine Brust und fühlte etwas unter der Kleidung wie Krepppapier. Später erfuhr ich, dass es Bandagen von der Autopsie waren. Mein Bruder – tot, kalt, steif und in einem Sarg liegend.

Als ich also am Tag der Beerdigung an dem Sarg vorbeiging, hatte ich keine Illusionen darüber, dass der Inhalt nicht schrecklich wäre. Ich hatte seine Leiche gesehen, ich hatte Angst vor ihr, sie zu sehen tröstete mich nicht und war auch kein Abschluss, ich sah einfach meinen Bruder tot und werde den Anblick nie vergessen.

Ich musste mich konzentrieren, um eine richtig gute Geschichte zu erzählen, für Jason und für die Leute, die ihn geliebt hatten. Ich erzählte also der Menge von Verwandten und Freunden, wie wir auf einem unserer üblichen Streifzüge, als ich sechs und Jason zehn Jahre alt war, auf eine Kragenechse gestoßen waren. Ich glaube, was Jason und mir an gerade dieser Echsenart besonders gefiel, war, dass sie nicht wie die meisten anderen zu fliehen versuchte, als wir ihr gegenübertraten, sondern ihr Terrain behauptete und mit bösem Blick und zischender Zunge bereit war, ihre Stellung zu verteidigen.

Diese Echsen sind nicht gerade klein, die durchschnittliche Kragenechse ist etwa 85 Zentimeter lang, also etwa so lang wie ich damals hoch war. Der Name kommt von einem großen Hautlappen, der normalerweise an Kopf und Hals anliegt. Wenn die Kragenechse sich bedroht fühlt, öffnet sie ihr Maul ganz weit, richtet den Kragen auf, der leuchtende orange und rote Farbverläufe zeigt, und reckt ihren Körper in die Höhe, manchmal sogar den Schwanz über den Körper. Wir standen Auge in Auge dem König der Schlucht gegenüber.

Die meisten Leute wären bei der Begegnung mit dieser Echse wahrscheinlich schnell in die andere Richtung gelaufen, aber wir nicht. Ich hatte keine Angst, denn mein großer Bruder war bei mir.

An manchen Tagen zogen wir stundenlang in eine Richtung und hatten dann einen weiten Weg nach Hause. An diesem Tag waren wir glücklicherweise nah genug am Haus und so konnte ich (der Lehrling) auf genaue Anweisung zurücklaufen, um den roten Eimer zu holen. Ich wich langsam von der Echse zurück und sobald ich in sicherer Entfernung war, schoss ich wie der geölte Blitz nach Hause, durch den Stacheldraht und über den Zaun. Das Gefühl von Eile und Aufregung war kaum auszuhalten. Das waren die besten Jahre meines Lebens, ein Hochgefühl nach dem anderen.

Ich rannte mit dem großen roten Eimer zurück und irgendwie bekamen wir die aufgeregte und kampfbereite Kragenechse in diesen Eimer. Wir trugen ihn gemeinsam zwischen uns und schafften es nach Hause, Jason und ich. Wir liefen außen herum ums Grundstück, denn über den Zaun an der Rückseite bekamen wir den Eimer nicht hinüber, und schmuggelten unsere Beute direkt durchs Haus in den Hinterhof.

Dort angekommen brachten wir dem Tier erst einmal etwas Wasser und entschieden dann, dass die arme Echse sicher hungrig war. Wir suchten im

Kühlschrank nach Essbarem und kamen auf den (für uns damals völlig schlüssigen) Gedanken, dass er oder sie rotes Gelee mögen würde. Wie aber sollten wir das schwabbelige Gelee ins Maul der Echse kriegen? Jason fiel eine tolle Lösung dafür ein. Wir nahmen ein dünnes, weißes Stück Rohrleitung für Installateure, füllten es mit Gelee, zielten damit auf die Echse und pusteten feste ins Rohr, sodass das Gelee der Echse direkt in den Rachen flog. Als die Echse mit aufgerissenem Maul, aufgerichtetem Kragen und rotem Gelee auf der Zunge dastand, entschieden wir, dass unsere Mission vollbracht war.

Während ich diese Geschichte auf Jasons Beerdigung erzählte, schaute ich im Raum umher in die vielen vertrauten Gesichter und ahnte, dass es viele Geschichten da draußen gab von Dingen, die Jason gemacht und Abenteuern, die er erlebt hatte. Einige von Jasons Freunden nach vielen Jahren erstmals wiederzusehen, erinnerte mich schmerzhaft an einige der besten Momente meines Lebens. Wie im Zeitraffer sah ich im Kopf Jasons Leben vor mir ablaufen. Wir hatten die beste Kindheit, Urlaubsreisen nach Amerika, Disneyland, Neuseeland und zu den Blue Mountains. Unter Rasensprengern durchlaufen und Eiswürfel lutschen. Mit Zinkcreme auf der Nase am Strand. Justine, Jason und ich beim „Runbacks"-Spielen (wenn man eigentlich im Bett sein sollte, so nah wie möglich an Mum und Dad vor dem Fernseher heranlaufen, ohne geschnappt zu werden). Schulfeiern, erste Fahrstunden, Angeln – wir haben all das gemacht. Unser Familienleben war toll und jetzt war es vorbei. Kein Jason mehr. Er war tot und fort, ich hatte keinen Bruder mehr.

Nach der Beerdigung gab es Kaffee und trockene Kekse. Eine Beerdigung bringt stets den Kummeresser in jedem von uns hervor. Jemand sollte Beerdigungsunternehmen einen Brief schreiben, dass es für ihr Geschäft besser wäre, den Trauergästen Schokolade und Sahneteilchen und vielleicht sogar Pizza zu servieren, statt blöde Fernsehspots zu schalten. Nur gebt uns bitte mehr als trockene Kekse, denn ich kann euch versichern, wir brauchen es.

Nach etwas gestelzter Konversation und einem bis drei Keksen war es Zeit, zum Haus meiner Eltern zurückzukehren und dreieckig zugeschnittene Sandwiches zu essen und mehr Kaffee zu trinken. Hier fiel mir ein bekanntes Gesicht auf: Mathew Brumfitt. Mat, Matty oder „Crumpet", wie seine Freunde ihn riefen, hatte schon früher stets meine Aufmerksamkeit erregt. Mat und ich hatten uns unser Leben lang gekannt. Unsere Eltern waren Nachbarn, bevor ich zur Welt kam. Ich habe sogar Fotos, auf denen Jason und Mat nebeneinander auf einem Teppich liegen. Als Jason und seine Kumpels Teenager waren, vier Jahre älter als ich, war ich die nervige kleine Schwester. Wann immer die Jungs zu unserem Haus kamen, um abzuhängen, Musik zu hören oder zu schwimmen, musste ich mich einfach unter sie mischen. Ich hielt sie für so cool. Mat stach für mich immer heraus, er war kleiner als die anderen, stämmig, langhaarig und mit leichten Akne-Narben, die ihm ein etwas verwegenes Aussehen gaben. Er war genau mein Typ. Aber ich war Taryn Butterworth, Jasons kleine Schwester, und es schien unmöglich, dass etwas zwischen uns laufen könnte.

Als also Mathew Brumfitt auf der Trauerfeier in Jasons Zimmer hereinkam, wo ich gerade vor dem Regal stand und Bücher durchblätterte, war ich überrumpelt. Ich hatte ihn seit Jahren nicht gesehen, aber er hatte sich nicht sehr verändert. Wenn überhaupt, zum Besseren. Er hatte mehr Stil und er sah mich anders an. Ich war eine Frau und er war ein Mann und es gab eine Art Verbindung zwischen uns, die Chemie stimmte, wenn man so will.

Ich kam ohne Umschweife zur Sache und fragte Mat die Sorte Fragen, mit denen man einen potenziellen Partner aushorcht: „Was machst du so beruflich?", „Willst du eigentlich später Kinder haben?", „Magst du Tiere?" Seine Antworten passten perfekt, er war Zollagent bei einer internationalen Spedition, er wollte Kinder und ja, er mochte Tiere. Treffer, Treffer, noch ein Treffer –– ich hatte meinen zukünftigen Ehemann gefunden.

Wir eierten noch zehn Minuten lang mit dem höflich bemäntelten gegenseitigem Verhör herum, bevor ich erst einmal den Stecker zog. Schließlich war das hier Jasons Leichenschmaus und einen seiner besten Freund aufzureißen schien unter diesen Umständen nicht ganz das Richtige zu sein.

Am Tag nach der Totenfeier hatte ich ein brennendes Verlangen, mit Mat Verbindung aufzunehmen. Ich war nur noch eine Woche in Adelaide, bevor ich zu meinem Leben in Christchurch zurückkehren musste. Ich entschied mich für die alte Schule – einen Brief schreiben und ihn in seinen Briefkasten werfen. Dies schrieb ich ihm:

Lieber Mathew,
dieser Brief kommt völlig aus dem Hinterhalt und ich entschuldige mich im Voraus dafür, dass ich dir wahrscheinlich einen Schrecken einjage. Unser Wiedersehen gestern hat Gefühle wiedererweckt, die ich schon sehr lange habe. Ich will ehrlich

sein und zugeben, dass ich schon mein ganzes Leben auf dich stehe (ich hasse diesen Ausdruck!).

Ich hoffe, du sitzt gerade, denn diese Bemerkung war vielleicht ein Schock für dich. Ich habe keine Zweifel, und außer mir wohl auch niemand sonst, dass ich an einem sehr unstabilen Punkt meines Lebens bin und was mit Jason passiert ist, hat bestimmt damit zu tun, dass ich diesen Brief schreibe. Es ist nicht so, dass ich denke, dass zwischen uns etwas laufen wird, es ist mir einfach wichtig, dass du weißt, was ich für dich fühle. Ich weiß, es ist verrückt, aber mein Instinkt sagt mir, dass es richtig ist, es dir zu sagen – normalerweise irrt mein Instinkt nicht.

Ich weiß, du hast eine Freundin und ich möchte mich für die Missachtung ihrer Person durch diesen Brief entschuldigen. Ich hoffe, du behältst ihn für dich. Ich hoffe außerdem, ich habe dir kein Unbehagen bereitet, vielleicht könntest du dich wenigstens geschmeichelt fühlen.

Danke, dass du Jason ein toller Freund warst. Er fand dich klasse.

Wenn ich dich nicht bald wiedersehe, bin ich sicher, dass wir uns in einigen Jahren wiedersehen. Du wirst verheiratet sein, ich werde Kinder haben und wir werden beide über diesen Brief lachen!

Pass auf dich auf. Keep smiling.
In Liebe,
Taryn Butterworth

Ich weiß noch genau, was ich hoffte und dachte, als ich diesen letzten Satz schrieb. Dass wir darüber „lachen“ würden, weil wir miteinander verheiratet sein und gemeinsam Kinder haben würden.

Am nächsten Tag erhielt ich einen Brief von Mat. Er schrieb, dass er über meinen Brief zwar sehr überrascht, aber auch geschmeichelt sei, und dass er mich gern sehen wollte, bevor ich nach Neuseeland zurückfuhr! Mein Magen schlug Purzelbäume, als ich das las. Mein erster Gedanke war: „Wann kann ich ihn anrufen?“ Bleib cool Taryn, bleib cool, geh es langsam an, denk dran, was Mutter immer gesagt hat: „Lass sie dich mehr wollen als du sie willst.“ Gute Idee, in der Theorie, aber praktisch (für mich) unmöglich. So sehr ich mich mit diesem inneren Zwiegespräch zum Abwarten überzeugen wollte, der Drang war zu stark und Sekunden, nachdem ich den Brief in der Hand gehalten hatte, wählte ich seine Nummer.

Mat und ich verabredeten uns im „The Unley on Clyde", einem Pub bei meinen Eltern um die Ecke. Wir redeten Stunde, um Stunde, um Stunde. Ich suchte nach dunklen Punkten und stellte unangenehme Fragen, aber er war einfach absolut perfekt für mich. Passierte dies alles in der Wirklichkeit? Unsere „informelle" Verabredung endete mit einem Kuss und als ich an diesem Abend meinen Kopf aufs Kissen bettete, wusste ich einfach, dass hier etwas ganz Besonders anfing.

Einige Tage später brach es mir das Herz, als ich meine Eltern verlassen und allein nach Christchurch zurückkehren musste. Ich musste zurück zur Arbeit, ich musste mein Leben wieder da aufnehmen, wo ich es einige Wochen zuvor zurückgelassen hatte. Janet bestand darauf, dass ich eine Woche bei ihr einzog, um wieder auf die Füße zu kommen und es war eine willkommene Ablenkung. Sie sorgte gut für mich – hausgemachtes Essen, elektrische Heizdecke auf dem Bett, all die guten Dinge des Lebens – aber schließlich musste ich in mein leeres Apartment zurück. Die positiven Gefühle, verursacht durch chinesisches Take-away-Essen und Karaoke singen, wurden durch Stille und Furcht ersetzt.

Zum ersten Mal in meinem Leben hasste ich es, allein zu sein. Ich hatte fast jede Nacht Alpträume und schreiend und weinend aufzuschrecken und niemanden zu haben, der einen tröstet, ist kein Vergnügen. Die Stille in der Wohnung war unheimlich, Jason war „im Jenseits" und ich fragte mich oft, ob er mir wohl von dort zusah. War er neben mir? War er da? Eines Nachts nahm ich Stift und Papier zur Hand und schrieb ein Lied. Von dem Moment an, wo der Stift das Papier berührte, bis zum letzten Wort floss der Text mühelos und es fühlte sich so an, als hätte mir jemand dabei geholfen.

Ich weiß, der Song ist nicht Grammy-preisverdächtig, aber das war auch nicht die Absicht. Tatsächlich hatte ich in der Nacht, als ich ihn schrieb, überhaupt keine Absicht oder Erwartung. Ich nahm einfach einen Stift und es kam aus mir heraus.

Die Nacht, in der ich den Song schrieb, war eine der wenigen Momente, in denen ich mit Jasons Tod meinen Frieden schloss. Meistens war es ein Kampf und ich fühlte mich gebrochen und einsam. Ich hatte nachts allein Angst, ich aß nicht genug – und mein Herz gehörte jemand in einem anderen Land. Ich wollte zu meinen Eltern, ich brauchte meine Familie, allein zu trauern war zu schwer, ich musste zurück nach Adelaide gehen. Und so ging ich.

SONG FÜR JASON

Trying to find some inspiration from the
    tragedy that is,
Looking in all the wrong places all I can
    see is his.
His eyes, his smile
and the way we used to talk
His eyes, his smile
and how I gave him little thought.

Regret is something easily done
would those choices be the same?
If I could turn back the hands of time
would I do it different again?
His eyes, his smile
and the way we would play games
as a child, I watched him grow
things will never be the same.

I love him more each and every day
and I accept the life that he chose
He made his choices, he made his pain
but I forgive him... I suppose.
Jason, I love you
now your demons are all gone
since your death, I've felt such pain
but I know that you live on.

Ich versuche, Inspiration in dieser
    Tragödie zu finden,
Doch ich schaue an den falschen Stellen,
    und alles, was ich sehe, ist das Seine.
Seine Augen, sein Lächeln
und die Art, wie wir redeten
Seine Augen, sein Lächeln
und wie wenig Beachtung ich ihm
    schenkte.

Bedauern ist einfach
würde ich wieder so entscheiden?
Wenn ich die Zeiger der Zeit
    zurückdrehen könnte
würde ich es in der Wiederholung anders
    machen?
Seine Augen, sein Lächeln
und die Art, wie wir Spielchen treiben
    würden
als Kind, sah ich ihn aufwachsen
es wird nie wieder so sein.
Ich liebe ihn jeden Tag mehr
und ich akzeptiere das Leben, das er
    wählte
Er traf seine Wahl, er bereitete sich
    Schmerzen
aber ich verzeihe ihm … denke ich.
Jason, ich liebe dich
jetzt sind deine Dämonen verschwunden
seit deinem Tod habe ich solchen
    Schmerz gefühlt
aber ich weiß, dass du weiterlebst.

KAPITEL 5

Meine
Body-Image-Geschichte

DA ICH WÄHREND MEINER SCHULZEIT gemobbt wurde, hatte ich nicht viel Zeit, mir Gedanken über meinen Körper zu machen. So kam ich mit einem relativ positiven Körperbild durch meine Teenagerjahre und die Zwanziger.

Aus diesem Grund wandelte ich nach Olivers Geburt, nachdem ich mir in die Hose gemacht hatte, auf unbekanntem Territorium, was meine Beziehung zu meinem Körper anging. Zum ersten Mal in meinem Leben hatte ich das Gefühl, von meinem Körper im Stich gelassen zu werden. Zuvor hatte ich immer die Verantwortung dafür übernehmen können, wenn ich mit meinem Körper unzufrieden war (weil ich Übergewicht hatte), und die nötigen Schritte unternommen, um die Sache wieder ins Lot zu bringen. Als ich jetzt aber versuchte, meinen Körper in die Form zurückzubringen, die er vor Oliver hatte, tat sich gar nichts. Ich wurde frustriert. Richtig frustriert. Für jemanden, der gern die Kontrolle über alles hat, ist es kein Spaß, die Kontrolle zu verlieren.

Mit einem jungen gesunden Baby hätte ich mich auf dem Gipfel der Welt fühlen sollen, aber etwas zog mich runter: die Gedanken, die ich mir über meinen abstoßenden und hässlichen Körper machte. Der Puddingbauch, böse aussehende rote Striemen am Leib und tellergroße Brustwarzen. Und dazu war ich auch noch umgeben von Zeitschriften mit Überschriften wie „Babyglück", „Wie ich meinen Körper zurückbekam" und „Sexy junge Mütter". Wie bitte? Sexy und junge Mütter in einem Satz, das kann doch nicht stimmen, oder?

Wo wir gerade von Sex reden, ich kann mich an eines der ersten Male nach der Geburt erinnern, als ich sozusagen wieder „an die Kandare" genommen wurde, denn es war ein Desaster. Ein Desaster für mich, nicht für Mat natürlich. Durch all meine Gespräche mit Freundinnen über die Jahre über das Thema Männer und Sex bin ich zu dem Schluss gekommen, dass Sex für Männer einfach nur Sex ist. Es ist egal, ob du Make-up trägst, ob ihr gerade einen Streit hattet, oder einer nicht geduscht hat. Sex ist immer gut, tags oder nachts. Frauen hingegen sind etwas komplizierter, also, ich bin es zumindest. Damit Sex für mich überhaupt in Frage kommt, muss es der richtige Zeitpunkt sein und ich muss mich mit Mat verbunden fühlen, sonst ist es so, als wollte man einen runden Pfahl in ein viereckiges Loch stecken. Es wird einfach nicht klappen.

Zurück also zu meiner desaströsen Sex-Geschichte. Alles klappte prima, bis ich oben war. Wenn man beim Sex auf der Seite liegt, kann man den Bauch verstecken, wenn der Mann von hinten kommt, sieht man nichts, aber wenn man oben ist, ist man völlig exponiert. Da saß ich also und ritt Mat, nicht ganz so wie früher, aber ich war wieder im Sattel und ich hielt meinen Körper vollkommen gerade, denn je höher ich mich reckte, desto stärker wurde mein Bauch gestreckt und desto besser sah er aus. Als ich aber etwas in Fahrt geriet, beugte ich mich spontan vor, um Mat zu küssen, und bevor unsere Lippen sich berührten, schwappte mein Bauch nach vorn über seinen. Sofort dachte mein Kopf daran, wie ekelhaft ich jetzt aussehen musste. Und natürlich war meine Lust dahin, kaum dass ich den Gedanken hatte: „Wie ich wohl aussehe?" Jedes Verlangen nach einem Orgasmus war weg. Und zu alledem merkte ich auch noch, als ich mich schnell wiederaufrichtete, wie mir Milch aus den Brüsten tropfte.

Es gab viele schöne Momente in diesen ersten Monaten als Mutter, ich liebte es wirklich und ich war von geradezu extatischer Mutterliebe für Oliver. Mutterschaft war alles, was ich mir davon versprochen hatte – mit einigen Extras allerdings, die ich nicht erwartet hatte.

In den nächsten 15 Monaten trug ich zäh einen niemals nachlassenden Ping-Pong-Streit mit einer inneren Stimme in meinem Kopf aus, die mich beständig darüber informierte, dass ich fett, ekelhaft, abstoßend und eine komplette sexuelle Lustbremse war. Kurz bevor meine Körperbildprobleme sich zur seelischen Krankheit auswuchsen, wurde ich wieder schwanger – mit Cruz.

Puh! Nun konnte ich behaupten, dass mein Hotdog-Bauch ein frühes Zeichen des heranwachsenden Fötus' war, und war wieder unterwegs in der Welt der Schwangeren mit einem großen, herrlich wachsenden Bauch. Mein Puddingbauch würde wieder prall und schön sein. Alle Gefühle von Traurigkeit und Bedauern über mein Aussehen verschwanden. Ich war jetzt ein Gefäß, mein Körper hatte eine Aufgabe und alles, was ich zu tun hatte, war, ihm zu geben, was er brauchte und ihm manchmal zu geben, was er begehrte – zum Beispiel riesige Mengen Schokolade und Hackfleischaufläufe.

Als Cruz aber geboren wurde, kamen all dieselben Gefühle, die ich nach Olivers Geburt gehabt hatte, langsam zurück. Ich trauerte meinem schwangeren Körper hinterher und hasste meinen Körper nach der Geburt. Diesmal war es sogar noch schlimmer als beim ersten Mal. Ob es der Schlafentzug war oder die nochmals stärkeren Veränderungen des Körpers durch die Schwangerschaft, ich fühlte mich jedenfalls richtig beschissen. Um es noch schlimmer zu machen, hatte ich unglaubliche Schuldgefühle wegen meiner Selbstsucht, aus Unglück, dass mein Körper nicht aussah wie früher, heulend auf dem Badezimmerboden zu liegen, wo ich doch solch ein Glück hatte, zwei gesunde schöne Kinder zu haben.

Schließlich begann mein negatives Selbstbild, sich auf meine Umgebung auszuwirken. Ich sagte Mat oft, wenn es irgendeinen gesellschaftlichen Anlass gab, er solle alleine hingehen. Er wollte es zwar nie, aber ich beschwor ihn, alleine zu gehen, denn ich wollte niemanden sehen. Ich heulte in Umkleideräumen und nachts im Bett und sagte Sachen zu mir, die ich nicht zu meinem ärgsten Feind sagen würde.

Ich fühlte mich wirklich allein. Ich wollte nicht mit meinen Freundinnen darüber reden, wie es mir ging, denn ich wusste genau, was sie sagen würden. „Taryn, du hast gerade ein Kind bekommen, das ist doch alles ganz normal." Also sagte ich nichts und war mit dem dunklen Passagier in meinem Kopf allein.

Eines Abends, als Cruz etwa sechs Monate alt war, gingen Mat und ich zum Essen aus und gönnten uns einige Drinks. Es war das erste Mal seit Monaten, dass ich Alkohol trank (ich bin kein Trinker und könnte buchstäblich Monate lang darauf verzichten) und ich fühlte mich leicht enthemmt. Als wir nach Hause kamen, spürte Mat, wie entspannt ich war, und ehe wir uns versahen, ging es zur Sache. Mit einigen Drinks im Leibe war es mir nicht so wichtig, wie ich aussah, und als Mat mich fragte: „Wir haben nichts zum Verhüten, ist das okay?", sagte ich: „Ja, Mann, MACH SCHON! Es passiert schon nichts."

Einige Wochen später spürte ich in einer Imbissbude ein schwer zu bändigendes Gefühl lästiger Übelkeit. Offenbar war doch etwas passiert. Offenbar konnte man, selbst wenn man voll stillte, trotzdem schwanger werden – sogar dann, wenn es die ersten beiden Male nicht so einfach geklappt hatte. Ich lief von der Imbissbude sofort in die Apotheke, schnappte mir einen Schwangerschaftstest und siehe da, er zeigte an, dass ich erneut schwanger war. Ich werde den Moment nie vergessen, wie ich dastand und auf die blaue Linie sah, und plötzlich laut zu mir selbst sagte: „Es wird ein Mädchen und es hat einen Grund, dass sie hier ist." Erst in den letzten Jahren habe ich verstanden, wie bedeutsam dieser Moment war. Ohne Mikaela würde das Body Image Movement nicht existieren.

Also wurden meine Körperprobleme erneut von einer Schwangerschaft überdeckt, aber dieses Mal dachte ich proaktiv darüber nach, wie ich nach der Geburt des Kindes mit dem Hass auf meinen Körper umgehen würde. Eine dritte Runde vor dem Spiegel mit Rumgezerre an meinem Bauchfett, während ich mir sagte, wie ekelhaft ich bin, könnte ich nicht ertragen. Ich entschied, mich nach dieser Schwangerschaft operieren zu lassen, um meinen Körper in Form zu bringen.

Es regnete an dem Tag, als wir den Termin beim Chirurgen hatten und wir hielten auf einem Parkplatz genau vor dem Haus in der Hutt Street in Adelaide. Mat war bei mir, und zwar aus gutem Grund. Ich gehöre zu den Leuten, die kein Kleingedrucktes lesen, und wenn ich an diesem Tag für die Operation mein Leben vertraglich hätte aufgeben müssen, hätte ich es getan, denn ich war so aufgeregt, so besessen und so bereit. Zu allem bereit. Ich hatte Jahre auf diesen Termin gewartet, ich hatte drei Kinder in dreieinhalb Jahren zur Welt gebracht, ich hatte ihnen über 4.000 Mal die Brust gegeben und ich hatte körperliche Schmerzen und emotionale Verzweiflung erlitten.

Die Praxis des Chirurgen war sehr geschmackvoll mit weiblichen Aktbildern dekoriert. Mein Fuß klopfte ständig auf den Fußboden, während Mat neben mir saß und den Regenschirm hin- und herdrehte. Warten, warten, warten und dann …

Der Chirurg war sehr nett, aber wir verbrachten so viel (soooooo viiiieeel) Zeit mit Reden über Dinge, die mich nicht wirklich weiterbrachten. Er muss meine Ungeduld bemerkt haben, denn schließlich sagte er, er wolle sich mich mal ansehen, und ich zog mich aus und saß nur in meinen aufgeknöpften Jeans auf dem Untersuchungstisch. Es fühlt sich wirklich seltsam an, wenn man in einem Raum mit einem fremden Mann ist, der einem an die Brüste fasst, während der eigene Mann dabei zuschaut. Nicht gerade der Dreier, den man sich in Phantasien ausmalt. Der Chirurg sagte, ich solle meinen Bauch lockerlassen, ich tat es und er sagte: „Und noch etwas." Dann erst ließ ich endlich richtig los. Ich sah verschämt zu Mat hin, um die Reaktion auf seinem Gesicht zu sehen. Ich hätte auf der Stelle in den Teppichboden versinken wollen, so beschämt war ich. Aber das war noch nicht alles.

Der Chirurg hob meine Brüste mit seinem Daumen und Zeigefingern an, so als ob er ein vollgerotztes Taschentuch aufsammeln würde, und sagte mir, dass nicht genug Brustgewebe für ein einfaches Lifting da sei, ich würde auch noch Implantate brauchen.

Dann griff er meinen Bauch und bestätigte, dass er all das hier beseitigen werde (überschüssiges Fett und überschüssige Haut), zusätzlich noch die Brustoperation und voilà, neuer Körper, neues Ich! Ich war so aufgeregt, ich war wie ein kicherndes Schulmädchen, das zum ersten Mal verknallt ist. Die nächsten zehn Minuten sind etwas verschwommen. Mat stellte all die vernünftigen Fragen, wie lange die Operation dauere, welche Risiken es gäbe und so weiter. Die einzigen Fragen, auf die ich Antworten brauchte, waren: „Wie sieht Ihr Terminplan aus? Und wann können Sie meine Operation darin unterbringen?"

Ich hüpfte beinahe aus der Praxis heraus, ich hatte mich seit Monaten nicht so bestätigt, aufgeregt und belebt gefühlt. All der Kummer, den ich durchlitten hatte, die Stunden der Agonie vor dem Badezimmerspiegel, all die Tränen, die ich vergossen hatte, all die negativen Gefühle würden wie durch Zauberei hinweggefegt werden. Mein Körper sollte endlich „repariert" werden.

Während wir wegfuhren, merkte ich, dass Mat meine Begeisterung nicht teilte. Ich hatte stets gewusst, dass er sich nicht freute, dass ich mich einer großen Operation unterziehen würde, und dass er, wäre es seine Entscheidung, „Nein" sagen würde. Aber er wollte mich unterstützen und er wollte außerdem, dass ich mich in meinem Körper wohlfühlte und deshalb war er still bemüht, mir den Spaß nicht zu verderben.

Die Operation durchzuziehen, würde der Familie einige Opfer abverlangen. Sie waren in meinen Augen alle völlig gerechtfertigt, denn schließlich war ich es, die jahrelang Opfer gebracht hatte. Mein Selbstwertgefühl, mein Körper, mein Schlaf – oh, die Liste der Opfer ließe sich endlos verlängern. Ohne dass es nach „Du hast dies gemacht, also mache ich jetzt das" klang, betrachtete ich es als mein Recht, mich operieren zu lassen. Ich hatte es „verdient".

Wie alle Paare mit kleinen Kindern hatten wir keine 12.000 Dollar einfach ungenutzt auf der Bank herumliegen, wir mussten uns das Geld also leihen. Mat würde einige Wochen Urlaub nehmen müssen, während ich im Krankenhaus war, und in der Zeit jede Hilfe gebrauchen können.

Der Gedanke an das Krankenhaus und die Schmerzen nach der Operation störten mich nicht im Geringsten. Ich muss gestehen, für eine dreifache Mutter, die jede Nacht für mindestens eines der Kinder aufstehen musste, war die Aussicht auf zwei Wochen im Bett, in denen mich niemand stören konnte, beinahe verlockend. Abgesehen von meiner Vorliebe für Krankenhaussandwiches, die ich bereits erwähnte.

Ich sprach mit Mum über die Operation und sie bestärkte mich, so gut sie konnte. Wie Mat hielt sie es eigentlich für unnötig, unterstützte meinen Wunsch aber trotzdem. Mit meinen Freundinnen darüber zu reden, war befriedigender. Sie verstanden mich total und stellten die wirklich wichtigen Fragen, wie: „Also, wie groß werden deine Brüste dann?"

Nichts konnte mich von der Operation abbringen, meine Entscheidung war gefallen. Die Arrangements für die Logistik standen, ich musste nur noch hingehen und mich operieren lassen. Nie hätte ich erwartet, dass ich meine Meinung plötzlich ändern sollte. Als es dann doch passierte, hätte mich ein Windhauch umpusten können. Alles änderte sich in einem ganz gewöhnlichen Augenblick. Als ich Mikaela beim Spielen auf dem Fußboden vor mir zusah, hatte ich eine Erleuchtung.

Der Tag war ein ganz normaler Tag in meinem verrückten Haushalt. Frühstücksgeschirr mit Getreideflockenresten und überschüssiger, verschwendeter Milch stapelte sich auf der Küchenzeile, Mengen an Schmutzwäsche lagen in der Waschküche auf dem Fußboden (statt im Wäschekorb) und wahrscheinlich hatte unser Schnauzer Ammo einen Haufen auf dem Rasen hinter dem Haus hinterlassen.

Ich trank gerade meinen Kaffee und sah Mikaela zu, die auf dem Fußboden vor mir spielte, und dachte an meine anstehende Operation. Ich war total überzeugt, dass eine Brustvergrößerung und eine Bauchstraffung mich glücklich machen würden, und stellte mir vor, wie sich das anfühlen würde. Und plötzlich kam sie, völlig aus dem Nichts. Die Erleuchtung.

Er·leuch·tung, die: *„eine plötzliche, starke und oft spirituelle oder lebensverändernde Einsicht, die eine Person in einem ansonsten gewöhnlichen Moment erlebt".*

Ich hatte nie zuvor eine Erleuchtung gehabt, aber es war wie ein Blitz, der aus heiterem Himmel im Boden vor mir einschlug, als mir dieser Gedanke kam: „Wie soll ich Mikaela beibringen, ihren Körper zu lieben, wenn ich es selbst nicht kann?" Und darauf folgten Schlag auf Schlag und ohne Pause weitere Fragen:

Rampenlicht, Pornoschuhe und – möglicherweise – ein Cameltoe.

OBEN: Meine Schwester Justine, mein Bruder Jason und ich an Muttertag. Es war das letzte Mal, dass ich Jason sah.

RECHTS: Jason und ich.

GANZ RECHTS OBEN: Eines der wenigen Fotos, das meine ganze Familie als Erwachsene zeigt.

GANZ RECHTS UNTEN: Jason doubelte Sean Penn in einigen Szenen des Films *Der schmale Grat*.

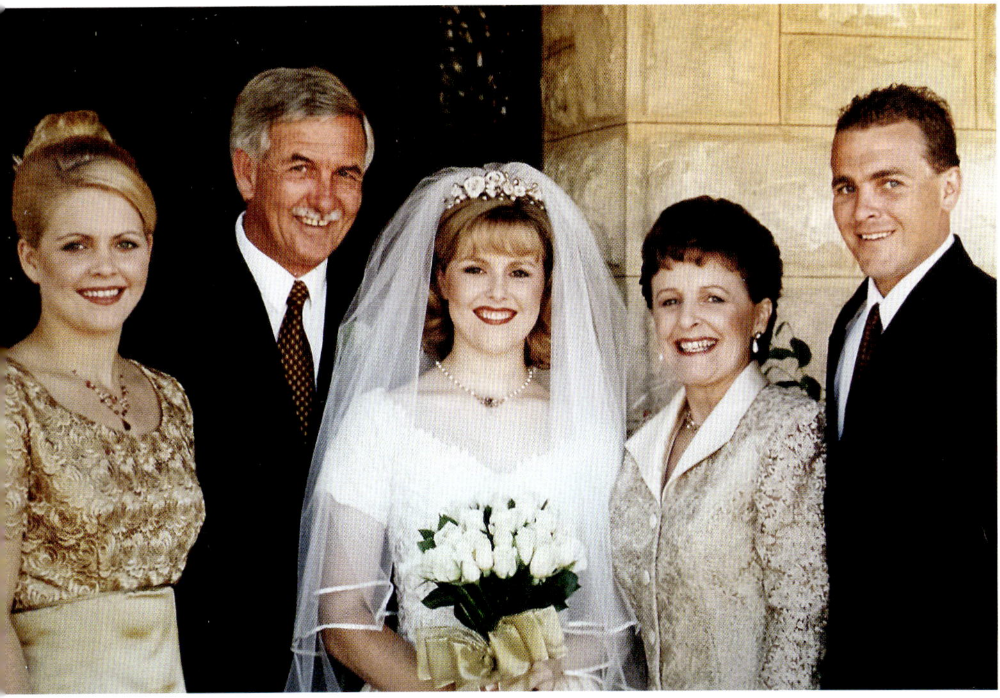

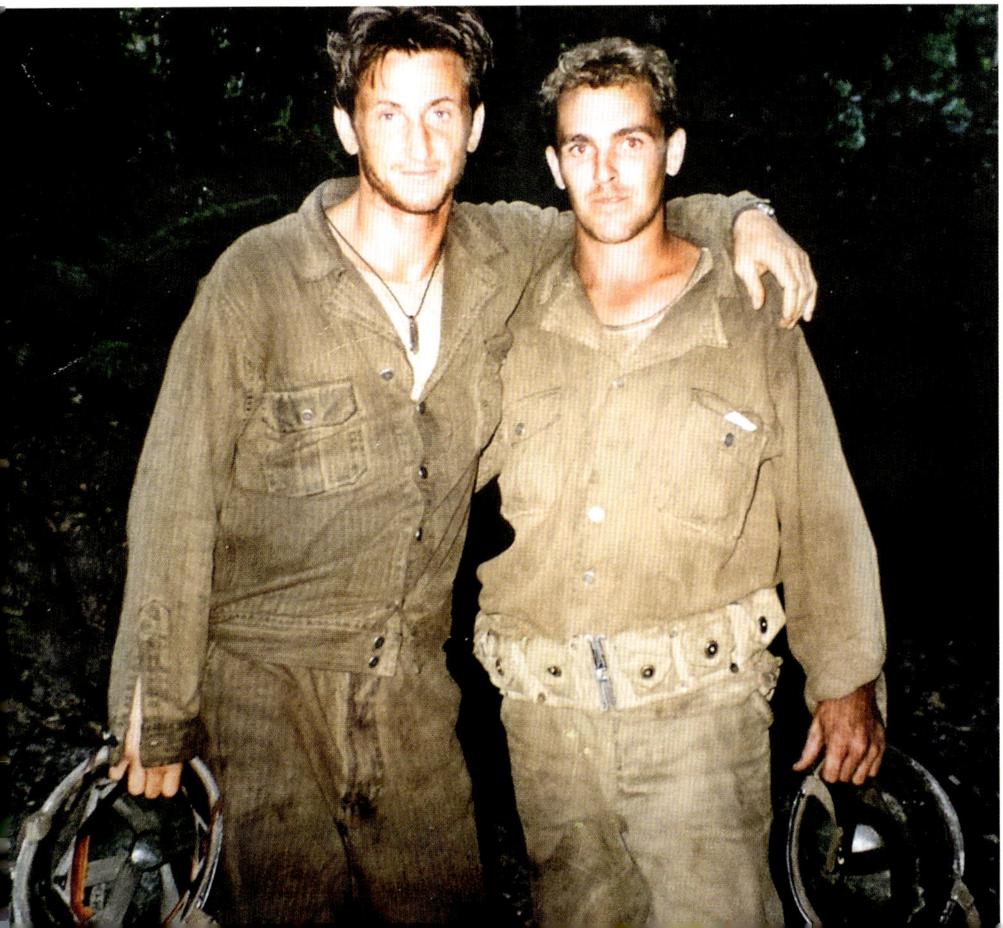

VON OBEN LINKS IM UHRZEIGERSINN:
Beim Training für The Sydney Skinny •
Nigel Marsh und ich am Cobblers Beach
am Morgen des Sydney Skinny • Zwei
inspirierende Frauen beim Sydney Skinny
• Als Cricket-Zuschauerin lebe ich meine
australische Identität.

VON OBEN IM UHRZEIGERSINN: Meine
Trainerin und Freundin Ruth Hock ist ein
Taekwondo-Champion • Prickel-Erlebnis beim
Sprung vom Steg! • Wie hoch kann man eine
Hose eigentlich ziehen? Sehr hoch!

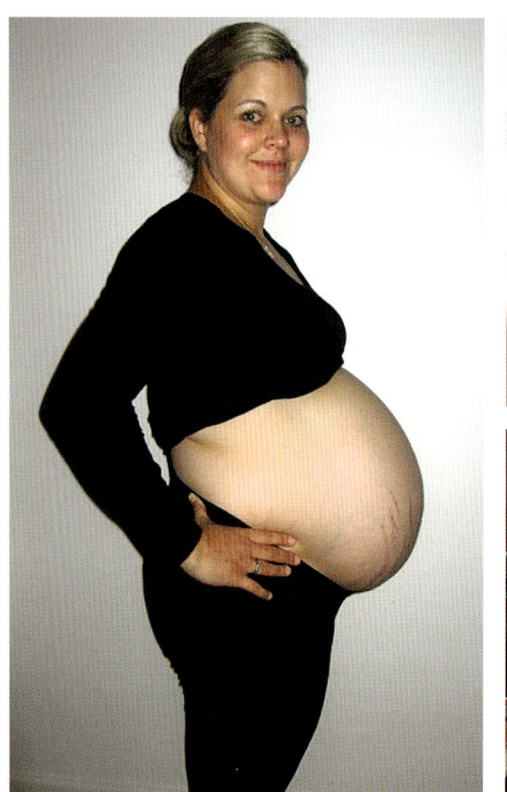

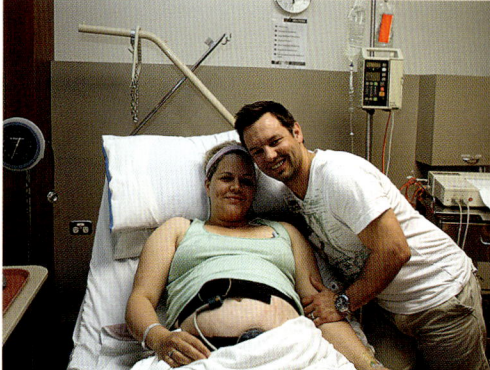

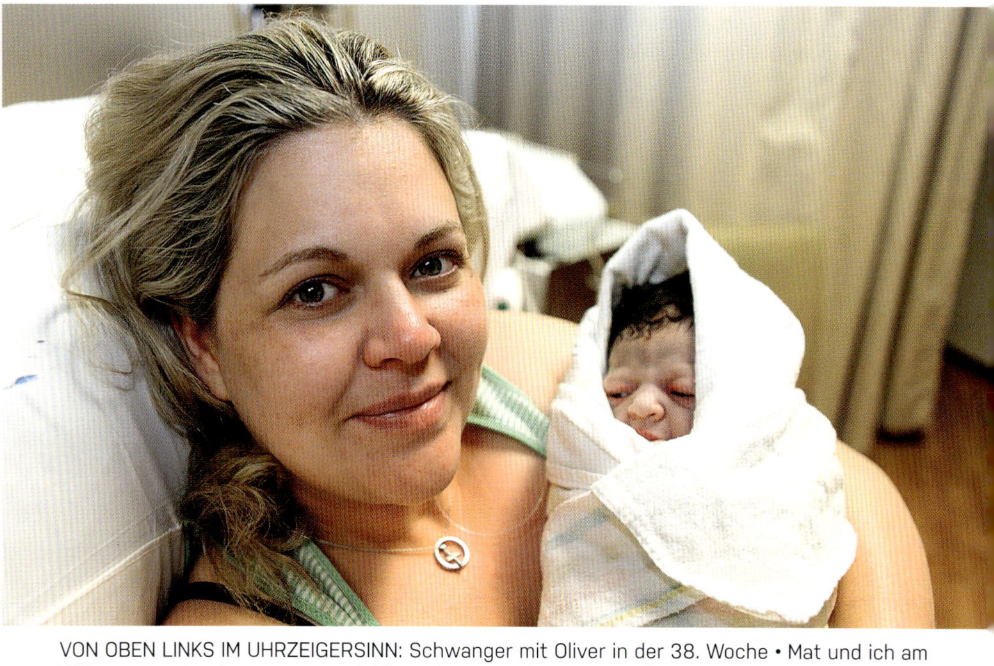

VON OBEN LINKS IM UHRZEIGERSINN: Schwanger mit Oliver in der 38. Woche • Mat und ich am Willunga Beach, einem unserer Lieblingsplätze in Adelaide • „Der" Moment – nichts macht mehr Freude, als sein Neugeborenes im Arm zu halten.

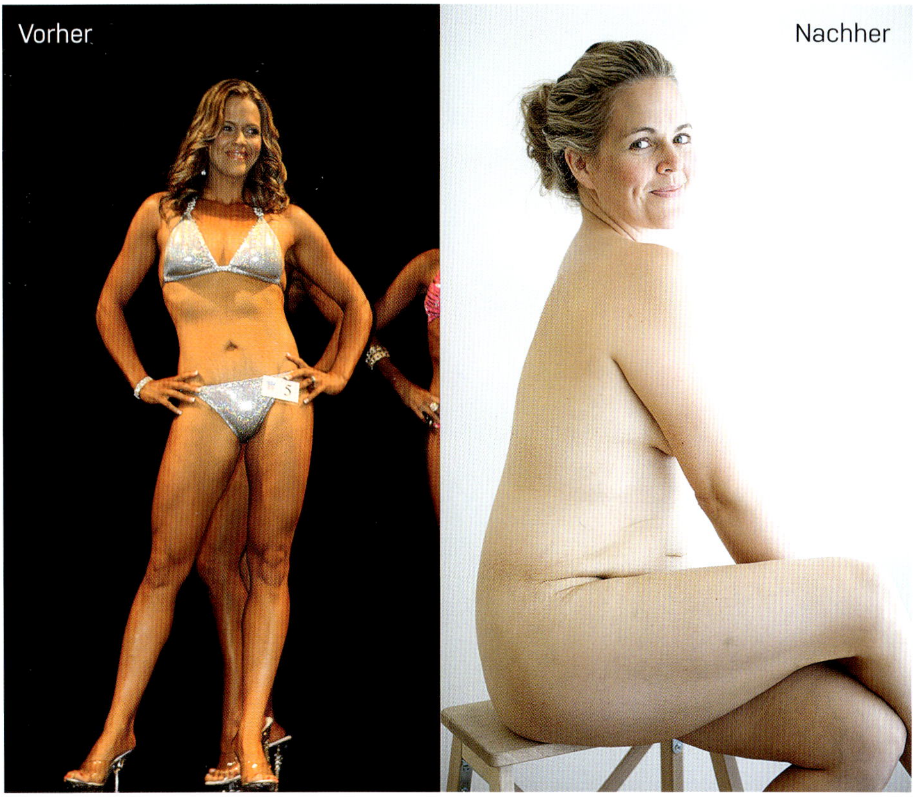

Vorher

Nachher

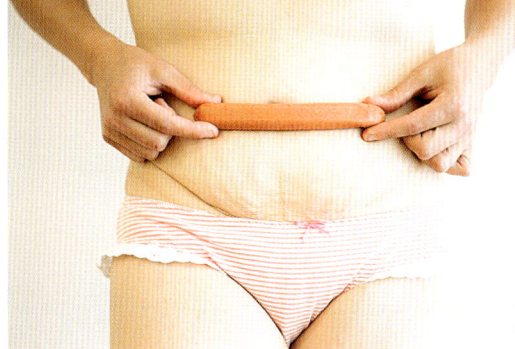

VON OBEN IM UHRZEIGERSINN: Das Vorher-Nachher-Foto • „Das Foto" – reden wir nie mehr drüber! • So sitzt man da, wenn der Briefträger während des Fotoshootings gaaanz langsam auf dem Fahrrad am Fenster vorbeifährt!

NÄCHSTE SEITE: Das Symbolfoto für die „tellergroßen Brustwarzen" nach der Geburt.

- Wie werde ich sie je ermutigen können, die Teile ihres Körpers, die sie nicht mag, zu akzeptieren und zu lieben, ohne wie ein lebender Widerspruch auszusehen?
- Wenn ich mich operieren lasse, setze ich meine Tochter dann einer Zukunft voller Körperhass und Selbsthass aus?
- Wenn sie in zehn Jahren ein Teenager sein wird, will sie dann wie ihre Mutter sein und künstliche Brüste und einen chirurgisch abgeflachten Bauch?
- Präge ich ihr ein, sich unrealistische Ziele bezüglich ihrer Vollkommenheit zu setzen?
- Wird sie ihr Aussehen höher bewerten als ihre erarbeiteten Erfolge, weil ihre Mutter so einen großen Wert auf ihre eigene „Schönheit" gelegt hat?

Oh, die Schuldgefühle und die Scham, die ich in diesem Moment empfand, als ich mir selbst sagte: „Taryn, du bist jetzt eine Mutter, du kannst keine Entscheidungen allein auf Basis deiner eigenen Bedürfnisse treffen, du musst auch an deine Kinder denken."

Wie die meisten Mütter wollte ich meine Kinder behüten und lieben. Wenn ich zwischen meinem und ihrem Wohlergehen entscheiden müsste, gäbe es überhaupt keine Frage, sie haben immer die oberste Priorität. In meiner Jugend sah ich in Filmen manchmal Situationen, in denen es für Eltern und Kinder um Leben und Tod ging, und da gaben die Eltern stets ihren Kindern den Vortritt vor ihrem eigenen Überleben. Ich fragte mich immer, ob das wohl realistisch sei: „Im Ernst, würde man WIRKLICH das eigene Leben für sein Kind aufgeben?" Aber jetzt verstehe ich es, es gibt keine Liebe wie die, die man für sein Kind hat. Ich erinnere mich an die Geburt jedes einzelnen unserer Kinder und an das Gefühl, sie zum ersten Mal im Arm zu halten. Für mich war es immer Liebe auf den ersten Blick. Von dem Moment an, da ich sie das erste Mal sah, war ich bereit, für sie zu sterben, und ich würde alles für sie tun.

Bis zu diesem Moment war mir der Gedanke nie gekommen, dass meine Brustoperation und Bauchstraffung potenziell Auswirkungen auf Mikaelas Körpergefühl haben könnten, wenn sie älter würde.

Ich wollte sie nicht in diese Lage bringen. Ich wollte nicht der Grund sein, warum sie ihren Körper hasste, oder der Grund, warum sie ihn verändern wollte. Ich konnte es auch nicht ertragen, zum wandelnden und redenden Widerspruch zu werden, indem ich ihr beizubringen versuchte, ihren Körper zu lieben, während ich meinen nicht annehmen konnte. Ich musste ein positives Rollenvorbild für sie sein. Mich operieren zu lassen, war nicht die bestmögliche Entscheidung für Miki.

Wenn Sie das hier lesen, Kinder haben und sich haben operieren lassen – bitte glauben Sie nicht, ich dächte, alle Eltern die sich operieren ließen, seien schlechte Rollenvorbilder für ihre Kinder. Dies waren meine Entscheidungen, dies ist meine individuelle Geschichte und jeder hat seine eigene Lebensgeschichte. Was ich sagen will ist: Es gibt keinen Platz für Schuldgefühle, es ist ein verschwendetes Gefühl, und schließlich tun wir alle nach Kräften unser Bestes.

Wer hätte gedacht, dass sich mein Leben nach diesem Tag so dramatisch ändern und einen Verlauf in eine ganz andere Richtung nehmen würde? Das Leben ist so unvorhersehbar.

In den nächsten Tagen fühlte ich mich wirklich mutlos. Ich wusste einfach, dass ich mich nicht operieren lassen konnte, aber der Gedanke, mit meinem Körper so wie er war leben zu sollen, stürzte mich in Verzweiflung. Ich war am absoluten Tiefpunkt. Ich fühlte mich in der Falle, ich wollte so unbedingt meinen Körper in Ordnung bringen, aber mir waren die Hände gebunden. Tagelang blies ich Trübsal, heulte und stellte mich erneut vor den Spiegel, um mich selbst runterzumachen. Und dann dachte ich mir: „Zum Teufel, Taryn, das ist einfach lächerlich, du kannst so nicht den Rest deines Lebens weitermachen."

Ich entschied, mit Mat über meine Erleuchtung zu sprechen. Kaum dass ich das Wort „Erleuchtung" aussprach, rollte er mit den Augen. Mat und ich sind wie Hund und Katze, und je älter wir werden, desto unterschiedlicher ticken wir, aber irgendwie scheint es für uns zu funktionieren. Mat geht methodisch vor und denkt strategisch, wenn er eine Entscheidung treffen muss, während ich intuitiv entscheide und „Dinge nach draußen ins Universum trage". Als wir erst einmal das Wort „Erleuchtung" hinter uns gebracht hatten und ich Dinge sagte wie: „Ich denke, ich kann mich nicht operieren lassen, weil ich mir Sorgen mache, wie es sich auf Mikaela auswirkt, wenn sie älter wird", hatte ich seine volle Aufmerksamkeit. Er blickte gleich durch, verstand, was meine Gründe waren, und respektierte meine Entscheidung.

In der Praxis des Chirurgen anzurufen und ihm auszurichten, dass ich seine Dienste nicht mehr in Anspruch nehmen würde, war hart. Ich brauchte meine gesamte Willenskraft, um die Worte auszusprechen: „Ich muss meinen Termin für den Eingriff absagen, ich brauche die Operation nicht mehr." Ich konnte ihm nicht sagen, dass ich die Operation nicht mehr „wollte", denn das stimmte nicht. Ich legte auf und brach im nächsten Moment zusammen. Ich saß auf dem Fußboden, schaute auf das schnurlose Telefon in meiner Hand und die Tränen liefen mir das Gesicht herunter.

Mir wurde immer klarer, was ich tat und was es bedeutete. Ich wollte nicht weiter in der Hölle leben, in der ich meinen Körper hasste. Würde ich je in der Lage sein, wieder die Person zu werden, die ich früher einmal war? Würde ich für immer eine Einsiedlerin bleiben? Wie würde ich die Oscar-reife Vorstellung fortsetzen können, mit der ich meine engen Freunde und Angehörigen überzeugen wollte, dass ich auch ohne Sozialleben glücklich und zufrieden war?

Wie sollte es nun weitergehen?

KAPITEL 6

Am Wendepunkt

DIE DEFINITION VON WAHNSINN IST – laut Albert Einstein –
immer und immer wieder das Gleiche zu tun und andere Ergebnisse zu erwarten.
Ich hatte mich entschieden, mich nicht operieren zu lassen, und dabei blieb ich.
Nun stand ich vor einer weiteren Entscheidung. Ich konnte entweder den Rest
meines Lebens einen anderen Körper haben wollen, aber nichts dafür tun, oder ich
konnte positive Lebensentscheidungen treffen, welche die Teile meines Körpers
veränderten, die ich kontrollieren konnte.

Eines Tages, als ich mich wieder einmal frustriert fühlte wegen der unauf-
hörlich redenden Stimme des dunklen Quälgeistes in meinem Kopf, nahm ich
ein Blatt Papier und zog eine senkrechte Linie in der Mitte. Über die eine Spalte
schrieb ich „Ändern" und über die andere „Akzeptieren".

Ich redete mir selbst gut zu: „Also, Taryn, die Form deiner Brüste, die Tatsache, dass du Kinder geboren hast, und die Schwangerschaftsstreifen werden bleiben. Willst du also für Veränderungen kämpfen, die nicht passieren werden, oder
wirst du diese Teile so akzeptieren, wie sie sind?" Dann setzte ich Brüste und
Schwangerschaftsstreifen auf die „Akzeptieren"-Seite des Blattes.

„Und was sind die Dinge an deinem Körper, die du ändern kannst und damit
eine positive Wirkung auf dein Leben, deine Gesundheit und dein Glück erzielen
würdest?" Dann schrieb ich auf die „Ändern"-Seite: Fingernägel (ich bin die lei-
denschaftlichste Nägelkauerin der Welt), Fitness und Tränensäcke.

ÄNDERN	AKZEPTIEREN
Fingernägel	Brüste
Fitness	Schwangerschaftsstreifen
Tränensäcke	Schlaffer Babybauch

Von diesem Tag an bis heute arbeitet mein Hirn mit einem völlig anderen Betriebssystem. Ich habe den dunklen Passagier entmachtet und arbeite mit einem tatsachenbasierten Ansatz, der Problemlösungen für mein Bodyshaming hervorbringt. Das heißt nicht, dass mir das Wort „hässlich" in Bezug auf mich selbst nicht mehr durch den Kopf ginge, es heißt einfach, dass ich mir im Falle eines solchen Gedankens den Schuh nicht länger anziehe und das Problem auch noch zusätzlich verstärke. Oh, und natürlich musste ich in diesen ersten Tagen auch ein wenig schummeln, bis ich es geschafft und meine Einstellung tatsächlich geändert hatte.

Es war nicht so, dass ich eines Tages aufwachte und meinen Anblick im Spiegel einfach LIEBTE. Aber statt mich dafür selbst herabzuwürdigen, sagte ich von nun an einfach gar nichts mehr dazu. Schließlich konnte ich mit der Zeit auch mal etwas Nettes zu mir sagen und eh ich mich versah, war ein Monster an Positivität geboren. Ich sagte nun zum Spiegel solche Sachen wie: „Du scharrrrfes Luder, du sexy Mama, wie willst du dir eigentlich heute die Männer vom Leib halten?" Nein, Quatsch, natürlich sagte ich so etwas nie, aber ich hörte definitiv auf, zu mir zu sagen: „Du bist fett, hässlich und abstoßend." Soviel ist sicher.

Ohne dass ich es damals gewusst hätte, war ich in einem ungeplanten, unbewussten experimentellen Selbsthilfeprogramm, und es funktionierte. Die Strategien, die ich in diesen frühen Tagen implementierte, so simpel sie auch waren, veränderten mein Leben und haben seitdem tausende Leben geändert. Und das Beste daran war, dass sie keine 12.000 Dollar kosteten!

In diesen frühen Tagen war ich allerdings ein Neuling in Sachen Körperliebe und bestimmt keine Expertin! Ich hatte auch große Angst vor Rückfällen und fragte mich oft, ob ich mich nur selbst ausgetrickst hatte, um meinen Körper zu lieben. Liebte ich ihn wirklich oder machte ich mir das nur vor? Erst als ich die „Schluck-es-runter"-Strategie entwickelte, fühlte ich mich richtig stark und die Liebe zu meinem Körper wurde zu 100 Prozent unzerbrechlich.

Schon als kleines Kind habe ich immer stark mit anderen Menschen empfunden, die leiden mussten. Ich sehe diesen Charakterzug auch bei meinem ältesten Sohn Oliver, dessen Empathiefähigkeit seinem Alter weit voraus ist. Mir fällt dazu ein eigentlich schlechtes Beispiel ein, das trotzdem gleichzeitig schön ist. Vor einigen Monaten sahen Oliver und ich gemeinsam einen Austin-Powers-Film an und darin gab es eine Szene, in der der Bösewicht Dr. Evil herausfindet, dass Sir Nigel Powers sein Vater ist. Die Szene ist unglaublich komisch und überdreht, aber als

Dr. Evil und sein Vater sich erkannten und umarmten, hörte ich ein leises Schniefen von dem kleinen Menschen neben mir. Oliver war zu Tränen gerührt. Da begriff ich, dass Oliver genau dasselbe Mitgefühl und die gleiche Empathie für andere Menschen hat, wie ich. Ich wusste einfach, dass er fühlt, was ich fühle, nämlich mehr als andere für ihre Mitmenschen fühlen – glaube ich.

Ich erinnere mich, dass mein erster Empathie-Moment in der Grundschule war. Der erste Text, den ich etwa im ersten Jahr in der Schule schrieb, handelte von hungernden äthiopischen Kindern:

„Äthiopien, Äthiopien, die armen Kinder in Äthiopien,

Äthiopien, Äthiopien, die Kinder verhungern in Äthiopien,

Äthiopien, Äthiopien, wir müssen den Kindern in Äthiopien helfen."

Dazu zeichnete ich eine Hütte mit dem Schild: „Hier drin leben 10.000 Menschen."

Sogar jetzt, während ich dies niederschreibe, habe ich wieder Tränen in den Augen. Diese Worte waren das erste, was ich als Kind bewusst geschrieben habe, und die damit verbundenen Gefühle sind bei mir geblieben. Ich bin mir nicht sicher, was ich zwischen null und fünf Jahren gesehen oder mit wem ich gesprochen habe, aber etwas oder jemand muss eine starke Wirkung auf mich gehabt haben. Der Gedanke, dass auf der Welt Menschen keinen Zugang zu Essen und Wasser haben, bricht mir das Herz. Diese Gedanken führten mich zu einer weiteren Technik, die ich zur Überwindung meiner Körper-Wahrnehmungsprobleme anwandte, eine Technik, die ich „Hovering" („Schweben") nannte.

Hovering ist eine Dankbarkeits-Übung zur Änderung der Perspektive. Eine Sache, von der ich glaube, dass sie viele Leute benötigen. Die Übung besteht darin, sich Zeit zu nehmen darüber nachzudenken, wie es anderen Menschen auf der Welt geht. Stellen Sie sich vor, Sie können über die Erde schweben und sich andere Länder und Kulturen anschauen. Sie sehen, wie andere Frauen ihr Leben führen.

Die Technik entstand an einem Tag, an dem ich einen besonders selbstfixierten Moment durchlebte. Ich versuchte, ein hübsches Top zu finden und nichts sah aus, wie ich wollte: zu eng, zu weit, zu fett, zu hässlich. Ich sehnte mich nach einem Paar hübscher fester Brüste und ärgerte mich, dass meine stattdessen wie Teebeutel aussahen. Ich ging und schnappte mir eine Tasse Kaffee und setzte mich auf meine Couch, und als ich so über meinen Kummer nachdachte, fiel mir meine Ändern-und-Akzeptieren-Liste wieder ein. Mental schob ich die Brüste zurück auf die Akzeptieren-Seite und dachte: „Mensch Taryn, reiß dich zusammen, du hast so ein Glück mit dem, was du hast. Du benimmst dich wie eine verwöhnte Göre." Als ich so in meinem schönen Haus dasaß, mit meinen weißen Designerwänden und mit meinem Magermilch-Latte in der Hand, schweifte meine Fantasie ab zu dem, was wohl andere Menschen in anderen Teilen der Welt gerade taten. Ich dachte nicht an die ganzen schönen Dinge, ich dachte an Unglück, Schmerz und Trauer.

Ich dachte an ein Land in Krieg und Hungersnot. Ich stellte mir eine Mutter vor, die ihr sterbendes Kind hielt. Ich konnte die Augen des Kindes vor mir sehen, groß, braun und voller Hoffnung. Ich fühlte die Verzweiflung und Hoffnungslosigkeit der Mutter, die ihrem Kind nicht geben konnte, was es zum Leben brauchte. In meinem Kopf – als sähe ich einen Film – sah ich das Mädchen sterben und hörte die Schreie der Mutter. Ich sah zu, wie die Mutter das leblose Mädchen hielt, seine Wangen küsste, seine Stirn, sie fest an sich drückte. Sie schluchzte.

Tränen liefen über mein Gesicht. Ich fühlte den Schmerz. Die Visionen in meinem Kopf waren zwar frei erfunden, aber die Geschichte der trauernden Mutter und des verhungernden Kindes waren sehr real. Alle paar Sekunden stirbt ein Kind und der Mut einer Mutter wird gebrochen.

Und ich stand hier, konnte mich nicht entscheiden, was ich anziehen sollte, und tat mir selbst leid.

Ich schwebte weiter über die Welt und dachte an die Leben anderer Leute, denen es weniger gut ging als mir. Ich kam nach Indien. Ein zwölfjähriges Mädchen war von zu Hause entführt und in eine andere Stadt verschleppt worden. Sie saß allein und verängstigt in einem leeren Raum auf einem Bett mit nur einem schmutzigen Laken. Männer kamen einzeln in den Raum, sahen sie an und gingen wieder hinaus. Draußen wurde ihre Jungfräulichkeit versteigert.

Und ich stand hier und war ganz außer mir, weil ich kein Top fand, das mir richtig passte?

An jenem Tag auf der Couch zeigte ich mir selbst die ganze Welt auf eine Art, wie ich sie auf meinen Reisen nie gesehen hatte. Ich wusste von diesem Moment an, dass ich eine Pflicht gegenüber jenen hatte, die weniger Glück hatten als ich, ich hatte die Verantwortung, mein Leben mit Respekt und Dankbarkeit zu leben.

„Hovering" war für mich inspirierend und holte mich aus meiner Selbstsucht heraus. Wie konnte ich auf derart trivialen Problemen herumreiten, wenn die Welt um mich mit Grausamkeiten und Trauer angefüllt war.

Aus dieser praktischen Übung in Dankbarkeit entwickelte sich dann das „Schluck-es-runter"-Konzept.

Je mehr ich an der „Schluck-es-runter"-Taktik arbeitete, desto glücklicher war ich. Ich wendete die Taktik nicht nur auf meine Körperbildprobleme an, sondern auf alle Aspekte des Lebens. Es war, als wäre ein Gewicht von meinen Schultern genommen worden. Ich hatte wirklich keine Sorgen mehr, denn tatsächlich war nichts WIRKLICH von Bedeutung – außer all den wirklich wichtigen Dingen.

Aus der Seifenblase meines Lebens herauszutreten und mich in die Lage anderer zu versetzen, ließ mich innehalten und darüber nachdenken, wie gut ich es hatte. Was für eine wunderschöne und gesegnete Existenz ich habe! Sicher, ich habe im Laufe der Jahre Mobbing, den tragischen Tod naher Angehöriger und Probleme mit meinem Körperbild erlebt, aber mal ehrlich: Im Kontext der Welt, in der wir leben, bin ich nichts weniger als ein extremer Glückspilz.

Ich fasste den Entschluss, über meine „Schluck-es-runter"-Strategie zu bloggen, weil es für mich auf dem Weg, meinen Körper zu akzeptieren, eine so wirksame Strategie gewesen war. Einige Leute aber nahmen heftigen Anstoß daran, hier sind einige der Kommentare, die ich von ihnen erhielt:

„Zu sagen ‚Schluck es runter' sendet eine entsetzliche Botschaft an Frauen, die wahrscheinlich bereits unter Scham und mangelndem Selbstwertgefühl leiden."

„‚Schluck es runter' ist eine pauschale Verleugnung von ‚Erste-Welt-Problemen'. Es dient nur dazu, Frauen selbst für das zu beschämen, was für einige von ihnen echte und schwerwiegende Probleme sind."

„Ich teile nicht die Ansicht, dass unsere Probleme deshalb kleiner sind, weil es Leute gibt, denen es noch schlechter geht."

„Die Probleme von Menschen grob zu vereinfachen, weil man denkt, sie seien nicht wichtig genug, um sich darum zu kümmern, ist nicht die Antwort!"

Nun, für mich war es die Antwort, oder jedenfalls eine der Antworten. Einige der Kommentare zu lesen, die zu meinem Blogpost gemacht wurden, stimmte mich ein wenig traurig. Ich liebe Menschen und hatte niemals die Absicht, irgendjemanden zu beleidigen oder zu beschämen. Ich würde nie zu jemandem mit Essstörungen oder Depressionen sagen: „Schluck es runter!" Das wäre einfach nicht angemessen. Aber ich bin sicher, dass es einer Menge Leute guttäte, wenn ihnen mal einer sagte, sie sollten nicht so viel dummes Zeug reden. Leute, von denen man ständig nur hört: „Ich wollte, ich hätte nicht …", „Ich möchte mehr …", „Sie hat Glück, dass sie … hat", „Ich hasse mein …", und so weiter.

Wir leben in einer vom Schönheitswahn besessenen Gesellschaft und zum Teil liegt es daran, dass wir Opfer einer Diät- und Schönheitsindustrie sind, die uns so umprogrammiert hat, dass wir gerne jemand anders wären, als wir tatsächlich sind. Wir hören ständig, dass wir uns ändern, anders aussehen, etwas trotzen, etwas verlieren und uns mit Leuten vergleichen sollen, die für attraktiver als wir erklärt werden und deshalb erfolgreicher und mächtiger sind. Schönheit scheint im Leben der Leute eine höhere Priorität einzunehmen als ihre Gesundheit.

Ich weiß, dass es bei mir so war und trotzdem, wenn mich jemand beiseite genommen und mich gefragt hätte: „Was ist wichtiger für dich, deine Gesundheit oder deine Schönheit?", dann hätte ich mich mit Sicherheit für meine Gesundheit entschieden – nur dass mein Handeln diese Antwort nicht untermauert hätte. In den Zeiten meines Selbsthasses war ich davon in Anspruch genommen, wie ich aussah. Ich war damit beschäftigt und dazu bereit, alles an meinem Körper zu putzen, zu stutzen, zu kappen, zu verbrennen, zu verlieren, abzuschneiden, abzuschleifen und ihm abzutrotzen, was ich nur konnte. Schönheit war die Währung und Gesundheit musste zurückstehen. Das gefiel mir nicht mehr und nachdem ich die „Ändern-und-Akzeptieren"-Liste und mein „Schluck-es-runter"-System implementiert hatte, richtete ich meine Aufmerksamkeit als nächstes darauf, meine Gesundheit über meine Schönheit zu stellen. Damit erkannte ich an, dass mein Körper kein Schmuckstück war, sondern stattdessen das Vehikel zu meinen Träumen.

Statt zu laufen, um abzunehmen, fing ich an zu laufen, weil ich gerne draußen war und ich die Selbstbestätigung liebte, die das Laufen mir gab. Statt ins Studio zu gehen, um straffer zu werden, ging ich ins Studio, weil ich gern mit meinen Freundinnen boxte und eine Menge Schweiß vergoss. Statt mein Essen zu beschränken, um Gewicht zu verlieren, aß ich, um meinem Körper Energie zu geben.

Essen und Bewegung bekamen eine ganz neue Bedeutung. Ich fühlte mich so gut, dass ich förmlich Energie und Glück aus allen Poren verströmte. Ich fand es beinahe unmöglich, mit meinem Körper unzufrieden zu sein, weil die Endorphine nur so flossen.

In dieser Zeit der Selbsterkundung gab es keinen großen Plan, keinen Gedanken an das Body Image Movement. Ich war einfach ich und tat mein Bestes, um das Leben zu genießen und aufzuhören, meinen Körper zu hassen. Und genau das erreichte ich. Ich verabscheute meinen Körper nicht mehr so, wie ich es früher getan hatte. Aber selbst nach Monaten und Monaten positiver Bestätigung und Glücksgefühle tauchte stets eine Frage immer und immer wieder in meinem Kopf auf: Wie fühlt es sich an, den perfekten Körper zu haben?

KAPITEL 7

Der Fitness-Wettbewerb

DAS BESTE AN SAMSTAGVORMITTAGEN WAR Ruths Box-
kurs im Fitness-Studio, an dem ich auch zwischen den Schwangerschaften immer
wieder mal teilgenommen hatte. Ruth war hardcore, sie redete Tacheles und ich
mochte ihre Art. Ehrlich gesagt, konnte ich sie mir gut als Freundin vorstellen. Ich
bin kein großer Fan von Fassade in Freundschaftsdingen, ich möchte immer gern
wissen, wo ich stehe. Wenn ich einen Fehler mache oder mich danebenbenehme,
sollte eine gute, selbstbewusste Freundin mir das klar sagen. Ich mag selbstbewusste Frauen und Ruth war bestimmt eine.

Ich muss auch zugeben, dass ich Ruth peinlicherweise mit meinem Boxstil
und meinem Ehrgeiz, die Schnellste und die Härteste zu sein, beeindrucken wollte. Ich wusste, dass Ruth Weltmeisterin im Taekwondo gewesen war und hoffte,
sie würde den Rocky Balboa in mir erkennen. Und tatsächlich tat sie das auch,
nachdem ich ihr als Freundschaftsgeste ein paar von Mikaelas alten Babysachen
vorbeigebracht hatte. Es war ein netter Eisbrecher und die perfekte Gelegenheit,
ihr davon zu erzählen, dass ich früher rohe Eier zum Frühstück geschlürft habe
und im Kapuzensweater Treppen hochgerannt bin.

Wochenlang hatte ich mit den anderen Mädels im Kurs über Ruths schnell
wachsendes Bäuchlein spekuliert, aber sie sagte nichts und kickte und boxte
ohne Zögern und Zurückhaltung weiter. Und dann war es eines Tages einfach zu
offensichtlich. Ich war etwas niedergeschlagen, als ich erfuhr, dass Ruth schwanger
war, denn ich sollte meine Lieblingstrainerin aller Zeiten verlieren – und damit
würden meine schönen Samstagmorgen nie mehr so sein wie vorher.

Während meiner Gespräche mit Ruth erwähnte ich, dass ich Fotografin war und sie wollte ein paar Babybauch-Fotos von sich machen lassen, die perfekte Gelegenheit für einen Handel. Statt mir ein Honorar zu zahlen, sollte Ruth nach dem Ende ihres Boxkurses als meine Personal Trainerin weiterarbeiten.

Wöchentliche persönliche Trainingsstunden waren zwar hart, aber lustig und effektiv. Das Training im Fitnessclub war praktisch für mich, da es eine Kinderkrippe gab und alle meine drei Kinder gern bei der Krippenleiterin Sue und ihrem netten Team waren. Die Krippe behielt die Kinder bis zu zwei Stunden am Stück, was mehr als genug für eine Trainingseinheit, gefolgt von einem zwanzigminütigen Saunagang und einer langen, entspannenden warmen Dusche war. Ich hatte meine Routine gefunden und genoss es richtig, zu trainieren.

Eines Tages erzählte ich Ruth, dass ich die Frage, wie sich ein perfekter Körper wohl anfühlte, nicht mehr aus dem Kopf bekam. Ruth hatte mich schon endlos an meinem Körper herummotzen hören und sie wusste, was ich fühlte und dachte, aber diese Frage war neu. In ihrem typischen nonchalanten Stil und ihrem kanadischen Akzent fragte sie: „Nun, warum meldest du dich nicht bei einem Fitnessmodel-Wettbewerb an?" Ich schaute sie spöttisch an: „Du machst dich lustig, stimmt's? Das kann ich nicht. Ich bin eine dreifache Mutter, mit DIESEM Bauch hier. Ich kann mich nicht auf eine Bühne vor ein paar hundert Leute stellen und ich habe keinen Bikini angehabt, seit … Nun, eigentlich nie, ehrlich gesagt."

Ich bin nicht sicher, ob es die Art war, wie sie mich ansah, oder das Echo der Worte „Das kann ich nicht" in meinem Kopf, aber nachdem wir eine Weile darüber geredet hatten, und sie erklärt hatte, warum sie die Idee nicht für komplett verrückt hielt, ging ich an diesem Tag aus dem Fitness-Studio nach Hause, um einige Internetrecherchen zu machen und ernsthaft nachzudenken.

Bis Mat an dem Abend nach Hause kam, platzte ich schon beinahe vor Ungeduld, mit ihm über meine Pläne zu reden. Ruth hatte gerade im Jahr zuvor ebenfalls an solch einem Wettbewerb teilgenommen und hatte darauf bestanden, dass ich mich erst einmal mit Mat hinsetzen und über den zeitlichen und finanziellen Aufwand und die Auswirkungen auf die Familie reden sollte. Als ich Mat davon erzählte, war seine erste Reaktion – erraten – Augenrollen, gefolgt von: „Es geht wieder los, noch eine von deinen tollen Ideen." Zu seiner Verteidigung sei bemerkt, ich bin über die Jahre mit so einigen „besten Plänen aller Zeiten" nach Hause gekommen. Sachen wie: „Wir sammeln 5.000 Dollar Spenden für die Krebshilfe ein, indem wir uns mit 40 von unseren Freunden an den Bahnhof stellen, alle in Superheldenkostümen!" (Was wir auch taten und wir sammelten sogar 7.000 Dollar – aber im achten Schwangerschafts-Monat zwölf Stunden zu stehen war nicht gerade ideal). Dann war da das Mal, als ich einen Song aufnehmen wollte, und dann das Mal, als ich mein Fotostudio eröffnete, nachdem ich weniger als drei Monate eine Kamera besessen hatte. Mat hatte also schon einige Ideen zur Tür hereinkommen sehen, aber bei dieser war es etwas anders. Er kannte mich sehr gut und wusste, wie gerne ich aß, und bezweifelte, dass ich die Einschränkungen, was und wieviel ein Fitnessmodel essen kann, befolgen können würde. Er wollte mich nicht entmutigen, aber er musste ehrlich sagen, dass er mir die Disziplin nicht zutraute, einen strikten Ernährungsplan zu befolgen. Solange Mat und ich zusammen waren, war mein Gewicht wie ein Jo-Jo rauf und runter gegangen. Ich aß zu viel Mist, nahm zu, schrieb mich bei den Weight Watchers ein, nahm wieder ab, und dann ging der Kreislauf von vorne los. Wir witzelten oft, ich sei eine WWW, eine Weight Watchers Whore, eine Diäthure, die immer wieder und wieder zu den Weight Watchers zurückkam.

Ich entschied an diesem Abend, dass ich an dem Wettbewerb teilnehmen würde. Aber zuerst musste ich so viele Mahlzeiten und so viel Schokolade essen, wie ich konnte. Schokolade ist mein Ding. Ich mag Wein nicht besonders, also gönne ich mir am Ende eines langen Tages statt eines Glases Wein lieber eine Tafel Schokolade. Wie sollte ich 15 Wochen ohne meine Lieblingssünde überstehen?

Als Ruths E-Mail mit dem Ernährungsplan kam, war meine Motivation am Anschlag. Wenn Sie wie ich ein Jo-Jo-Diätfreak sind, kennen Sie diese Aufregung und diese Zuversicht, die mit dem Beginn einer neuen Diät einhergeht. Ob es die Atkins-Diät ist, die Kombinations-Diät oder eines dieser Zwölfwochen-Verwandlungsprogramme, eine „Was-Sie-essen-dürfen"-Liste zu bekommen ist für mich so aufregend, wie einen Pickel auszudrücken oder die Augenbrauen zu zupfen (ja, das finde ich therapeutisch).

Als ich mich aber hinsetzte, um meine Menüpläne vorzubereiten und meine Einkaufszettel mit den Lebensmitteln, die ich essen würde, aufzustellen, kam mir der Plan irgendwie merkwürdig vor. Wo ist das ganze Essen auf der Liste? Warum esse ich jeden Tag dieselben Sachen? Warum gibt es so viel Huhn? Und wo ich doch kein Gemüse mag, wie kommt Brokkoli auf diese Liste?

Es schien, als müsse über den Ernährungsplan nachverhandelt werden. Das Gespräch lief so: Ich: „Hey Ruth, dieser Ernährungsplan ist mies, ich kann definitiv kein Gemüse essen, ich hasse Gemüse."

Ruth: „Tja, du wirst dich wohl einfach daran gewöhnen müssen."

Ich: „Ruth, meine Mutter hat das schon 15 Jahre lang versucht. Wenn du meinst, dass ich die nächsten 15 Wochen lang Gemüse esse – das wird nicht geschehen!"

Ruth: „Taryn." Ich sinke ein wenig zusammen, sie nennt mich sonst nie so beim Namen. „Taryn, dieser Wettkampf ist hart, die Mädels, mit denen du auf der Bühne stehen wirst, trainieren schon seit Monaten, seit Jahren sogar, du wirst dich an deine Diät halten müssen, kein wenn und kein aber. Du musst 100 Prozent dahinterstehen. Keine Ausnahmen."

Super, ich liebte Ruth total, sie war gnadenlos. Schließlich weichte mein höfliches Beharren ihren Widerstand ein wenig auf und nach Wochen des Nörgelns durfte ich einige Portionen Gemüse durch Salat ersetzen, und so etwa ab Woche drei, als ich am Thunfisch immer noch herumwürgte, durfte ich stattdessen Lachs essen.

Eine der schwersten Mahlzeiten war ein Abendessen mit Freunden, eines Abends ganz früh im Trainingsprogramm, in einem Thai-Restaurant. Alle schlugen sich an dem absolut erstaunlichsten Buffet den Bauch voll, während ich gekochtes Huhn, Reis ohne Sauce und Grünzeug aß. Das waren die schwierigsten Momente und die härtesten Prüfungen. Fish and Chips am Strand, aber ohne den Fisch und ohne die Pommes, waren auch eine Herausforderung. Zuzuschauen, wie die Kinder ihre Fritten zwischen den Zähnen knusperten und der bloße Gedanke an das Aromasalz mit dem Chicken-Geschmack, ließen mir das Wasser im Mund zusammenlaufen. Ich vermisste das Essen und trauerte jeden Tag darum. Aber 15 Wochen lang fast buchstabengetreu den Ernährungsplan zu befolgen, war ein echter Triumph für mich. Ich war tatsächlich unheimlich stolz darauf, mich daran zu halten, den ganzen Schmerz durchzustehen und Kontrolle und Disziplin auszuüben – etwas, für das ich in der Vergangenheit nicht wirklich bekannt gewesen war.

Ich habe Diäten immer in der Überzeugung begonnen, genau das Richtige zu tun, nur um mich nach einigen Tagen dabei zu ertappen, wie ich sagte: „Verdammter Mist, das Leben ist kurz, ich könnte morgen sterben. Ich muss jetzt dieses Stück Pizza essen!"

Die rettende Gnade in meinem Wochenplan langweiliger Mahlzeiten war das „Schummelessen". Bei genau einer Mahlzeit in der Woche durfte ich essen, was ich wollte und ein Glas Wein dazu trinken. (Natürlich ersetzte ich den Wein durch

Schokolade.) Diese Mahlzeit aß ich auf die gleiche Weise, wie man einen Orgasmus zurückhält: Ich wollte nicht zu schnell essen, ich wollte jeden Bissen richtig auskosten und ich wollte ganz bestimmt nicht, dass es jemals aufhörte.

Ich kann verstehen, warum so viele Mädchen, die an Fitnessmodel- und Bodybuilding-Wettbewerben teilnehmen, an Essstörungen erkranken. Alles an meiner Fixierung aufs Essen war gestört. Wenn ich gerade nicht an Essen dachte oder gierig danach war, wog ich Essen ab, und wenn ich es nicht abwog, bereitete ich es zu. Essen, essen, essen, es war immer etwas, auf das ich fokussiert war, aber definitiv war ich nie in meinem ganzen Leben so davon besessen wie in dieser Zeit.

So hart die Diät auch war, es gab einen anderen Bestandteil des Programms, der ebenso anspruchsvoll war – das körperliche Training. Mein Trainingsplan sah so aus:

Montags: Beinstrecker, Unterschenkel und Bauchmuskeln (welche Bauchmuskeln?!)

Dienstags: Rücken, Schultern und Bizeps.

Mittwochs: Hintern, Beinbeuger und Bauchmuskeln (schon wieder? Die sind total überbewertet.)

Freitags: Oberkörper und Trizeps.

Das sieht jetzt nicht übertrieben aus, wenn man es so aufgeschrieben sieht, aber zusätzlich zum Gewichttraining war ich an sechs Tagen in der Woche im Studio, um mit leerem Bauch Ausdauertraining zu machen. Das bedeutete, dass ich täglich außer sonntags um 05.30 Uhr morgens aufstand und ab 06.00 Uhr mindestens eine Stunde lang trainierte. Es war wirklich hart, besonders, weil ich KEIN Morgenmensch bin!

Schon nach einigen Wochen aber bemerkte ich, dass die Pfunde purzelten und sah Muskeln sich an Körperstellen entwickeln, wo ich an mir nie welche bemerkt hatte. Jeder um mich herum sah, dass etwas mit mir vor sich ging und schließlich erzählte ich den Leuten davon. Die meisten Reaktionen klangen wie: „DU MACHST WAAAS??!!!" Den meisten meiner Freunde steckte ich erst nach etwa der Hälfte des Programms, was ich vorhatte. Ich bin kein Freund von Leuten, die große Ankündigungen machen, nach dem Motto „Ich werde dies tun, ich werde das tun". Ich tue es lieber und sage vorher nichts. Ich brauchte mindestens sechs Wochen, um sicher zu sein, dass ich überhaupt erreichen konnte, was ich mir vorgenommen hatte, und es vorher überall herumzuerzählen hätte zu viel Druck aufgebaut.

In der Woche acht von 15 meines Programms präsentierte mir Ruth einen neuen Trainingsplan. Der Dialog lief wie folgt ab:

Ich: „Was ist das?"

Ruth: „Dein neuer Plan."

Ich: „Wieso? Stimmt was nicht mit dem, den ich habe?"

Ruth: „Es ist Zeit, die Ansprüche etwas zu erhöhen."

Ich: „WAS ZUM …? Härter geht es doch wohl kaum, oder? Oder doch? Was genau meinst du mit ‚Ansprüche erhöhen'? Ich gebe schon alles."

Ruth: „Dann musst du noch ein bisschen mehr rausholen!"

Die Wahrheit ist, ich *hatte* noch mehr im Tank. Wir Menschen haben zwei sehr mächtige primäre Instinkte, einer davon ist es, Schmerzen zu meiden, und der andere ist es, Vergnügen zu suchen. Ich hatte mich in den ersten acht Wochen einfach wie ein normales menschliches Wesen verhalten und immer ein wenig Reserve im Tank gelassen. Ruth hatte recht, sie hatte immer recht. Ich musste meine Anstrengungen erhöhen.

Und so tat ich es – Training an sechs Tagen pro Woche, Ausdauertraining für mindestens eineinhalb Stunden täglich, eher zwei. An den meisten Tagen trainierte ich zweimal. Es forderte mir alles ab und auch wenn ich mein Möglichstes tat, meine Kleinen vor den Härten meines Trainings zu behüten, war es für jeden um mich herum unmöglich, nicht etwas zu spüren zu bekommen.

Mat und ich stritten oft, denn ich war schließlich fürchterlich mürrisch. Ich könnte an allen Fingern und Zehen nicht abzählen, wie oft er schrie: „Geh einfach und iss etwas, wärst du so nett!" Dann waren da natürlich die Auswirkungen auf die Kinder: Ich war nie da, wenn sie morgens aufwachten, und war oft mit den Gedanken zu sehr bei meinem Körper oder dem Wettbewerb, um eine aufmerksame Mutter zu sein. Ich strebe zwar danach, achtsam durchs Leben zu gehen, aber während des Trainingsprogramms war ich, außer im Fitness-Studio, gedanklich oft weit von der Gegenwart entfernt.

Viele Opfer von uns allen in diesen 15 Wochen waren anderen Leuten nicht wirklich bewusst. Die meisten Leute sahen nur das Endergebnis eines völlig veränderten Körpers, aber sie hatten keine Ahnung von den persönlichen und familiären Einschränkungen, die nötig waren, um das Ergebnis zu erreichen. Selbst triviale Dinge, wie mir jeden Tag mein sehr dickes und langes Haar waschen zu müssen, schlauchten mich. Mein Haar zu waschen und zu kämmen, dauert eine halbe Stunde, das ergab dreieinhalb Stunden die Woche! Es hört sich nicht nach viel an, aber es *ist* viel, wenn einem schon das Training von jedem Tag dreieinhalb Stunden wegnimmt!

So, damit hätte ich die Vorgeschichte zu meinem Auftritt auf der Bühne nachgeliefert und auch den Bericht über diese Wochen, in denen ich meinen Körper in eine bestimmte Form zwang, um am Ende dieses Prozesses vor einem Publikum von 700 Leuten zu stehen und dafür beurteilt zu werden, wie gut ich das gemacht hatte. Die zweite Runde des Wettbewerbs (nach dem „Bikini-Lauf") fand in Sportsachen statt. Und das sollte wirklich meine Gelegenheit werden zu glänzen, mit Kleidung am Leib und einem vernünftigen Paar Laufschuhen statt Pornoschuhen – ich war bereit, die Konkurrenz von der Bühne zu blasen! Natürlich war es nur mein Ego, das so sprach, denn in Wirklichkeit machte ich mir vor Runde zwei immer noch in die Hose! Die Scheinwerfer blendeten immer noch, ich konnte immer noch den Silberfuchsschopf meines Vaters sehen und meine Freunde kreischen hören. Runde eins war für meine Entourage nur das Aufwärmprogramm gewesen, sie liefen in der zweiten erst richtig zur Hochform auf.

Ich gewann keinen Preis und kam nicht einmal auf einen vorderen Platz, aber tatsächlich ging es, nach alledem, einmal im Leben mal nicht ums gewinnen. Es ging darum, auf der Bühne nicht auf die Nase zu fallen und nicht wie ein Idiot auszusehen. Ich war die älteste Teilnehmerin und außer mir hatte keine von denen drei Kinder auf die Welt gebracht, darauf wollte ich nur nochmal hinweisen – okay?!

Ich hatte mich noch nie so erleichtert gefühlt, wie in dem Moment, als ich die Bühne verließ. Ich hatte es getan, ich hatte völlige Kontrolle über meinen Körper erlangt und ihn zu etwas perfektioniert, das ich nie für möglich gehalten hätte. Ich war halbnackt vor einer großen Menge fremder Leute vorbeidefiliert, ohne mein Lächeln zu verlieren. Ich hätte nie gedacht, dass ich das könnte, aber es klappte ohne Panne. Ich konnte es nicht erwarten, zum Abendessen auszugehen und zu essen! Und ich aß. Ich erinnere mich, wie ich mit meinen Leuten, Kelley und einer Handvoll Freundinnen, im Restaurant saß und geifernd die Speisekarte studierte. Ich erinnere mich, wie ich die nächsten Wochen tage- und nächtelang dachte: „Ich kann essen, was ich will! ALLES, was ich will!" Es war ein so befreiendes und aufregendes Gefühl!

Am Tag nach dem Wettbewerb war Muttertag und nach dem Ausschlafen war es Zeit, meinem Appetit freien Lauf zu lassen! Ich war gewarnt worden, es nach einer so restriktiven Diät „nicht zu bunt" zu treiben, aber ernsthaft, wollt ihr mich foppen, ich werde alles essen, was mir vor die Nase kommt und niemand kann mich aufhalten! Eier Benedict mit extra viel Hollandaise zum Frühstück, Saft, Kaffee und eine Handvoll Schokoeier. Als Schokoladenjunkie zu Ostern keine Schokoeier essen zu können, war eine Tortur gewesen! Ich musste einiges nachholen.

Der Wettbewerb veränderte mich. Er machte mir klar, dass ich alles erreichen konnte, was ich mir vornahm. Er brachte mir bei, niemals nie zu sagen. Ich hätte so oft aufgeben können, aber ich tat es nicht. Ich war dabeigeblieben und ich hatte mehr Entschlossenheit und Disziplin gezeigt als jemals zuvor.

KAPITEL 8

Was glaubst du, wer du bist?

ABGESEHEN VON KOMMENTAREN WIE: „Sie haben ja alle Hände voll zu tun", und „Sie sollten mit Dove reden", höre ich öfter: „Ich weiß nicht, wie Sie das alles machen!", und meine eigene, oft wiederholte Frage an mich selbst lautet: „Was glaube ich eigentlich, wer ich bin?" Und wissen Sie was, ich habe oft selbst viele Male die Arme gehoben und gedacht: „Ich weiß NICHT, wie ich das alles schaffe!"

In meiner Zeit in Neuseeland als Operations Manager bei einer internationalen Hotelmarketingfirma versuchte ich immer, härter, stärker, schlauer und unfehlbarer als alle anderen um mich herum zu sein. Ich weiß nicht, ob es daran lag, dass ich mich in einer Männer-Domäne befand (weibliche Manager gab es nur sehr wenige), aber ich hielt mich immer strikt an eine Regel: „Wirke immer so, als wüsstest du genau, was du tust."

Eines Tages aber handelte ich entgegen meinem Vorsatz und das auch noch in aller Öffentlichkeit, es war äußerst peinlich. Wir waren in Singapur zu einem Meeting und über hundert Manager aus aller Welt waren eingeflogen. Damals schwammen multinationale Firmen in Geld, das sie für Teambuilding-Events für ihre Angestellten ausgeben konnten, und so hatten wir nicht nur einige Tage auf einem Kreuzfahrtschiff verbracht, wir waren auch in Rikschas, Booten und Autos auf eine Art Schnitzeljagd durch die Straßen Singapurs geschickt worden. Dann ging das Meeting zu Ende und die Operations Manager jeder Region sollten ihre Vertriebsstrategie und ihre Prognosen für das kommende Jahr vorstellen. Es gab zwei Ops Manager für meine Region – Mark und mich. Ich wollte diese Präsentation auf keinen Fall halten. Ich ging zur Toilette, um mich zusammenzureißen, aber meine Nerven spielten bereits verrückt – mein Bauch war voller Schmetterlinge und mein Atem ging sehr flach. Es ging nicht darum, dass ich den Inhalt nicht kannte, den hätte ich im Schlaf runterbeten können. Ich drehte durch, weil ich ihn vor einem Raum voller Leute präsentieren sollte.

Mark und ich verbrachten einige Stunden mit der Vorbereitung unserer Präsentation und jetzt musste sie nur noch gehalten werden. Wegen meiner Angst, vor Publikum zu reden, vereinbarten wir, dass Mark präsentieren sollte und dass ich an drei Stellen kurz einige Beispiele zum Beleg der von ihm vorgetragenen Dinge vorbringen würde.

Weil alle anderen Regionen schon vor uns präsentiert hatten und wir als Letztes dran waren, hatte ich alle ihre Präsentationen gesehen und festgestellt, dass ausnahmslos jeder die Gelegenheit genutzt hatte, um zu sprechen. Schließlich war dies DIE Gelegenheit Eindruck zu machen, wenn man in der Firma die Karriereleiter hochklettern wollte – ein Raum voller leitender Manager. Ich konnte sehen, dass es einen Kampf um Redezeit gab und dass die Manager – üblicherweise Männer – versuchten, sich gegenseitig mit Schlagwörtern und Jargon wie „Synergien", „Paradigmenwechsel" und „Globalisierung" auszustechen.

Wir standen vor allen auf, Mark machte sein Ding und wie die reizende Assistentin in der Spielshow spielte ich die Nebenrolle. Ich stand neben Mark, hatte nichts zu sagen, und er redete bis zu zehn Minuten ohne Unterbrechung. Können Sie sich vorstellen, wie ich aussah? Ich stand wie ein Ornament da, mit zunehmend angestrengtem interessiert/beteiligtem Gesichtsausdruck, und gelegentlich nickend, damit es aussah, als gehörte ich zur Präsentation dazu. Es wirkte aber so, als täte ich das nicht. Ich fühlte mich abgedrängt und war sehr verlegen. Jahrelang hatte ich hart daran gearbeitet, um meine Kompetenz zu zeigen und jetzt war der große Auftritt, und meine Schwächen wurden vor allen entblößt.

Später am Abend waren die Jungs an der Bar. Ich bestellte nur einen Drink und beschloss danach, ins Bett zu gehen. Ich wünschte allen eine gute Nacht und als ich wegging, rief mir einer der Manager quer durch den Raum, so dass es alle hören konnten, hinterher: „Hey Taryn, lass die Tür angelehnt!" Ich brauchte einen Moment, um zu begreifen, dass er andeuten wollte, er würde später in mein Schlafzimmer kommen. Ich lachte, als hielte ich es für einen Witz, aber als ich bei meinem Zimmer ankam, hatte ich Tränen in den Augen. Hatte ich den Respekt meiner Kollegen, den ich jahrelang erarbeitet hatte, verloren, indem ich wie die Assistentin beim *Glücksrad* aufgetreten war?

Dieses Erlebnis war eine heilsame Lehre für mich und half mir, eine solide Basis für meine Entschlossenheit zu schaffen, als ich später das Body Image Movement gründete.

Nachdem ich den Fitness-Wettbewerb abgeschlossen hatte, drängte es mich mitzuteilen, was ich in den letzten zwölf Monaten gelernt hatte, und deshalb startete ich die Body Image Campaign auf Facebook. Mein erster Post im Juli 2012 war ein trauriges Bild von mir mit der Unterschrift: „Es war einmal ein Ort, der so dunkel und traurig war, dass niemand wusste, dass es ihn überhaupt gab." Er erhielt 16 Likes.

Diese Body-Image-Welt war Neuland für mich, ich war definitiv keine Expertin und wurde viele Male durch die Wolfsrudel, die um mich herumkreisten und auf einen Fehler von mir warteten, daran erinnert. Besonders eine Frau aus meiner Gegend hatte es auf mich abgesehen. Sie schrieb oft lange, abwertende Kommentare über meine Ansichten. Ich glaube, sie hatte Spaß daran, mich öffentlich niederzumachen. Sie war der typische Tastaturkrieger, wie sie so hinter ihrem Schreibtisch saß in ihrer Rolle als selbsternannte „Dicken-Aktivistin".

So sehr ich sie zu ignorieren versuchte, sie brachte mich aus dem Gleichgewicht und trieb mich zeitweise an den Rand eines Absturzes. Ich verbrachte Stunde um Stunde mit Recherchen, um auf Zack zu sein und glaubwürdig zu wirken. Ich nahm den Mund auch ganz schön voll, wie ein Blick auf meinen Beitrag nur einige Monate nach dem Start meiner Kampagne beweist:

„Hey zusammen, vergesst nicht, die Seite zu liken, um auf dem Laufenden zu bleiben und Infos über den Launch von Body Image zu erhalten und wie ihr uns dabei unterstützen könnt, die Zukunft unserer Welt für die nächste Generation zu gestalten ..."

Ich war nicht unehrlich oder redete Unsinn, wenn ich solche Phrasen wie „Die Zukunft unserer Welt für die nächste Generation gestalten" benutzte. Ich glaubte absolut, dass ich genau das tun wollte, ich wusste bloß nicht, wie ich das bewerkstelligen würde.

Einige Monate nach dem Start der Kampagne änderte ich den Namen von Body Image Campaign in Body Image Movement (BIM) und beauftragte einen Designer, ein Logo für mich zu entwerfen. Als das geschehen war, tat ich, was jeder mit mehr Leidenschaft als Vernunft wahrscheinlich getan hätte, und ging hin und gab ein kleines Vermögen aus, um Body-Image-Movement-T-Shirts, -Mützen und andere beliebte Fanartikel herstellen zu lassen, und arbeitete mit anderen Autoren zusammen an einem E-Book. Ja, ich wollte die Botschaft weit und breit verkünden, indem ich zu einer wandelnden und sprechenden Werbung für ein positives Körperbild wurde.

Ich machte eine Menge Fehler in diesem frühen Stadium. Der größte war es, meine negativen Urteile über Frauen, die in meinen Augen das Falsche getan hatten, kundzutun. Die kleine, aber lautstarke Gefolgschaft des BIM machte mir sofort unmissverständlich klar, dass es nicht das war, was sie von mir hören wollten. Ein Beispiel: Als ich einen Blogbeitrag über eine Frau in Amerika schrieb, die in einer Reality-TV-Serie namens *Plastic Wives* auftrat, welche sich um die Leben und kosmetischen Prozeduren einer Gruppe von Gattinnen von Schönheitschirurgen drehte. Diese bestimmte Frau, die zugibt, beinahe täglich die Klinik zu besuchen, holte im TV-Studio einen durchsichtigen Plastikbehälter hervor, in dem ein fleischiger, orangefarbener Klumpen in einer Einmachflüssigkeit schwamm. Es waren, verkündete sie, ihre Schamlippen. „Ich denke, hier in dem Glas sehen sie besser aus, als wenn sie da unten runterhängen", sagte sie trocken. Sie hatte eine Schamlippenverkleinerung vornehmen lassen.

In meinem Blog schrieb ich:

„Die meisten von euch, die meinen Blog lesen oder mir auf Facebook und Twitter folgen, wissen schon, dass ich wirklich mein Bestes tue, keine Urteile über anderer Leute Entscheidungen zu fällen. ABER bei dieser Gelegenheit kann ich nicht anders, als brutal ehrlich zu sein, denn da schwimmen die verdammten Schamlippen in dem Glas dieser Frau, und zwar aus keinem vernünftigen medizinischen Grund. Deshalb nehme ich eine Auszeit von meiner Nettigkeit. Denn ... diese Frau ist eine verdammte Idiotin!"

Autsch, selbst während ich das schreibe, spüre ich schon ein kleines Schuldgefühl, vielleicht sollte ich es etwas abschwächen ... Äh, die Entscheidung dieser Frau war wirklich sehr, sehr ... DUMM!

Es gab sehr gemischte Kommentare darauf, manche Leute stimmten mir aus vollem Herzen zu, während andere „enttäuscht" (auweia) von der Art waren, wie ich die Entscheidungen der Frau beurteilte. Es war mein erster echter Fehltritt hinsichtlich des Body Image Movements und es fühlte sich nicht gut an. Alles, was ich wollte, war den Leuten, die meine Art, den Blog zu schreiben, kritisierten, mit Fakten und Statistiken zu antworten, die meine Ansichten als relevant, glaubwürdig und gerechtfertigt bestätigten. Ich hatte unbedingt wirken wollen, als wüsste ich, wovon ich rede. Ich brauchte einen Tag, um mir darüber klar zu werden, wie ich empfand, und ich verstand, dass ich die falsche Botschaft gesendet hatte. Es war nicht angemessen, so hart mit dieser Frau ins Gericht zu gehen. Ich kannte ihre Lage nicht. Wer wusste schon, welche unterschwelligen Unsicherheiten oder welche Lebenserfahrungen sie zu dem Glauben gebracht hatten, ihre Schamlippen müssten kleiner sein?

So schrieb ich am nächsten Tag gesenkten Hauptes eine Entschuldigung:

„Re BLOG: Ist das wirklich ein Stück von deiner Vagina in dem Glas?

Ich habe einen Fehler gemacht. Ich hätte nicht urteilen sollen. Ich fühle mich nicht mehr wohl mit diesem Blogbeitrag, tatsächlich habe ich mich bei jedem Blick auf das Foto dieser Frau gefragt, wie wohl ihre Lebensgeschichte aussah (und was sie wohl zu der Entscheidung geführt hat, die sie traf). Wenn ich nicht meinen Moment der Klarheit (die Erleuchtung) erlebt hätte, hätte ich wohl selbst eine Schönheitsoperation machen lassen. Also, das war eine große (und öffentliche) Lektion für mich. Von jetzt an werde ich weiter die nicht-urteilende und positive Person sein, die ich bin. Viel Liebe an alle weit und breit! Und danke an die, die mir geholfen haben einzusehen, was ich bereits wusste."

Sobald ich diese Nachricht postete, fühlte ich, wie eine Last von meinen Schultern genommen wurde. Ich hatte endlich gemerkt, dass ich nicht immer aussehen musste, als wüsste ich genau, was ich tue. Ich kann nur „ich selbst" sein und alles andere ergibt sich von allein. Ich entschied, dass es keine falsche Antwort gibt, solange man bei der Wahrheit bleibt und von Herzen ehrlich ist. Ich kann Fehler machen und es ist trotzdem immer noch alles okay.

Ein anderes Mal, bei dem ich die Entscheidung einer anderen Frau kommentierte und die Medien sich darüber hermachten, war etwa ein Jahr nach dem Fitnesswettbewerb, als ich mich, so wie viele andere Leute auch, sehr über Maria Kangs „Was ist deine Ausrede?"-Foto aufregte, das sie auf Facebook gepostet hatte.

Maria Kang lebt in L.A. und betreibt dort eine Nonprofit-Organisation, die für mehr Fitness wirbt. Das von ihr gepostete Foto zeigt sie in einem Trainings-BH und Microshorts, die ihren durchtrainierten After-Baby-Body erkennen lassen, neben ihren drei Kindern kniend, mit der Bildunterschrift „Was ist deine Ausrede?" und einem Link zu ihrer Website. Oh je, für dieses Foto geriet sie ganz schön unter Beschuss. Frauen aus aller Welt fühlten sich beleidigt von diesem Ansatz, den sie als unsensibel und schuldzuweisend interpretierten, und sie ließen es sie unmissverständlich in zehntausenden Facebook-Kommentaren wissen.

Hier ist meine Meinung dazu: Ein Bild von sich selbst mit Sixpack und seinen Kindern zu posten (und das Alter der Kinder danebenzuschreiben), riecht nach Herablassung. Ich glaube, es lässt viele Frauen ihre Köper und Lebensstilentscheidungen als unzureichend empfinden. Marias Absicht war es, Frauen zu motivieren, positive Veränderungen in ihrem Leben zu bewirken, aber sie ging es falsch an. Immer und immer wieder bestätigt die Forschung, dass Motivation durch Schuldgefühle, Negativität oder Angst langfristig nicht wirksam ist.

Ich glaube, Marias Foto kann eine kleine Minderheit motivieren, aber auf den Rest von uns hat es überhaupt keine positive Wirkung.

Ich antwortete auf Marias Foto mit einem Blog-Eintrag auf der meistgelesenen Frauenwebsite Australiens, *Mamamia,* der binnen Stunden tausende Male geteilt wurde. Bevor ich wusste, wie mir geschah, galt ich als Marias Erzfeindin und wurde von *Good Morning America* und anderen Fernsehsendungen in den ganzen Vereinigten Staaten interviewt, und auch von einer Handvoll Fernsehsender in Australien.

Es war interessant zu sehen, wie die Medien mich gegen Maria ausspielten. Es kam sogar ein Reporterteam einer lokalen Fernsehsendung zu meinem Haus in Adelaide und man bat mich, „auf eine bestimmte Art" Kommentare zu Maria abzugeben. Sie wurden sehr genau, was den Wortlaut und den Tonfall („Bitte recht wütend") anging, den sie mich gern benutzen hören wollten. Äh, NEIN! Kann ich nicht und werde ich nicht! Ich konnte es nicht glauben, dass man verlangte, ich sollte böse zu dieser Frau sein. Die Medien wollten einen Zickenkrieg, aber ich war entschlossen, ihnen diesen nicht zu liefern.

Stattdessen schrieb ich in meinem Blog, dass ein Körper wie der von Maria für die meisten von uns stundenlanges Kraft-und Ausdauertraining bedeuten würde, eine strikte Diät und eine ganze Menge Zeitinvestion in körperliche Bewegung. Und mit Bewegung meine ich keine entspannten Spaziergänge um den Block oder eine kleine Radtour an den Strand, sondern ernsthaftes und intensives, tägliches Training. Die meisten von uns, die ein ausgeglichenes Leben genießen, haben entweder die genetische Disposition, so auszusehen wie Maria, oder der Weg dahin kostet eine Menge Zeit, Schweiß und Tränen.

Ich mochte Marias Foto nicht, ich mochte nicht, was die Bildunterschrift implizierte, aber das hieß nicht, dass ich sie persönlich nicht mochte. Also entschloss ich mich, mit ihr Kontakt aufzunehmen, um die Sache klarzustellen. Ich schrieb ihr eine E-Mail und erklärte ihr meinen Standpunkt.

Dies war meine Mail an sie:

„Wenn Sie skypen können, würde ich mich sehr über die Gelegenheit eines Gesprächs freuen, um zu sehen, ob wir diese Debatte nicht zu einer für Frauen positiven machen können. Ich glaube wirklich, dass wir beide aus derselben Ausgangslage kommen. Das meiste Feedback, das ich lese, ist negativ und bezieht sich darauf, dass Frauen sich gegenseitig runtermachen (was wirklich schade ist, denn ich wollte Sie bestimmt nicht runtermachen, meine Meinung unterscheidet sich einfach von Ihrer). Ich frage mich, ob wir nicht etwas tun könnten (etwas Kreatives und Schlaues), um ein wenig Einigkeit zu zeigen und zu demonstrieren, dass wir alle Individuen sind, dass Jede die beste Version von sich selbst sein sollte, und dass Frauen – wenn sie zusammenarbeiten – nicht aufzuhalten sind. Ihre Erzfeindin …"

Maria reagierte sehr positiv und wir kamen überein, dass sich unsere Botschaften in Bezug auf Gesundheit ähnelten und dass die Leute mehr unterschiedliche Körperformen und -typen in den Medien dargestellt sehen sollten. Ich habe Maria noch nicht persönlich getroffen, aber bei einer passenden Gelegenheit, wenn ich in den Staaten bin, möchte ich sie gern besuchen und einen kleinen Plausch halten. Wer weiß, vielleicht könnten wir sogar eine angeregte Diskussion über ein oder zwei Themen führen. Ich frage mich, ob die Presse und die Fernsehsendungen sich wohl dafür interessieren, davon zu berichten?

Was mich bei der Maria-Kang-Angelegenheit und der Fitte-Mutti-gegen-unfitte-Mutti-Debatte allgemein stark nervte, waren die vielen Frauen, die darauf aufsprangen und entschieden hatten, dass es sich bei der ganzen Sache letzlich um „Frau gegen Frau" drehte.

Tausende solcher Kommentare wie dieser tauchten in allen sozialen Netzwerken auf:

„Nichts auf der Welt kommt dem Gift nahe, das manche Frauen gegeneinander verspritzen."

„Was für ein schreckliches Beispiel von Schwesterlichkeit – warum müssen Frauen sich immer gegenseitig runterziehen?"

„Frauen sind solche Zicken."

„Sie (Taryn) ist nur neidisch auf Maria Kangs Körper."

„Männer würden sich nicht so benehmen sehen, warum müssen wir Frauen immer so stutenbissig sein?"

Die Tatsache, dass wir beide Frauen waren, war völlig unbedeutend. Wenn Männer sich streiten, sehen wir dann Titelschlagzeilen, die das Bild suggerieren, sie würden sich gegenseitig in einem Schlammbad im Lendenschurz in Stücke reißen? Nein! Wenn zwei Männer streiten, dann untersuchen wir den Inhalt der Debatte, statt irgendein vermeintlich geschlechtsspezifisches Verhalten zu analysieren.

Ich ging nicht mit Marias Ansatz zur Förderung von Gesundheit und Wohlbefinden konform, aber das hieß noch lange nicht, dass ich sie hasste! Eines der wichtigsten Dinge, die ich bisher bei der Entwicklung des Body Image Movements gelernt habe, ist, dass es völlig in Ordnung ist, eine andere Meinung zu haben als der andere. Ich begreife meine Rolle als die einer Botschafterin für ein positives Körperbild, um eine öffentliche Debatte darüber anzustoßen, und um akzeptierte stereotype Ansichten über Gesundheit und Gewicht zu hinterfragen. Ich billige keine persönlichen Angriffe auf andere Leute aufgrund ihrer Meinungen. Ich sehe meine Rolle darin, das herrschende Paradigma herauszufordern, und das bedeutet, dass ich weiterhin bestimmten Aussagen, die in sozialen Medien verbreitet werden, widersprechen werde.

Meine neue Haltung („Ich werde 100 Prozent ehrlich und transparent sein, ich bin nur ein fehlbares menschliches Wesen") änderte hinsichtlich des Body Image Movements alles. Bei meiner ersten Vortragseinladung war ich ein Nervenbündel, aber statt es zu verbergen, indem ich mein Zickengesicht aufsetzte und mich auf mein Powerkostüm verließ, war ich einfach ich selbst. Ich nahm die Maske ab. Nach etwas Kichern erklärte ich dem Publikum mit einem Zittern in der Stimme: „Zum Glück bin ich durch dieses Rednerpult vor Ihnen geschützt, ich bin gerade wie versteinert!"

Und das war ich auch. Mit Ausnahme von Jasons Beerdigung hatte ich seit jener schicksalhaften Präsentation in Singapur erfolgreich fast alle Gelegenheiten gemieden, in der Öffentlichkeit zu sprechen, aber jetzt war es anders.

Dass ich lernte, mich selbst zu öffnen und nicht gezwungen war, immerzu „die Expertin" zu sein, ermöglichte den Leuten erstmals, meine wahre Person zu sehen. Keine Aura, keine Allüren, kein Bullshit, keine Masken. Meine persönlichen PR-Stories änderten sich von: „Oh, wir haben den Zweitwagen verkauft, weil Mat ihn kaum benutzt und gern mit dem Fahrrad zur Arbeit fährt", zu „Oh, das Auto mussten wir verkaufen, weil wir kein Geld haben, wir haben es alles in den Aufbau von BIM investiert. Wir sind pleite!".

Und als manche Idioten Dinge zu sagen hatten wie: „Du willst nur zu Ellen ins Fernsehen, um berühmt zu werden", lautete meine Antwort: „Na klar möchte ich gern in der *Ellen DeGeneres* Show auftreten, es wäre ein wirklich guter Weg, meine Botschaft zu verbreiten. Wenn das Nebenprodukt dieser Bewegung ‚Ruhm' sein sollte, wäre das bestimmt nicht schlecht, da stimme ich Ihnen zu, denn ich könnte meinen ‚Ruhm' benutzen, um eine Menge Leute positiv zu beeinflussen!"

Und auf „Sie wollen mit dem Verkauf ihres E-Books doch nur Geld verdienen", sagte ich jetzt: „Na klar will ich mit dem Verkauf meines E-Books Geld verdienen, oder wie soll ich sonst die Rechnungen bezahlen?"

Im Grunde begannen die Dinge mit dieser neuen Haltung, wie ich das Body Image Movement entwickeln wollte, richtig gut zu laufen und ich erhielt einige sehr positive Reaktionen auf meine Beiträge in sozialen Netzwerken und auf meine Blog-Einträge auf der Webseite. Die Menge an Zeit, die ich in die Bewegung verwendete, begann allerdings, sehr auf Kosten der Familie (besonders Mat) zu gehen. Das ganze Jahr 2013 hindurch arbeitete ich als Fotografin und steckte meinen ganzen Gewinn daraus in die Finanzierung des BIM, deshalb hatten wir mehr als zwölf Monate lang keinen Zweitwagen und ich kann euch sagen, es war kein Spaß.

Jedes neugegründete Unternehmen hat eine solche Geschichte zu erzählen, aber meine fühlte sich irgendwie härter an (hier Geigenklänge und einen Song zum Thema „Weh mir!" einfügen). Der Grund dafür war, dass ich gerade sieben Jahre damit verbracht hatte, ein Fotostudio aufzubauen, das endlich rund und auf Touren lief, und dabei war, es aufzugeben und ein Risiko einzugehen, aufgrund eines „Gefühls", dass die Welt meine Geschichte hören musste.

Stellen Sie sich mal vor, das Mr. Methodisch Mat klarzumachen! „Mach dir keine Sorgen Mat, alles wird gut, wichtig ist nur, den Leuten zu helfen. Ich weiß, wenn ich das Richtige tue und BIM erschaffe, werde ich mir eines Tages ein Gehalt dafür zahlen können."

Ich arbeitete über ein Jahr an BIM und sah nicht einen Cent dafür und das ganze Geld vom Fotografieren ging für die Entwicklung einer Website, die Kreation eines E-Books, das Hosten eigener Server, für Logos, Flüge und die verdammten Mützen und T-Shirts drauf. Wir waren pleite, ich hatte schon 5.000 Dollar von einer Tante geliehen, um die Anfangsinvestitionen zu finanzieren. Es war kein Geld mehr da. Und zu allem Überfluss belastete die emotionale Anstrengung unsere Ehe, Mat vermisste seine Frau und ich vermisste mein Familienleben.

Mehrere Male fühlte ich mich 2012 und 2013 so entmutigt, dass ich hätte aufgeben können, aber ich tat es nicht und das lag überwiegend an den Leuten, die die BIM-Webseite unterstützten, eine wunderbare Schar von Fremden, die ich liebte. Immer, wenn ich Preisverleihungsshows bei den Oscars und den Emmys gesehen habe, wenn Schauspieler und Filmemacher ihren Fans dankten, hielt ich das für Theater und unehrlich. Wie können sie Leute „lieben" und ihnen „danken", wenn sie sie nie getroffen haben? „Was für ein Mist", habe ich immer gedacht. Heute verstehe ich es. Ich nehme nicht an, dass ich „Fans" im eigentlichen Sinne habe, aber Gefühle von Zuneigung und Dankbarkeit für Menschen zu haben, die man gar nicht kennt, ist sehr gut möglich.

Ende 2013 schloss ich mein Fotostudio, um meine ganze Kraft und Aufmerksamkeit auf BIM richten zu können. Es war eine harte und finanziell riskante Entscheidung, denn bis dahin wurde das Body Image Movement nur durch Kühlschrankmagnete, ein E-Book und sporadische bezahlte Rednerauftritte finanziert. Aber ich musste das Wagnis auf mich nehmen, damit BIM so aufblühen konnte, wie meine Intuition es mir vorhersagte. Wohlmeinende Freunde meinten, ich sollte mir eine Hintertür zum Fotostudio offenlassen und es als Rückversicherung weiterbetreiben, falls das BIM nicht funktionieren würde, aber das konnte ich nicht tun. Eine weltweite Bewegung bringt man nicht mit einem Sicherheitsnetz in Gang. Es gab nur alles oder nichts.

Also sprang ich voll überzeugt und enthusiastisch ins Ungewisse. Ich bestärkte mich selbst immer wieder und sagte mir, dass alles gut würde, dass alle meine Wege mich hierhin geführt hatten, dass das Universum auf mich achtgeben werde, weil meine Absichten so rein und echt waren. Ah, das Universum! Das gute, alte Universum. Bis zum Zeitpunkt meiner Erleuchtung hätte ich nicht gedacht, dass ich jemals das Wort „Universum" in den Mund nehmen würde. Über die ganzen Jahre hatte ich es nie verstanden, wenn Leute das Universum erwähnten oder ihre Beziehung mit dem Universum, oder mir erklärten, sie würden etwas „ans Universum senden". Ich stufte diese Leute als weihrauchschnüffelnde, Bäume umarmende Hippies oder, noch schlimmer, als Sektenmitglieder ein. Jetzt bin ich so eine „Universums"-Person! Nicht die kultige Hippieversion, aber jemand, der es wagte zu glauben, man könne etwas „nach da draußen geben" und würde etwas dafür zurückbekommen ... Und tatsächlich bekam ich jede Menge zurück.

Anfang 2014 setzte ich mich hin und grub tief in mir selbst, um herauszufinden, wo ich das BIM hinbringen wollte, wie ich das bewerkstelligen würde und welche Ziele ich erreichen wollte. Die drei Ziele waren: einen Dokumentarfilm drehen, einen Vortrag auf TED halten, dem einflussreichen Forum für Ideen, und

Ellen DeGeneres treffen. Ich kreierte auch ein Visionen-Bord, das alles enthielt, wovon ich umgeben sein wollte, Dinge, die ich sehen wollte und Dinge, die ich erreichen wollte. Zwischen Fotos von Stränden, Italien, Oprah und Ellen fanden sich Worte, wie zum Beispiel:

Es ist möglich – Deine Zeit – Starker Geist – Die Zukunft ist jetzt – In Reichweite – Die ganze Welt soll es wissen – Ich habe, was es dazu braucht – Du kannst du selbst sein!

Ich habe in einer der Bildstrecken dieses Buches ein Foto von dieser Pinnwand eingebaut, damit Sie es sich selbst ansehen können.

Die erstaunlichsten Dinge geschahen, kaum, dass ich dieses Bord gebastelt hatte. Was ich daraufgeschrieben hatte, begann wahr zu werden! Bingo, das Universum hörte zu! „Zum ersten Mal gedruckt" wurde Realität, Sie lesen das Ergebnis gerade, „Bildhübsches Kanada" war das Ziel einer Vortragsreise bald darauf und wir begannen, die beiden wichtigsten Worte auf dem Bord wahrzumachen: „Global werden."

Das Movement global zu machen war schwierig. Nicht vom Gesichtspunkt, Menschen auf der ganzen Welt zu erreichen – das war der leichte Teil. Das Schwierige war, die Kühnheit und den Mut aufzubringen, es wirklich zu tun.

Der dunkle Passagier in meinem Kopf war von einer Tigerin ersetzt worden, die fauchte: „Was glaubst du, wer du bist?" Man beschließt ja nicht jeden Tag einfach so, eine weltweite Bewegung zur Herbeiführung von Veränderung anzuführen. Selbst als ich es gerade schrieb, zwickte mich ein gewisses Unbehagen! Konnte ich das tun? Konnte ich es wirklich tun? War ich die richtige Person für diese Aufgabe? Wenn ich an all die Wege dachte, die mich hergeführt hatten, an die Leute, die ich getroffen hatte, an meine Erfahrungen, an die Empathie, die ich fühlte und – am Wichtigsten – an das Vorbild, das ich für meine Tochter sein wollte, ließ mich alles glauben, dass die Antwort „Ja" lautete. Also sagte ich: „Scheiß drauf" und tat es, die fehlbare Visionärin, die alles zu verlieren und alles zu gewinnen hatte.

KAPITEL 9

Nacktschwimmen in Sydney

EINES TAGES TELEFONIERTE ICH mit meinem Webseitenentwickler und guten Freund Heath Vogt. Ich hatte Heath über seine Frau durch den Kindergarten kennengelernt. Oliver war einmal mit einem Brief von einer anderen Mutter nach Hause gekommen, in dem sie fragte, ob Oliver nachmittags mal zu Will zum Spielen vorbeikommen dürfte. Im Brief hieß es, dass wir uns ständig am Kindergarten verpassten und dass dies der einzige Weg zu sein schien, Kontakt aufzunehmen. Ich zögerte etwas, mich auf diese Weise mit jemandem anzufreunden. Natürlich würde ich Oliver nicht ohne Begleitung in ein fremdes Haus gehen lassen, was bedeutete, dass ich mitgehen musste. Ich bin keine Freundin von Smalltalk und wenn zwei Erwachsene nicht mehr als Kinder gemeinsam haben, redet man am Ende über nichts Anderes und langweilt sich ...

Man könnte sagen, dass ich mir vielleicht zu viele Gedanken über ein zwangloses Treffen machte und zum Glück waren alle Bedenken unbegründet. Erica, Heaths Frau, war eine von diesen Frauen, bei denen man während eines kurzen Treffens schon darüber nachzudenken beginnt: „Mhm, wie kann ich mich enger mit ihr anfreunden?", „Kann ich meine Freundin nach ihrer Telefonnummer fragen?" (UNANGENEHM!) und, die Frage aller Fragen: „Könnte ich mich mit der Freundin meiner Freundin ohne meine Freundin treffen?" SCHOCK, HORROR! Ich weiß, Sie verstehen, was ich meine!

Ein weiterer Grund, warum ich dankbar bin, dass ich Erica kennenlernte, ist Heath. Er war eine unschätzbar wertvolle Hilfe in den Anfangstagen von BIM. Als mir die Kosten davonliefen, fand er für den Internetauftritt Einsparmöglichkeiten und machte mir Freundschaftspreise.

Ich redete also gerade am Telefon mit Heath, als wir eine Nachricht von einem gewissen Mr. Nigel Marsh bekamen (Heath kann alle meine Nachrichten auch sehen). Wir googelten ihn gleichzeitig und wurden ziemlich aufgeregt, dass sich jemand mit seinem Ruf und Einflussmöglichkeiten für das Body Image Movement interessierte. Seine Nachricht lautete:

„Hi, ich bin Nigel. Ich bin der Gründer von ‚The Sydney Skinny'. Ich würde gern mit Taryn sprechen. Die Ziele von ‚The Sydney Skinny' und dem Body Image Movement scheinen zu 100 Prozent zusammenzupassen. Danke im Voraus und schöne Grüße. Nigel"

Nigel Marsh ist der Autor von drei Bestsellern – *Fat, Forty and Fired* („Vierzig – Fett – Gefeuert. Das Jahr in dem ich meinen Job verlor und mein Leben fand"), *Overworked & Underlaid* („Überarbeitet & Untervögelt") und *Fit, Fifty & Fired Up* („Fit, fünfzig & voller Tatendrang"). Er ist außerdem Mitbegründer der Earth Hour (wenn über eine Milliarde Menschen weltweit gleichzeitig das Licht ausmachen, um Bewusstsein und Spendenaufkommen für den Umweltschutz zu erhöhen) und der Gründer des Sydney Skinny, einem Nacktschwimm-Event, das sich zum Ziel gesetzt hat, gegen Bodyshaming anzugehen. Gleichzeitig hält er auch den Spitzenplatz des meistgesehenen TED Talks in Australien inne.

Was für ein fähiger Mann! Und er schrieb *mir*. Was wollte er von mir? Konnte er mir Tipps für meine finanzielle Misere geben? Hatte er ein Angebot für mich und was hatte das alles zu bedeuten?

Ich schnappte mir also das Telefon und gab mir große Mühe, cool zu bleiben, aber wenn ich aufgeregt bin, springe ich von einem Gesprächsfetzen zum anderen und hole zwischendurch noch nicht einmal Luft. Mat nennt mich „das verbale Maschinengewehr". Aber Nigel kam klar damit. Wir redeten eine Stunde am Telefon über das Body Image Movement und über meine Zukunftspläne. Ich erklärte Nigel, wie schwierig ich es fand, genug Geld dafür aufzutreiben. Es gab so viele unerwartete Rechnungen zu bezahlen, als zum Beispiel *Good Morning America* mich interviewte, explodierte der Traffic auf meiner Webseite und ich musste mir einen eigenen Server anschaffen. Es kostete mich hunderte Dollar, die ich nicht hatte. Das Body Image Movement war immer im Minus und auch wenn es nicht zum Geldverdienen gegründet worden war, konnte ich es einfach nicht durchhalten, ohne Bezahlung zu arbeiten. Der arme Mat war auch schon am Ende seiner Kräfte. Ich arbeitete jeden Abend, sobald die Kinder im Bett waren, und wir hatten nie Zeit füreinander. Ich erklärte dies alles Nigel, meinem neuen Kumpel, dem ich gerade erst vorgestellt worden war. Aus irgendeinem Grund wusste ich, dass er es verstehen würde.

„Ich bin so überbeansprucht, Nigel, ich stehe unter einem enormen Druck, ich habe drei Kinder und einen Mann, ich habe zwei Firmen – eine, die prima Geld verdient, das dann in der anderen verschwindet, die nichts verdient. Ständig muss ein Geburtstagsgeschenk gekauft werden, oder ein Kostüm für ein Schulfest, die Rechnungen kommen immer weiter, und – Scheiße nochmal – alles, was ich tun will, ist den Leuten meine Geschichte mitzuteilen." Schnell nach Luft schnappen und weiter …

„Ich will dem Teufel nicht meine Seele verkaufen und irgendeinen Deal mit den Firmen machen, die mir sowas anbieten, damit ich für sie Werbung mache. Ich will nicht zu ihrer Marionette werden. Ich will dies hier unter meinen Bedingungen machen, aber ich werde langsam wirklich frustriert. Ich weiß, dass ich Frauen helfen kann, sich besser zu fühlen, alles was ich will, ist mir ein Gehalt dafür zahlen können, von dem ich leben kann …"

Dann unterbrach mich Nigel, Gott sei Dank, denn ich steigerte mich bereits hinein in Richtung des Punktes, an dem ich mich selbst unwiderruflich ins Aus geschossen hätte. Ich hatte schon bei einem fast Unbekannten das „Sch"-Wort fallenlassen, wer weiß, was ich sonst noch alles von mir gegeben hätte!

Nigel beruhigte mich ein wenig. „Ich verstehe, wie sich das anfühlt", sagte er. „Ich habe es selbst erlebt, es ist hart, aber Sie müssen da einfach durch."

Natürlich wusste ich das. Wie oft hatte ich schon zu mir selbst gesagt: „Mach weiter Taz, du musst einfach durchhalten und weitermachen." Es gab Momente, wie ich Mat und einigen engen Freundinnen gestand, an denen ich emotional und körperlich an einem Punkt angekommen war, an dem die meisten Leute aufgegeben hätten. Ich konnte es richtig spüren.

Ich schweife nun etwas ab (ich komme ein wenig vom Hölzchen aufs Stöckchen, aber bleiben Sie einfach an meiner Seite). Was Treue zu den eigenen Zielen und Disziplin angeht: Menschen, die aufgeben, sind nicht unbedingt Versager. Tatsächlich bin ich der Meinung, dass niemand ein Versager ist. Was ich auf der Jagd zur Verwirklichung verschiedener Träume in meinem ganzen Leben gelernt habe, ist, dass man manchmal auf der Jagd nach einem Ziel aufgibt, weil man merkt, dass es das falsche Ziel war. Das war es, was mir half, beim Body Image Movement durch alle Schwierigkeiten hindurch weiterzumachen – ich wusste, es war authentisch und ich hatte die richtigen Beweggründe dafür.

Darüber sprachen Nigel und ich dann die nächste halbe Stunde: echt und authentisch sein. Es schien, dass wir dieselben Ansichten zum Thema Körperbild teilten, dass wir beide über die Heuchelei in den Medien verzweifelt waren und dass wir dieselbe Verachtung für Menschen teilten, die zwar große Reden schwangen, aber keine Ergebnisse ablieferten. Dann erklärte Nigel mir, warum er mit mir reden wollte, dass er beim Sydney Skinny einen Weg sah, wie wir unsere Interessen miteinander verbinden könnten.

Das Sydney Skinny ist das größte Nacktschwimm-Event der Welt im offenen Meer und wird am Cobblers Beach im Sydney-Harbour-Nationalpark abgehalten. Männer und Frauen können ohne Zeitnahme auf Strecken von 300 oder 900 Metern teilnehmen. Das Ziel des Schwimm-Events ist es, Einigkeit und Vielfalt zu feiern, gegen negativen Körperbild-Druck anzukämpfen und der Freude, am Leben zu sein, Ausdruck zu verleihen.

Nigel erklärte mir noch einige Details und dann sagte er: „Es wäre toll, Sie angesichts dessen, was Sie mit dem Body Image Movement tun, dabei zu haben und Sie bei uns mitschwimmen zu sehen."

Huch? Was! Ich? Es ist eine Sache, mich in meiner Haut wohlzufühlen, aber es ist eine ganz andere, vor einem Haufen Fremder blank zu ziehen! Aber Nigel erklärte mir weiter, dass er dachte, seine und meine Bewegung hätten eine tolle Synergie, und dass er nicht nur gerne wollte, dass ich an dem Schwimmen teilnähme, sondern er mich auch zur Botschafterin für das Sydney Skinny machen wollte. Ich beendete das Gespräch mit einem: „Ich werde darüber nachdenken." Es waren noch neun Monate bis zu dem Event und damit eine Menge Zeit, um sich herauszuwinden!

Nigel und ich blieben allerdings in den nächsten sechs Monaten in Kontakt und deshalb musste ich ihm gegenüber wirklich bald Farbe bekennen, als die Zeit zu drängen begann. Als Mat mich eines Samstagnachmittags zu einer Verabredung mit Freundinnen zum Essen fuhr, mit drei lärmenden Kindern auf dem Rücksitz, beschloss ich, ihn darauf anzusprechen, dass ich an dem Schwimmen teilnähme. „Sag mal, Mat", begann ich. „Angenommen, ich wollte mit Fremden in Sydney nackt im Meer schwimmen, wie würdest du das finden?" Kaum hatte ich es ausgesprochen, ärgerte ich mich über mich selbst, nicht nur wegen des blöden Zeitpunktes (ich ging gleich mit den Mädels essen, die Zeit war knapp und die Kids machten einen Höllenlärm), sondern auch wegen der Formulierung der Frage – als wollte ich einen Vorwand liefern, damit die Sache schiefging.

Mats Antwort: „Ich möchte nicht, dass du mit Fremden nacktbadest!"

„Also, ist dein Problem, dass ich nackt bin, oder dass sie mich sehen werden?"

„Nein, ich will bloß nicht, dass du nackt vor Leuten bist, du bist schließlich meine Frau."

„Ja, ich weiß, ich bin deine Frau, aber ist es, dass andere Männer mich nackt sehen werden, oder dass ich von Penissen umgeben sein werde?"

(Ich wollte einen Witz machen, nach zehn Jahren Ehe …)

Später am Abend, nach einigen Gläschen Schampus, als ich mir dachte, ich versuche nochmal, Mat umzustimmen, wich er keinen Millimeter von seiner Position ab. Der Fairness halber muss ich zugeben, dass ich ihn verstand. Irgendein fremder Typ (Nigel) ruft mich an und lädt mich zum Nacktschwimmen ein. Mir war klar, dass das ein wenig schwer zu schlucken war.

Das Sydney Skinny war im Februar. Jetzt war es Weihnachten und ich hatte Nigel immer noch nicht zu- oder abgesagt, oder Mats Segen bekommen. Mat dachte verständlicherweise, dass es ein Stück zu weit ging. Ich war fast besiegt. Wir waren in einem Kurzurlaub mit der Familie im von mir so genannten „magischen Normanville" (etwa eine Stunde mit dem Auto von zuhause entfernt) und wir tranken gerade einen Spätnachmittags-Gin-Tonic auf der Terrasse, nachdem wir den ganzen Tag im Pool verbracht hatten. Wir waren entspannt, die Kids waren happy, und spontan beschloss ich, einen letzten Anlauf zu unternehmen. Nur zur kurzen Einleitung: Mat ist verrückt aufs Rennradfahren und fährt 300 Kilometer in der Woche. In Australien nennen wir sie MAMILS (middle aged men in lycra, also Männer mittleren Alters in Lycra-Klamotten). Radfahren ist seine große Liebe und er ist an der Grenze zur Besessenheit, so wie ich mit meiner Arbeit.

„Also, Mat, du weißt doch, wie gern du Fahrrad fährst. Stell dir vor, wie es für dich wäre, wenn ich dich bitten würde, nicht Fahrrad zu fahren. Ich weiß, jetzt in den Ferien ist kein guter Zeitpunkt, aber ich muss dir einfach sagen, wie viel es mir bedeuten würde, beim Sydney Skinny mitmachen zu können. Es ist nicht einfach ein Nacktschwimmen, es ist eine Feier für alles, was gut ist in der Welt. Es passt haargenau zu dem, was ich mache, und ich will wirklich, wirklich, wirklich dabei mitmachen. Bitte denk daran, wie du dich fühlen würdest, wenn ich dich vom Radfahren abbringen wollte, was wäre das für ein Gefühl für dich? Denk bitte einen Moment darüber nach."

Das war das Ende der Debatte und im neuen Jahr gab mir Mat grünes Licht zum Mitschwimmen, obwohl er nicht überzeugt war und die Vorstellung ganz bestimmt nicht mochte. Zuerst freute ich mich sehr, dann wurde mir die Realität bewusst, dass ich tatsächlich keine gute Schwimmerin bin, und aus der Freude wurde eine gewisse Furcht. Klar konnte ich einige Bahnen im Pool schwimmen, aber 300 Meter ohne Unterbrechung war ich wirklich noch nie geschwommen und ich hatte nur noch fünf Wochen zur Vorbereitung. Also rief ich die Freundin einer Freundin an, die einen Schwimmlehrer kannte und buchte eine Trainingsstunde bei ihm. Er hieß Marc und war ein lustiger und sehr eigener Typ.

Ich erklärte ihm, dass ich in fünf Wochen 300 Meter im offenen Meer geradeaus schwimmen können müsste, ohne zu ertrinken und mit tausenden Leuten um mich herum, und dazu nackt – somit kam Brustschwimmen schon einmal nicht in Frage. Marc war etwa 50 Jahre alt, sanft, ermutigend, und er versicherte mir, dass ich in einigen Wochen startklar sein würde. Ich nahm drei Stunden Einzelunterricht bei ihm und ging dazu in der ersten Woche täglich schwimmen, sieben Tage am Stück. Es war fast wieder wie bei der Vorbereitung auf den Fitness-Wettbewerb, als ich mir ärgerlicherweise permanent die Haare waschen musste.

Marcs Zugang zum Schwimmen war beinahe Zen-artig und tatsächlich bezeichnete ich ihn gegenüber meinen Freudinnen als einen „Dalai-Lama des Pools". Er ermutigte mich, mit dem Wasser eins zu sein und keine Angst zu haben. Ich erinnere mich an eine Übung, die er mit mir machte, um mir Atemtechniken zu zeigen (wobei ich im Wasser auf- und abtauchen und dabei normal atmen sollte), und mich dabei dazu brachte, die Augen zu schließen. Zum ersten Mal verspürte ich in einem Pool ein Gefühl der Ruhe. Bisher hatte ich im Wasser und beim Schwimmen immer um Atemluft gerungen und verzweifeltes Keuchen war geradezu mein Markenzeichen. Nach Marcs Lektionen konnte ich eine 50-Meter-Bahn im Pool schwimmen, ohne mich in Lebensgefahr zu sehen, und fühlte mich ruhig und heiter. Tatsächlich fand ich es richtig schön.

Bei der Arbeit hatte ich immer nur eine Gangart gekannt, nämlich hart und schnell. Schwimmen war anders und ich genoss die Auszeit von meinem Alltagsleben, ohne das Telefon an meiner Seite. Ich war unerreichbar, eine kleine Weile lang von der Außenwelt abgeschnitten, und es gab mir ein lange Zeit nicht mehr empfundenes Gefühl der Freiheit.

Bitte verwechseln Sie aber nicht mein Gefühl beim Schwimmen damit, wie es von außen aussah. Kennen Sie diese Internet-Memes mit den Bildunterschriften: „Wie ich glaube, dass ich aussehe" und „Wie ich tatsächlich aussehe"? Mehr muss ich wohl nicht sagen!

Es wurde sehr schnell Februar und ich war so aufgeregt, beim Sydney-Skinny-Event dabei zu sein, dass ich bei Mat sogar vier Tage Urlaub von meiner Mutter-und-Ehefrau-Rolle ausgehandelt hatte, damit ich Nigel in Sydney bei den Radio- und Fernsehinterviews unterstützen konnte.

Nigel wird mich zwar dafür hassen, dass ich die folgende Geschichte erzähle, aber sie ist einfach zu lustig, deshalb muss es sein. Nigel hatte mir eine Unterkunft in Bronte besorgt, nah am berühmten Bondi Beach. Bronte ist ein wirklich bezaubernd schönes Fleckchen Erde und mein Besuch in diesem Viertel brachte mich tatsächlich zum ersten Mal in meinem Leben auf den Gedanken, dass ich in Sydney leben könnte. Als Vorort hat Bronte alles, was das Herz begehrt: Cafés, Parks, einen Surf-Seenotrettungs-Club, einen spektakulär schönen Strand und den staunenswertesten Felsenpool, den ich je gesehen habe. Wie unaustralisch von mir, aber ich war noch nie in einem Felsenpool geschwommen. Wenn Sie es noch nicht getan haben, setzen Sie es auf die Liste der Sachen, die Sie noch tun wollen, denn es war wirklich zauberhaft. Ach, wissen Sie was: Googeln Sie einfach „Bronte Beach rock pool" – Sie werden verstehen, was ich meine.

Zurück zur Geschichte. Nigel hatte mir in Bronte eine Ferienwohnung besorgt, denn er dachte sich, dass es für mich schön wäre, ein Zuhause fern von zuhause zu haben, und dazu in Gehweite zum Strand. Als ich ankam, fand ich einen gut gefüllten Kühlschrank vor, frisches Essen auf der Küchenzeile und Fotos und persönliche Gegenstände in der ganzen Wohnung. Ich entdeckte ein Handtuch und ein paar Seifen auf dem Bett des einen Schlafzimmers und schloss daraus, dass mir dieses Zimmer für meinen Aufenthalt zugedacht war. Ich packte meinen Koffer aus und seufzte zufrieden. Das hier sollte für die nächsten Tage mein Hafen der Ruhe sein! Ich würde meine Füße hochlegen und die Einsamkeit genießen können, vielleicht ein Buch lesen – ein ganzes Buch! Oh, wow, was für ein Traum für mich, vier Abende der Ruhe und des Friedens.

Ich ging raus und machte Besorgungen im nächsten Supermarkt. Als ich wiederkam, bemerkte ich, dass jemand im Haus war, und gleich darauf kam eine Frau nur in Hemdchen und Unterhosen aus dem anderen Zimmer und fragte:

„Oh, hi, wie geht's? Ich bin Kathy, wir müssen leise sein, Max schläft. Wie wär's mit Fleischbällchen zum Lunch?"

Ich dachte: „Was? Wer sind Sie? Wer ist Max und was machen Sie hier?" Stattdessen antworte ich höflich: „Nein, danke, aber ich mache mir etwas Kräutertee."

Kathy: „Ich hoffe, Sie haben nichts dagegen, aber mein Freund übernachtet heute hier."

Ich: „Klar, kein Problem." (HÄ?!)

Was passierte hier gerade? Ich war zutiefst und vollkommen verwirrt!

Kathy und ich setzten uns auf die Couch, ich sah ihr beim Fleischbällchen-essen zu und schließlich fasste ich den Mut, zuzugeben, dass ich etwas verwirrt sei, da ich damit gerechnet hatte, allein in der Wohnung zu sein. Es stellte sich heraus, dass dies Kathys Wohnung war und dass sie nur das Zimmer vermietete und nicht die ganze Wohnung. Kathy war sehr nett: „Oh, was für ein schreckli-ches Missverständnis! Max ist wirklich ein sehr ruhiges Baby und wir werden in den nächsten Tagen sowieso sehr viel unterwegs sein." Aber so nett wie Kathy auch war, ich konnte auf so kleinem Raum nicht mit drei anderen Leuten zusammen-hocken, vor allen Dingen, da ich ohne meine eigenen Kinder auch mehr Platz für mich selbst brauchte. Ich rief Nigel an und auch er war ziemlich überrumpelt. „Was für eine Panne, es ist mir total peinlich, ich habe keine Ahnung, wie das passieren konnte!" Am Ende suchte und fand ich eine andere Bleibe, alles ohne Ärger und Stress und Kathy und ich sind jetzt Facebook-Freunde. Wir blieben in Kontakt und ich bin sicher, es hatte einen Grund, dass wir uns treffen sollten, und wenn es nur ist, damit ich ab und zu kichere bei dem Gedanken an dieses Mädel in Unterhosen, dass mich fragt, ob ich Fleischbällchen zum Mittagessen möchte!

Am Morgen des Sydney Skinny wachte ich auf und fühlte mich etwas unwohl und nervös. Ich hatte am Abend zuvor dem herrlichen Fishcurry von Nigels Frau zu sehr zugesprochen. Ich habe mittlerweile wohl deutlich gemacht, dass ich für mein Leben gerne esse, und so hatte ich, während alle anderen beim Gedanken an das Schwimmen am nächsten Tag einen Nachschlag freundlich abgelehnt hatten, gerufen: „Für mich sehr gerne, bitte! Dieses Fishcurry ist nicht von dieser Welt!" Und als das Dessert kam, ja, da nahm ich welches – ja, bitte mit Sahne, und ja, ich nahm gern noch etwas mehr.

Jetzt bedauerte ich diese Entscheidungen, zumal ich sehr früh morgens ab-geholt wurde und keine Zeit für meinen gewohnten Morgenstuhlgang blieb. Oh je, wo und wie würde das enden? Ich bin kein Fan von öffentlichen Toiletten und Nacktschwimmen mit vollem Bauch ist desaströs!

Wir kamen in Cobblers Cove an und ich bekam Schmetterlinge im Bauch. Als Botschafterin des Events musste ich mich richtig zusammenreißen, weniger an mich selbst denken und stattdessen zu den Teilnehmern hingehen und mit ihnen reden. Es lag so viel Spannung und Vorfreude in der Luft, dass sie sich wie elektrisch geladen anfühlte. Nigel, der der bescheidenste Mann von allen ist, lief mit einem Stoppelbart, ein paar verrückten Sandalendingern (das muss der Engländer in ihm sein) und einer Mütze herum. Er spielte seine Rolle, sagte „Hi" zu allen und jedem, während die meisten Leute gar nicht wussten, dass er der Gründer und Organisator des Events war.

Es war absolut unbezahlbar, als er einer der Journalistinnen von einer Fernsehstation „Hallo" sagte, so wie er es mit jedem tat, und sie ihn total ignorierte. Es war super unterhaltsam, als ich später mit ihr am Kaffeewagen stand und sie mich fragte: „Ich vermute, Sie können mir wohl nicht vielleicht sagen, wo Nigel Marsh ist?" Bingo, einer der kostbaren Momente im Leben. Ich streckte den Arm aus, zeigte auf ihn, und sagte: „Da ist er, genau da!" Mann, ihr Gesichtsausdruck war zu gut!

Ich gab einige Interviews und dann war es Zeit für den Start. Um an den Strand zu kommen, muss man durch einen herrlichen Naturpark gehen. Es dauert etwa fünf Minuten und normalerweise wäre es ein Ort friedlicher Stille, aber jetzt sorgten lachende und scherzende Gruppen für eine große Geräuschkulisse. Es fühlte sich herrlich an. Als ich am Strand ankam, sah ich als erstes einen Penis. Dann sah ich noch einen, und noch einen, und noch einen und binnen Minuten war ein Penis einfach ein Penis und Brüste waren einfach Brüste und wir waren alle nur menschliche Wesen. Nicht mehr, nicht weniger. Nichts Skandalöses war daran, nichts Schmutziges, nichts Merkwürdiges und nichts Bemerkenswertes.

Ich glitt ins Wasser und spürte sofort ein Gefühl des Losgelöst-seins, des Vergnügens und der Freiheit. Wie das Wasser sich auf meiner nackten Haut anfühlte, als ich hindurchschwamm, war herrlich. Der Endorphinrausch von der Nacktheit und davon, mit einer großen Anzahl an Leuten gemeinsam etwas zu tun, was ich noch nie getan hatte, war magisch. Das war das Leben und ich lebte es. Und ich fühlte nicht allein so, ich hörte Leute vor Freude quietschen und rufen: „Ich schwimme nie wieder mit Kleidern!", und sah andere, die sich umarmten, als hätten sie einander gerade nach lebenslanger Trennung wiedergesehen.

Als ich aus dem Wasser kam, reichte mir eine Frau einen Sarong und ich hüllte mich darin ein, nur um das Bedauern zu spüren, dass alles schon vorbei war. Ich hatte mich für die 300-Meter-Strecke statt für die 900 Meter entschieden und bedauerte es sofort.

Ich stand da in meinem Sarong, blickte hinaus auf den Ozean und unterhielt mich mit einer Frau, die ich schon vorher getroffen hatte, darüber, wie wunderbar das Event war und wie frei und befreit wir uns fühlten. In der nächsten Sekunde rief sie unvermittelt: „Sehen Sie dort, noch eine Frau mit nur einer Brust!" Ich schaute sie verwundert an und fragte: „Was meinen Sie?" Sie zog ihren Sarong herunter und zeigte mir ihren Brustkorb, auf der einen Seite eine Brust, auf der anderen eine Narbe. Ich sah in die Richtung, in die sie zuerst gezeigt hatte, und eine andere Frau mit demselben Aussehen schritt stolz aus dem Wasser.

Ich sah zu, wie diese beiden völlig Fremden sich freudvoll miteinander verbanden. Es bedurfte keiner Worte, nur ein Blick des Erkennens, ein Lächeln und dann eine Umarmung. Ich war in Tränen der Rührung völlig aufgelöst. Es war die reinste Form menschlicher Verbindung, ein Moment voller Freundlichkeit, Mut und Liebe, und er entfaltete sich hier vor meinen Augen. Eine der Frauen erklärte mir, welch riesige Bedeutung es für sie hatte, an dem Schwimmen teilzunehmen, sich vor allen Leuten nackt zu zeigen und ihrer Furcht ins Angesicht zu schauen. Als ich sie fragte, ob sie es wieder tun würde, war die Antwort ein schallendes „JA!".

Es brachte mich auf den Gedanken, dass eine tiefgreifende Veränderung im Leben einer Person oft eine Tat erfordert. (Denken Sie an Anthony Robbins' Methode, Leute zum Durchbrechen emotionaler oder psychologischer Sperren zu inspirieren, indem sie physisch durchs Feuer laufen). Wasser hat in vielen Religionen eine reinigende symbolische Bedeutung. Konnte die Teilnahme am Sydney Skinny die nichtreligiöse "seelische Reinigung" des 21. Jahrhunderts sein, die den Einzelnen half, ihre Körperbild-Dämonen zur Ruhe zu betten? Ist es möglich, mit Komplexen in Bezug auf das eigene Körperbild ins Wasser hineinzugehen und mit dem unbeugsamen Vorsatz wieder herauszukommen, den eigenen Körper mehr zu lieben und zu respektieren? Ich glaube, ja.

Unter den tausenden Leuten, die an diesem Tag dort waren, hörte ich niemanden über jemand anderen urteilen. Ich hörte niemanden, der sich wegen seiner Schwangerschaftsstreifen, Zellulitis oder seines Schwabbelbauches beklagte oder entschuldigte. Die Menschen waren einfach nur Menschen, es gab keine Barrieren, keine Diskriminierung und keine Vorurteile. Die Leute waren nett zu sich selbst und nett zueinander.

Als ich beim Sydney Skinny mitschwamm, erhielt ich so viel mehr, als ich erwartet hatte. Im Laufe eines Tages hatte sich mein Leben verändert. Ich bin ein besserer Mensch geworden und habe mehr Freude gehabt, als ich je zu sagen vermögen werde – einfach dadurch, dass ich meine Kleider abstreifte und mit tausend fremden Menschen im Ozean schwamm. Wenn Sie je die Gelegenheit haben, beim Sydney Skinny mitzumachen, zögern Sie nicht. Er wird den Rest meines Lebens in meinem Terminkalender stehen. Kommen Sie vorbei und sagen Sie „Hallo" – natürlich dann, wenn ich meinen Sarong anhabe!

KAPITEL 10

Das Prickeln

MEINE TEILNAHME AM SYDNEY SKINNY holte mich aus meiner Komfortzone heraus und hob mich in eine Zone, die ich die „Prickelzone" nenne. Wenn das hier jetzt ein Werbespot wäre und ich hier stünde, um Ihnen die Prickelzone zu verkaufen, hätten Sie hoffentlich genug Selbstachtung, umzuschalten. Aber bleiben Sie einige Minuten bei mir, ich will Ihnen nichts verkaufen, mir geht es nur um eine Idee, aus der Sie machen können, was Sie möchten.

Es begann alles letztes Jahr an meinem 36. Geburtstag. Ich stand vor dem Spiegel und entfernte meinen Bart. Ja, den Bart in meinem Gesicht. Liebe deinen Körper, liebe dich selbst und so weiter, aber die Haare, die überall in meinem Gesicht auftauchen, besonders auf der Oberlippe und den Wangen, nerven. Ich weiß! Ich muss lernen zu „umarmen", aber ich genoss diese Enthaarungsaktion nicht besonders und mir wurde plötzlich bewusst, dass ich mein Prickeln verloren hatte.

Mein Mann hatte mich etwas früher in der Woche gefragt, was ich an meinem Geburtstag machen wollte, und ich hatte mit „nichts" geantwortet. Als ich dann morgens aufwachte, entschied ich, dass ich einige Geschirrhandtücher kaufen würde, die ich in unserem Haushaltswarenladen gesehen hatte. Also rief ich meine beste Freundin an und wir zogen los, auf eine Tasse Kaffee und zum Geschirrhandtücher kaufen. Sehen Sie, das ist der Beweis: Geschirrhandtücher – kein Prickeln, nichts, weg, verschwunden. Ich war mal eine echte Stimmungskanone, die Wilde, das Partytier, die Bungee-Springerin, die Risikobereite. Dann wurde ich Mutter und die Vernünftige oder, wie ich zu Hause genannt werde, „die Sicherheitsbeauftragte".

„Langsam, fahr nicht so schnell auf deinem Fahrrad."

„Kein Herumrennen hier am Pool!"

„Iss nicht so viel, du kriegst sonst Bauchweh."

Meine Tage sind angefüllt mit endlosen Anweisungen, Richtlinien und Bitten an meine Kinder, sich sicher zu verhalten und potenziellen Gefahren aus dem Weg zu gehen. Ich halte es für meine Pflicht (die ich sehr ernst nehme), sie zu schützen und verantwortungsbewusst zu sein, aber manchmal sehne ich mich danach, mich wie die sorglose Person zu fühlen, die ich einmal war. Mir fehlt das Extreme, eine Prise Gefahr, einige lange Nächte und das Sich-Gehenlassen. Etwas ohne Rücksicht auf die Folgen zu tun, bei einem Cricketmatch nackt aufs Feld zu rennen oder etwas in der Art. Egal was, solange ich nicht verantwortungsvoll sein und mich gut benehmen muss!

Letztes Jahr ging ich mit den Mädels zum Tanzen aus (manche mögen es „Clubbing" nennen, aber ich hab's nicht über mich gebracht, das Wort hinzuschreiben). Ich amüsierte mich königlich und tanzte wild herum, ich war in meinem Element und schüttelte meinen Hintern, bis ich merkte, dass es 03.00 Uhr morgens war. Ich sagte meinen Freundinnen, dass ich gehen müsse und rannte raus wie Aschenputtel, als sie den Ball verließ. Ich hechtete an einem unbekannten Typen vorbei, der mir zurief: „Wohin so eilig?", worauf ich antwortete: „Ich gehe morgen früh mit meinen Kindern *Disney on Ice* sehen!"

Ich gebe zu, dass ich mich am nächsten Morgen bei *Disney on Ice* kurz auf die Toilette verdrücken musste, um mich heimlich zu übergeben, aber das Lächeln war mir an dem Tag nicht mehr aus dem Gesicht zu kriegen. Ich hatte meine Dosis Wildheit bekommen, mein altes Ich freute sich und die Mutti in mir war zurück in der Spur und bereit, zum hundertsten Mal die Wäsche in Angriff zu nehmen, ohne allzu mies gelaunt zu sein.

Einige Tage nach meinem gar nicht wilden Geschirrhandtuch-Geburtstagsvergnügen fuhren wir zur Entspannung mit den Kids und meinen Eltern eine Woche in den Urlaub. Es war Sommer und es war heiß, also fuhren wir an den Strand. Nach einer Runde Bodyboard-Surfen mit den Jungs sah ich in einiger Entfernung eine Gruppe von Leuten von einem Steg ins Wasser springen. „Kommt mit", sagte ich. „Bevor wir zurückgehen, lasst uns einen Blick auf diese verrückten Stegspringer werfen." Als wir näherkamen, bemerkte ich, dass alle Springer entweder Teenager oder höchstens Anfang 20 waren, die Mädchen trugen alle Bikini und die Jungen waren alle sehr durchtrainiert. Ich sah neben ihnen aus wie eine alte Ente. Als ich dem Treiben auf dem Steg zusah, gingen mir allerhand Gedanken durch den Kopf:

„Tss, diese Kids sind verrückt, in den letzten zwei Wochen gab es in dieser Gegend mindestens ein Dutzend Hai-Sichtungen."

„Was wäre, wenn sie auf einem Stachelrochen landeten und der Stachel sie verletzte und tötete wie den armen Steve Irwin?" Steve Irwin war ein australischer Tierfilmer, der 2006 bei Dreharbeiten von einem Stachelrochen angegriffen wurde und an den Verletzungen durch den Stachel verblutete.

„Sie könnten leicht in einem ungünstigen Winkel landen, sich die Wirbelsäule verletzen und müssten den Rest ihres Lebens im Rollstuhl sitzen."

„Wenn einer von ihnen einem anderen auf dem Kopf landet, gibt's doch bestimmt eine gebrochene Nase oder einen gebrochenen Schädel?"

Ich belasse es mal dabei, ich könnte sicher ein ganzes Buch mit meinen Gedanken füllen, aber Sie haben sicher verstanden, worauf ich hinauswill. Dann tauchte dieser andere Gedanke in meinem Kopf auf: „Prickeln. Denk an das Prickeln. Los, probier's mal." Also verkündete ich meiner Familie, dass ich es auch mal versuchen wollte. Mit genug Nervosität für ein ganzes Jahr im Bauch, die mein geblümter Einteiler dezent verdeckte, kraxelte ich ungeschickt die Leiter hoch und stand eine gefühlte Ewigkeit oben auf dem Steg. Da ich etwas im Weg stand, kam der Verkehr zum Erliegen und alle Augen richteten sich auf mich.

„Geht ihr ruhig vorbei, kommt ruhig die Leiter hoch. Es ist okay, ich warte. Nein, du zuerst. Los Jungs, springt. Ja, geh ruhig vor."

Also echt, was war das für ein Theater, das ich da veranstaltete. Ich stand da, als wollte ich den Verkehr regeln. Mat warf mir einen „Mach-schon"-Blick zu. „Ich kann nicht", rief ich hinunter. „Na los", rief mein liebevoller Ehemann, „sei nicht so eine alte Frau. Mach's einfach." Und mehr brauchte es nicht. Angespornt von diesem provozierenden Kommentar nahm ich Anlauf, stürzte mich vom Steg und quiekte auf dem ganzen Weg nach unten wie ein Schwein. Ich tauchte zu einem kleinen Beifallsgeschrei einiger Mädchen wieder auf (unter den jungen Mädchen ist der Schwesterngeist noch lebendig, die Jungs sahen mich nur ungerührt an) und mit diesem Sprung hatte ich das wilde Tier in mir von der Leine gelassen.

Es fühlte sich *so* gut an, in dem tiefen türkisfarbenen Wasser am Steg in Second Valley zu schwimmen. Mir war es egal, dass wahrscheinlich ringsum weiße Haie und Stachelrochen herumschwammen, ich hatte meine Dosis Prickeln bekommen! Um den Sicherheitsbeauftragten in mir zu beruhigen, hielt ich meinen Kindern anschließend einen langen Vortrag über die Gefahren des Stegspringens, und wann man es tun konnte und wann nicht. Cruz, mein mittleres Kind, hat leichte Sinnesstörungen, eine sehr hohe Schmerzschwelle und keine Angst vor irgendetwas. Er springt also von allem möglichen herunter und heraus, sobald er die Gelegenheit hat. Deshalb hat es sein Gutes, wenn ich meinen Kindern immer einen Vortrag halte, wenn ich etwas besonders Leichtsinniges getan habe.

Eine Sache, die ich aus dem Mangel an Prickeln und der Beseitigung des Mangels lernte, war, dass ich Prickel-Aktivitäten fest einplanen muss. Es ist so einfach, sich in der banalen Alltagsroutine der Dinge, die wir täglich erledigen, zu verfangen – das Schulbrot vorbereiten, den Kindern hundert Mal sagen, dass sie sich die Zähne putzen oder die Vorhänge aufmachen sollen, dass sie aufhören sollen, sich zu streiten, Geschenke für immer neue Geburtstagspartys kaufen, den Kindern sagen, was es zu essen gibt, die Kinder überreden, dass sie es essen sollen, eine Menge Waschmaschinenladungen anschmeißen, eine Menge Wäsche aufhängen, den Hundedreck vom Rasen einsammeln, die Spülmaschine ausräumen, schmutzige Wäsche vom Boden aufheben, Krümel aus der Besteckschublade beseitigen …

Entschuldigung! Ich war gerade ganz woanders, ich hatte vergessen, dass ich gerade ein Buch schreibe und dachte, ich sei in meiner eigenen privaten Therapiesitzung. Uuuh, und es fühlte sich zugegebenermaßen sehr gut an! Ich weiß, dass Sie mich verstehen – das Leben ist oft langweilig und voller Wiederholungen. Es ist so wichtig, dass wir dem ab und an entkommen, wirklich lebendig sind und unseren Spaß haben, denn wir sind, wenn es hochkommt, nur 80 Jahre auf diesem Planeten, und das ist wenig Zeit. Wir müssen das Prickeln umarmen!

Aber wenn es sich so gut anfühlt, sich ein solches Prickeln zu verschaffen, warum machen wir nicht öfter etwas, das uns in Schwung bringt? Die Antwort ist ganz einfach: Menschen sind von Natur aus faul, Gewohnheitstiere und risikoscheu, und wir wagen uns nicht gerne in unbekanntes Territorium vor. Wir lieben vertraute Umgebungen und wägen uns gerne in Sicherheit. Und das ist völlig in Ordnung, solange es eine Balance zwischen Routine und unerwarteten sowie ungewöhnlichen Situationen gibt. Ich sage also nicht, dass wir alle kündigen und stattdessen aus Flugzeugen springen sollten, aber wir sollten das Außergewöhnliche stets auf dem Radarschirm haben und sicherstellen, dass es genug Gewöhnliches gemischt mit ein wenig Ungewöhnlichem in unseren Leben gibt.

Nach meinem Sprung vom Steg versprach ich mir, dass ich in den nächsten zwölf Monaten proaktiv statt reaktiv sein würde, um meine Dosis Prickeln zu bekommen. Ich durfte es nicht riskieren, so bedürftig danach zu werden, dass ich als Flitzerin beim Cricketmatch verhaftet würde. Also plante ich einige Prickelaktivitäten ein, als erstes eine Runde Stand-up-Paddling auf dem Meer.

Ich fuhr mit einigen alten Freundinnen an einen Ort namens Lorne, an der Great Ocean Road im Bundesstaat Victoria. Wenn Sie noch nicht dort waren, setzen Sie es auf die Liste der Orte, die Sie noch besuchen wollen. Es ist die perfekte Mischung aus Hippie- und Luxusseeurlaub. Lorne hat alles: Surfer, Cafés, Mode-Outlets, einen fantastischen Wellenbrecher zum Angeln und eine atemberaubende Küstenlinie. Meine Freundin Megan, die regelmäßig Stand-up-Paddleboard fährt, hatte mir versprochen, mich auf meiner ersten Fahrt zu begleiten. Wir ließen die Kinder mit den Vätern auf dem Campingplatz und fuhren mit ihrem Pick-up los, mit den Surfbrettern an Bord, und ich grinste und spürte das Prickeln schon, bevor wir überhaupt den Strand erreicht hatten.

Als wir in unseren Neopren-Anzügen steckten (wir fühlten uns wie im Film *Point Break*), sagte Megan, sie wolle mir erst einige Techniken zeigen. Die See war kabbelig, aber kaum, dass Megan durch die Brandung war, stand sie auf und paddelte – und es sah bei ihr entspannt und mühelos aus. Als sie nach einer halben Stunde zurück am Ufer war, waren die Wellen noch stärker geworden und wir kamen überein, dass es für einen Anfänger keine gute Idee war, unter diesen Bedingungen einzusteigen. Enttäuscht gingen wir zurück in Richtung Auto, als ich eine kleine Flussmündung in den Ozean bemerkte. „Hey Megs, schau mal das Wasser dort drüben." Es war sehr ruhig und einige Leute standen auf einer Brücke darüber und fischten, die Wasseroberfläche war sehr glatt. Wir sahen es uns aus der Nähe an und kamen überein, dass die Stelle perfekt war, um Stand-up-Paddling zu lernen. Ich paddelte eine gute halbe Stunde kniend auf dem Brett herum, ich musste den Anglern ein merkwürdiges Bild bieten. Ich kam an einem vorbei und rief ihm zu: „Ich würde ja gern aufstehen, aber ich habe Angst, ich könnte hineinfallen!" Er antwortete: „Ja, in dieses Wasser sollten Sie besser nicht fallen!" Ich fand die Antwort zwar etwas seltsam, dachte mir aber nicht viel dabei und paddelte weiter vorsichtig auf Knien herum, um die Balance besser zu halten. Etwa zehn Minuten später ging ich von den Knien auf die Füße und ich konnte Stand-up-Paddeln! „WOO-HOO", jubelte ich, offenbar sehr zum Verdruss der Angler, die mich ganz merkwürdig ansahen. Naja, ihr Problem, dachte ich, ich habe ein Date mit meinem Prickeln und mich hält nichts auf! Schließlich beschloss ich, dass es genug war, das Wasser war ganz schwarz und die Sonne ging bereits unter. Es war Zeit, den Tag zu beenden. Megan und ich umarmten uns am Ufer des Flusses, wobei meine Füße in eine Mischung aus Gras und Schlamm einsanken. Sie war hocherfreut, dass ich mich so gut fühlte. Wir schnappten uns unsere Bretter und die Paddel und machten uns auf den Weg zum Auto. Und was sahen wir auf dem Weg? Wir kamen nicht an einem, nicht an zwei, nicht an drei, auch nicht an vier, sondern an FÜNF Warnschildern vorbei, auf denen stand, man solle nicht in das STARK VERSCHMUTZTE WASSER gehen. Oh Gott! Ich wusste jetzt, warum die Angler alle so merkwürdig geschaut hatten, als ich ihnen vergnügt und wackelig von meinem Brett aus zugewunken hatte. Gott sei Dank war ich nicht reingefallen.

Ich kehrte unverzüglich zum Campingplatz zurück und ging duschen. Ich habe eine schlimme Phobie vor Magen-Darm-Problemen und der Gedanke daran, dass mein Körper mit Schmutzwasser in Berührung gekommen sein könnte, beunruhigte mich sehr!

Eine kurze Geschichte dazu: Meine Angst vor Magen-Darm-Infekten rührt von einer traumatischen Erfahrung her, als ich mit Mikaela in der 37. Woche schwanger war. Ich musste ins Krankenhaus, weil ich nach einem stundenlangen Brechdurchfall zu dehydrieren begann. Als ich im Krankenhaus ankam – an einer Hauptverkehrsstraße, während der Rushhour – stieg ich aus dem Auto, fiel vornüber auf die Knie und begann, mich auf den Bürgersteig zu übergeben. Zu allem Überfluss kam auch hinten etwas raus. Sie können sich vorstellen, dass ich den vielen Pendlern auf dem Weg zur Arbeit kein erhebendes Schauspiel bot – eine hochschwangere Frau, die auf allen Vieren auf den Bürgersteig kotzt. Mat war ins Krankenhaus vorgerannt, um Hilfe zu holen, kam mit einem Rollstuhl wieder heraus, und ich blaffte ihn nur an: „Den will ich nicht, ich werde gehen, ich habe mir gerade in die Unterhose gemacht, ich kann mich nicht setzen!" Nach 24 Stunden am Tropf ging es mir wieder gut und zusätzlich hatte ich nun eine neue Kack-Geschichte für besoffene Abende am Lagerfeuer!

Auf dem Campingplatz in Lorne betete ich deshalb zu den Gastroenteritis-Göttern, dass es zwischen dem Wasser und meinem Körper keine Osmose gegeben haben sollte. Mat lachte mich bloß aus: „Du bist keine Pflanze, Taryn!" Aber nichts konnte mir meine Freude wirklich trüben, ich hatte meine Prickeldosis bekommen und es fühlte sich gut an!

Dieses Jahr habe ich eine Menge anderer Prickel-Aktivitäten eingeplant, darunter Fahrten an einen Nudistenstrand zum Schwimmen, Reitausflüge, einen Triathlon (es ist nur ein sehr kleiner, aber es ist ein Triathlon!), Bergsteigen und Meditieren auf Bali. Ich habe bereits Downhill-Mountainbiking überlebt (nur knapp!), ein Fußballteam von Achtjährigen trainiert und ich bin zum ersten Mal

Wakeboard gefahren – das Jahr hat gut angefangen! Ich bin sehr gespannt, was die Zukunft noch bringt. Und jetzt fordere ich Sie heraus. Gehen Sie raus und finden Sie Ihr Prickeln. Versuchen Sie dieses Jahr etwas Neues, das ihren Horizont erweitert!

KAPITEL 11

Die Vorher-Nachher-Fotos

DIESES KAPITEL SCHREIBE ICH AM ERSTEN TAG meiner Periode. Tag eins ist nie angenehm, ich leide noch unter einem Rest PMS und der Reizbarkeit aus der Woche davor, ich habe Krämpfe und meine Augen brennen leicht. Was für ein toller Tag, um über einen Haufen blöder Idioten zu schreiben. Ups, ich meine natürlich, was für ein toller Tag, um über eine interessante Gruppe von Leuten anderer Meinung zu schreiben.

Das erste Mal, dass ich den Zorn der Internet-Trolle wirklich zu spüren bekam, war als ich meine ungewöhnlichen Vorher-Nachher-Fotos ins Netz stellte. An diesem bestimmten Tag war ich unterwegs gewesen, um meinen neuen Freunden, die ich während meines kurzen Ausflugs in die Fitness-Szene kennengelernt hatte und die an ihrem ersten Wettbewerb teilnahmen, zuzusehen und sie anzufeuern. Als wir uns anschließend unterhielten, fragten sie sich insbesondere, wie sie ihren Körper jetzt mögen sollten, nachdem sie den Höhepunkt der Fitness erreicht hatten, und die einzige mögliche Richtung „abwärts" war. Was sie sagten, stimmte im Grunde, wenn man nur die Trainingsform des Körpers beurteilt und Perfektion nach dem Körperfettanteil bewertet. Ich versuchte ihnen in zehn Minuten zu erklären, wie ich zu meinem Körper stand und was ich hatte tun müssen, um diese Einstellung zu erlangen, umarmte sie, wünschte ihnen alles Gute und machte mich auf den Heimweg.

Später am Abend, als ich an die Mädels dachte und mich fragte, wie sie sich wohl mit nicht perfekten Körpern fühlen würden, kam mir eine Idee. Ich würde eine andere Art Vorher-Nachher-Diätfoto veröffentlichen, das Vorher-Foto würde mich auf der Bühne bei dem Fitness-Wettbewerb zeigen und das Nachher-Foto sollte das Foto sein, das meine Freundin Katie Ellis erst vor einigen Monaten von mir gemacht hatte.

Kate war Fotografin und ich hatte sie beauftragt, Fotos von mir für Biografien und ähnliches zu machen. Ich hatte auch die Idee zu einem Buch im Kopf, das ich eines Tages unter dem Titel „Hotdogs und Nippel so groß wie Teller" veröffentlichen wollte, und deshalb hatte ich zum Fotoshooting Teller und – Achtung! – Frankfurter Würstchen mitgebracht. Aus einem merkwürdigen Grund dachte ich, es sei lustig, wenn ich die Würstchen zwischen zwei Falten meines Bauches platzierte, damit es wie ein Hotdog aussah. Wie sehr ich doch daneben lag mit dieser Einschätzung. Die Fotos waren ein komplettes Desaster, wir machten etwa drei davon und entschieden rasch, dass diese „Hotdog"-Fotos auf alle möglichen Arten merkwürdig waren. Ich habe mutig und zum allerersten Mal eines dieser Fotos im Bildteil des Buches veröffentlicht – nur damit SIE etwas zum Kichern haben.

Wenn man einen kreativen Impuls hat, können die Idee im Kopf und die Umsetzung in der Praxis zwei völlig verschiedene Dinge sein. Wenigstens bescherte ich meiner lieben Freundin Kate an dem Tag einen sehr guten Lacher und das Beste war, wir hatten, ohne es damals auch nur zu ahnen, auch das Nachher-Bild geschossen. Die Bilder hatten seit Monaten auf meiner Festplatte gelegen und ich hatte nichts damit gemacht. Aber als mir an diesem Abend die Idee für die Vorher-Nachher-Bilder kam, wusste ich augenblicklich, dass ich das perfekte Nacktfoto für diesen Zweck bereits hatte.

Also stellte ich gegen 21.30 Uhr an einem Sonntagabend die Fotos mit diesem Text in den Blog:

„Dies sind meine ungewöhnlichen Vorher-Nachher-Bilder. Üblicherweise sehen wir auf einem Vorher-Bild eine Person, die als traurig, übergewichtig und ziemlich unglücklich dargestellt wird. Wunderbarerweise sind diese Personen auf dem Nachher-Foto, sobald sie einige Pfund abgenommen haben, plötzlich glücklich, zuversichtlich und selbstsicher. Sind wir dazu konditioniert worden, zu denken, dass wir unseren Körper nur lieben dürfen, wenn er ‚in perfektem Zustand' ist?

Ich wollte gerne die Tatsache mit euch teilen, dass ich meinen Körper auf dieser Bühne, als ich im Bikini herumstolzierte, ebenso liebte wie in dem Moment, als ich mit nacktem Hintern im Fotostudio meiner Freundin saß. Unsere Körper durchlaufen in unserem Leben viele Veränderungen. Sie ändern sich durch Altern,

OBEN: 02.38 Uhr morgens. Embrace, der Dokumentarfilm, hat seine Zulassung für Kickstarter erhalten – auf den letzten Drücker.

UNTEN: Am ersten Tag meiner Embrace-Kampagne gab es für die Kabinencrew in 35.000 Fuß Höhe kein Entrinnen.

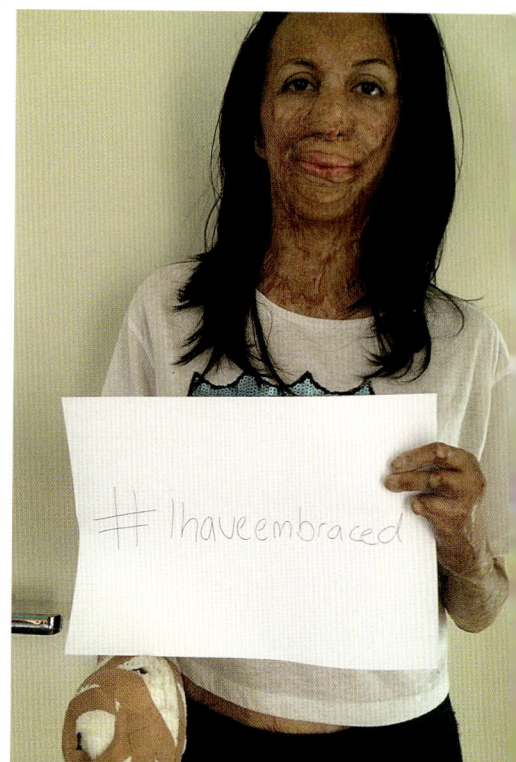

VON OBEN LINKS IM UHRZEIGERSINN: Beim Interview mit *Huffington Post Live*. Man bat mich, Ellens Foto auf die Pinwand zurückzustecken, auf meiner Stirn störte es! • Turia Pitts Beitrag zur #ihaveembraced-Kampagne. Ihre Bescheidenheit, Dynamik, Widerstandskraft und Schönheit sind eine Inspiration für die Welt. • Im Fernsehstudio bei *Studio 10*. Zwei Minuten vor dem Auftritt erfuhr ich, dass ich beim Betreten des Studios gefilmt werden sollte. „Ich kann im Fernsehen nicht laufen!", rief ich nervös. Ich konnte und schaffte es, ohne hinzufallen.

OBEN: Disneyland 2013, ein Urlaub fürs Leben dank der Großzügigkeit meiner Eltern.

UNTEN: Mit ihren Enkeln gibt es für Mum und Dad nie Langeweile.

VON OBEN LINKS IM UHRZEIGERSINN: Danielle, Kellie, Fiona, Kim, ich und Emma – befreundete Schulmuttis beim Sportfest. Halt, sagen wir einfach „Freundinnen".
• Kelley McPhee alias Tante Kelley und Mikaela alias Miki Moo • Bei Besprechungen mit Dr. Emma Johnston geraten schnell die Reste ihrer leckeren Mahlzeiten in den Mittelpunkt.
• Mein „Visionen 2014"-Brett in meinem Büro voller Unordnung und Kabelsalat. • Martine bei der Arbeit in „unserem Büro" – ja, das ist alles meine Wäsche auf dem Esstisch!

OBEN: Samstagmorgens gibt es immer Pfannkuchen, Cruz und Oliver freut's.

UNTEN: Ich liebe dieses Bild. Es hat keine tiefere Bedeutung – außer, dass meine ganze Mannschaft auf der Fahrt zum Camping geschlossen pinkeln geht.

NÄCHSTE SEITE: Meine tolle Familie – und Ollies erste Riesen-Zahnlücke!

VON OBEN LINKS IM UHRZEIGERSINN: Mein Ältester, Oliver, treibt mit 7 Jahren Schabernack mit Mutters Brille und ihrem Ellen-Buch. • Mikis Geburtstagskuchen – Regeln brechen macht Spaß! • Miki und ich trinken unseren täglichen grünen Smoothie.

Schwangerschaft, Krankheit, Gewichtsabnahme, Gewichtszunahme und vielem mehr. Eine Sache, die wir lernen müssen, ist, unseren Körper vorher, währenddessen und danach zu lieben ... Seid loyal zu eurem Körper, liebt euren Körper, er ist der einzige, den ihr habt.“

Und innerhalb von Sekunden wusste ich, dass der Beitrag einen Nerv getroffen hatte, denn die Likes gingen ab wie eine Rakete. Als ich ins Bett ging, waren es schon über tausend. Als ich aufwachte, wurde die enorme Wirkung der Bilder klar, es gab tausende von Likes sowie hunderte von Kommentaren und viele Menschen hatten den Beitrag geteilt, aber zwischen den positiven Reaktionen waren einige richtig miese negative Kommentare, die mich echt schockierten. Es war meine erste Erfahrung im Umgang mit bösen Kommentaren.

Sie ist nicht widerlich, aber wenn es dein Ziel ist, durchschnittlich auszusehen, schön für dich.

Schöner Mist, dein Mann zu sein. Der Kerl dachte, er hätte es gut getroffen und dann wurdest du ein fettes übergewichtiges Schwein.

Dick ist hässlich. Du bist jetzt dick, also bist du jetzt hässlich!

Vorher-Bild: Arterien normal. Nachher-Bild: Arterien verstopft ... Keine Entschuldigung, fett zu sein! Wahre Schönheit kommt von innen ... Das heißt nicht, dass man den Körper vernachlässigen kann.

Widerlich, dick, übergewichtig, warum müssen Frauen sich so gehen lassen?

Was für ein Schwein, warum lädst du dieses Foto von dir hoch? Es sollte dir peinlich sein.

Dieses Nachher-Bild von dieser Frau ist definitiv NICHT gesund! Ich verstehe aber, warum dicke Frauen das glauben. Sie ist offensichtlich übergewichtig und alle, die glauben, sie sehe auf dem Nachher-Bild gesund aus, sollten ein wenig mehr recherchieren und Bücher lesen und etwas weniger auf der Couch sitzen und Snacks knabbern. Du solltest deinen Körper wirklich verhüllen, er ist nicht schön anzusehen.

Es waren zugegeben nur wenige negative Kommentare, nur etwa fünf Prozent verglichen mit 95 Prozent positiven, aber so angegriffen zu werden, versetzte mich sogleich in meine High-School-Zeit zurück, als ich gemobbt und unfair getriezt wurde. Mein tiefster Wunsch war es, zurückzuschlagen. Ich platzte beinahe vor Drang, diesen Trollen zu antworten. Aus einer ganzen Anzahl von Gründen tat ich es nicht. Erstens verschafften mir die Trolle tatsächlich mehr Aufmerksamkeit für BIM. Zweitens würden die Trolle es lieben, wenn ich mich mit ihnen anlegte, denn eine Antwort zu bekommen heißt für sie, dass sie gewinnen. Drittens wusste ich, dass ich mit dem Body Image Movement noch einen weiten Weg vor mir hatte, und es wäre nicht gut und verantwortungsbewusst, mich auf dieses Niveau herabzulassen und eine Rauferei anzufangen.

Ich musste Zurückhaltung und Reife zeigen – und das war schwer. Schon seit meiner Schulzeit hatte ich mich bewusst entschieden, mich zu behaupten, und mich von niemandem niedermachen zu lassen. Still dazusitzen und nur einzustecken war schwierig, instinktiv wollte ich das Feuer erwidern, aber das konnte ich einfach nicht machen. Ich habe nie darauf geantwortet und ich bin dankbar, dass ich es nicht tat, aber manchmal erlaube ich mir, mir vorzustellen, wie ich diesen Dummköpfen geantwortet hätte, nämlich folgendermaßen:

„DU BIST FETT UND FAUL."

Hör zu, du Depp, wieso erlaubst du dir ein Urteil? Ich bin fit, gesund, ich laufe, klettere auf Berge, ich kann mir auch Rennradklamotten anziehen und mit dem Peloton mithalten, ich bin kein bisschen faul, du verdammter Idiot.

„DU BIST EIN SCHLECHTES VORBILD FÜR DEINE KINDER."

Wie kannst du es wagen, aufgrund eines Fotos zu beurteilen, was ich für eine Mutter bin, du weißt nichts über mich – du verdammter Idiot.

„DU WIRBST FÜR FETTLEIBIGKEIT."

Hör zu, Knallkopf, ich werbe für ein positives Körperbild. Ist dir schon mal aufgefallen, dass es Körper in allen möglichen Formen und Größen gibt? Oh, ja, auch du bist ein verdammter Idiot.

Ich denke, es würde viel Spaß machen, immer alles auszusprechen, was ich gerne sagen würde, und zwar in dem Moment, in dem ich es gerne sagen würde. Wahrscheinlich so wie Julia Roberts Figur Vivian in dem Film *Pretty Woman,* als sie in den Kleiderladen zurückgeht, in dem sie nicht bedient wurde, und sagt: „Ein blöder Fehler. Blöd. Idiotisch!" Ich bin sicher, dass Rache und Vergeltung süß schmecken, aber es gibt einfach keinen Platz dafür in meinem öffentlichen Leben, aufgrund des Body Image Movements.

Die Vorher-Nachher-Fotos fanden viel Beachtung in den Medien – in Australien sowie weltweit. Einige Tage nachdem ich sie hochgeladen hatte, erhielt ich einen Anruf von *The Today Show,* der Livesendung von Channel 9. Sie wollten mich zum Body Image Movement und den Vorher-Nachher-Fotos interviewen. „Ja, ja, ja!", quietsche ich begeistert, ich war so erpicht darauf, so begierig! Ich war noch nie im Fernsehen gewesen und am meisten freute ich mich, weil ich die Gelegenheit erhielt, Millionen Frauen im ganzen Land meine Botschaft mitzuteilen.

Als ich von dem Fernsehinterview erfuhr, war ich gerade beim Camping mit der Familie in Robe, einem schönen Küstenort etwa vier Stunden von Adelaide entfernt. Auf dem Rückweg wollten wir den Kindern die Naracoorte-Höhlen zeigen, die einzige UNESCO-Welterbe-Stätte Südaustraliens. Wie alle Touristenattraktionen hatten natürlich auch die Höhlen einen Souvenirshop und ein Café, in dem ich mir eine Hühnchenpastete kaufte. Die Frau an der Theke warnte mich, dass die Pasteten heiß seien, aber ihren Ratschlag völlig missachtend, biss ich leichtsinnig und herzhaft hinein, und schrie dann: „Yeaaooooooowwww, HEIIIIß!"

Die Pastete verbrannte mir Kinn und Lippen, und zwar ziemlich stark. Ich konnte nicht aufhören zu jammern: „Mat, das ist schlimm, das ist wirklich schlimm." Mat antwortete mit seinem üblichen Sarkasmus: „Soll ich den Krankenwagen rufen?" „Nein Mat, diese Pastete hat mich verbrannt und ich soll in drei Tagen im Fernsehen auftreten!"

Die fiese Pastete fügte mir kleine Verbrennungen auf dem Gesicht zu, die wie Fieberbläschen aussahen, aber eigentlich waren sie meine kleinste Sorge. Ich war mehr als nervös, weil ich interviewt werden sollte, und verbrachte einige Tage mit Reizblase und nervösen Durchfällen auf der Toilette. Als ich in Sydney ankam, holte mich ein Mann mit Namensschild am Flughafen ab – das fand ich ganz toll! Er trug mir das Gepäck und fuhr mich in einem vollausgestatteten Audi zu meinem Hotel. An dem Abend übte ich bis Mitternacht vor dem Spiegel, was ich sagen würde.

Am nächsten Morgen war der 2. Mai, der zehnte Jahrestag des Todes meines Bruders in Sydney, und ich war berührt, um es vorsichtig auszudrücken, an diesem Tag in genau dieser Stadt zu sein. Aber ich musste diese Gedanken beiseiteschieben, denn ich hatte einen Job zu erledigen. Ich musste lange genug der Toilette fernbleiben, um einige Sätze zusammenzubringen und wie ein normales und kohärentes menschliches Wesen zu klingen – kein leichter Auftritt für das Nervenbündel, das ich war!

Die letzten Worte meiner Freundin und Kollegin vom Body Image Movement, Dr. Emma Johnston, vor meinem Abflug waren: „Taz, vermassele das nicht. Wenn du das nicht richtig hinkriegst, will keiner mehr mit dir zusammenarbeiten!" Wow, Emma, Dankeschön! Wir waren Freunde, seitdem unsere Erstgeborenen zur Welt kamen und wir kannten uns wirklich gut, und nur sie konnte mit dieser harten Tour bei mir durchkommen. Allerdings hatte sie auch recht, ich musste einen guten Job machen.

Wo wir gerade von einem guten Job sprechen – diese Maskenbildnerinnen wussten wirklich, wie man Verbrennungen kaschiert. Sie machten ihre Sache jedenfalls mehr als gut. Mit Make-up im Gesicht und frisch gebürsteten Locken war es Zeit, ins Studio zu gehen und meine Geschichte zu erzählen.

Ich verbarg mich hinter einigen großen schwarzen Vorhängen und ging hin und her, um meine Nerven in den Griff zu bekommen, als einer der Moderatoren, es war Ben Fordham, die Vorhänge beiseite zog und fragte: „Was machen Sie denn hier hinten?"

„Oh, ich bin nur ziemlich nervös und versuche, mich zusammenzureißen", antwortete ich.

„Dann kommen Sie als Erstes mal da raus. Hören Sie, Sie werden das mit Sicherheit schaffen. Das Beste, was Sie tun können, ist zu lächeln und eine Menge Energie auszustrahlen." Ich stimmte ihm zu und dann sagte er: „Es ist sowieso nicht so wichtig, was Sie sagen, alle werden sich an Sie erinnern als das Mädchen mit der coolen rot-orangenen Brille." Er lachte, klatschte mit mir ab und ging davon. Es war ein eher zufälliger Moment, aber einer, für den ich dankbar war. Wenn Ben mich nicht hinter dem Vorhang gefunden hätte, hätte ich noch meinen Aufruf ins Studio verpasst.

Es war ziemlich seltsam, im Studio einer Fernsehsendung zu sein, die ich seit Jahren schaute. Überall waren Leute, die Scheinwerfer waren sehr hell und ein aktives Gewusel umgab alles. Georgie Gardener sollte das Interview mit mir führen, ich gab ihr die Hand und setzte mich ihr gegenüber hin. Ihr Lächeln war warm und freundlich. Ich versuchte verzweifelt, meinen Atem zu beruhigen, aber er blieb flach und schnell. Na ja, dachte ich, wenigstens atme ich noch!

Vor uns war ein Teleprompter mit meinen Vorher-Nachher-Fotos und obwohl sie mich dabei ansah, sprach Georgie über ihr Mikrofon zu dem Regisseur, den sie im Kopfhörer hörte, und sagte: „Die Fotos sind vertauscht."

„Nein, nein, Georgie, sind sie nicht", mischte ich mich in ihr Gespräch ein. „Das ist es ja gerade, es sind unübliche Vorher-Nachher-Fotos. Weil ich Frauen dazu bringen will, ihre Körper zu lieben, habe ich die übliche Reihenfolge vertauscht …"

Im nächsten Moment fing ein Mann an, einen Countdown auszurufen:

10, 9, 8 …

Ich geriet in Panik, wandte mich an Georgie und sagte: „Das ist mein erstes Mal im Fernsehen, Georgie. Ich drehe durch, ich bin so nervös!"

6, 5, 4 …

Dann brüllte Carl, der Chefmoderator der Sendung, aus dem Nichts: „Los Taryn, zeig uns deine Energieeeeee!" Er machte die Becker-Faust wie ein Verrückter! Ich begann zu strahlen, ich sah Ben, der mir den Daumen nach oben zeigte, und dann hörte ich …

2, 1 …

Und schon waren wir auf Sendung! Live!

Bei den ersten Worten verhaspelte ich mich leicht, aber nach etwa 30 Sekunden war ich entspannter. Verrückterweise genoss ich es sogar! Und als das Interview zu Ende ging, dachte ich mir: „Verdammt, das ging viel zu schnell. Ich hatte noch viel mehr zu sagen!"

Als wir vom Set gingen, wendete ich mich an Georgie und fragte: „Georgie, du bist doch Mutter, könntest du mir wohl eine Mutti-Umarmung geben?" Und sie tat es tatsächlich! Und so standen wir da, Georgie und ich, und umarmten uns mitten im Set der *Today Show*. Zum Schieflachen. Die arme Georgie hielt mich wahrscheinlich für etwas seltsam, aber sie war allerliebst, sagte einige starke Worte der Ermutigung und wünschte mir das Allerbeste für das Body Image Movement.

Das Interview war ein Erfolg, zum Glück, denn Fernsehauftritte musste ich in der nächsten Zeit einige absolvieren, meine Geschichte hatte offenbar Nachrichtenwert. Es fühlte sich seltsam und ungewohnt an, so sehr im Mittelpunkt der Aufmerksamkeit zu stehen und ich musste mich wirklich noch daran gewöhnen.

KAPITEL 12

Du förderst übergewicht!

einer weiteren Livesendung des Frühstücksfernsehens, und zwar im Rahmen einer Programmreihe über Körperwahrnehmung. Ich erzählte meine Geschichte und warb für die Anerkennung von Vielfalt und für mehr Selbstbewusstsein in Sachen Körperbild. Wie bei allen Fernsehinterviews war ich bis kurz vor dem vierminütigen Interview sehr nervös und kaum war es vorbei, hätte es ruhig weitergehen können!

Sunrise zeigte einige Bilder von mir, darunter die Vorher-Nachher-Fotos und das Foto, auf dem ich meine Brüste mit Tellern bedecke.

Ich blieb an dem Abend in Sydney und beschloss, zum Abendessen in einen Pub zu gehen. Ich bin oft geschäftlich unterwegs, deshalb esse ich oft allein zu Abend und habe auch nicht das geringste Problem damit, außer bei einer Gelegenheit in Christchurch, als ich entschied, zum ersten Mal Austern zu essen. Ich weiß nicht mehr, was ich mir dabei gedacht hatte, aber ich bestellte ein Dutzend Austern, roh, als Vorspeise. Ja, richtig gelesen: ein Dutzend, roh und zum ersten Mal. Wie war ich nur auf diese Idee gekommen? Ich steckte die erste in den Mund und musste so laut würgen, dass andere Gäste sich nach mir umdrehten. Das war das eine Mal als ich wirklich einen Tischgenossen vermisst habe, mit dem zusammen man die Sache mit einem Lachen hätte ausbügeln können und der wenigstens einige meiner Austern hätte essen können! Da ich weder eine Niederlage eingestehen, noch Essen verschwenden oder tadellose Austern zurückgehen lassen wollte, aß ich mit großen Schwierigkeiten fünf davon. Und natürlich spuckte ich sie am nächsten Morgen in die Toilette. Sehr unangenehm!

Jetzt saß ich also alleine in Sydney im Pub, aß einen risikolosen leckeren Burger und las die Facebook-Kommentare auf der *Sunrise*-Internetseite durch. Das ist, was einige Leute über meine Geschichte und meine Fotos zu sagen hatten:

„Wie attraktiv, Fett und Schwangerschaftsstreifen. Deckt das zu, ich habe gerade gegessen."

„Eine Menge fetter Frauen benutzen es als Ausrede, Kinder geboren zu haben ... Das ist die Realität."

„Sorry, mir gefällt's nicht. Ich halte es weder für attraktiv noch für angemessen."

„Es gibt ganz klar eine Fettepidemie, wie wir sie noch nie hatten. Sie kommt von zu wenig Bewegung, außer der von der Hand zum Mund. Schluss mit Political Correctness, sagt es, wie es ist ... Keine Ausreden."

„Sorry, aber du bist übergewichtig, das sind keine Kurven. Das ist überschüssiges Fett, das an deinem Körper runterhängt."

„Sie scheint eher Big Macs zu ‚umarmen' als sich selbst."

Könnten Sie sich vorstellen, einen Burger zu essen und dabei diese Kommentare zu lesen? Wenn er nicht so gut gewesen wäre und ich ihn nicht so gern gegessen hätte, hätte ich ihn ausspucken können!

Ich verstehe, dass Trolle in allen sozialen Medien lauern und auf eine Gelegenheit warten, ihr fieses Gesicht zu zeigen, jemanden anzugreifen und ihn niederzumachen. Ich hatte bereits Erfahrungen damit gemacht, aber bei dieser Gelegenheit trafen sie mich an einem Nerv. Es gab einen Kommentar, der immer wieder auftauchte und der nicht das übliche „Du bist widerlich, du bist fett, ekelhaft, ein Schwein"-Mantra war und der mich viel stärker traf. Er lautete: „Du förderst Übergewicht!"

Warum, verdammt nochmal, fördere ich Übergewicht? Ich werbe dafür, den eigenen Körper zu lieben und zu akzeptieren – das gilt für alle Menschen, kleine, große, dicke, kurze, breite, lange, weiche, kurvige und dünne – es ist egal, welche Körperform du hast, jeder hat ein Recht auf ein positives Körperbild.

Das schlimmste an dem Vorwurf, Übergewicht zu fördern, war, dass er nicht von Trollen kam. Die Leute, die ihn machten, schienen vielmehr durchschnittliche Menschen zu sein, die ihre Meinung mitteilten. Wenn der Kommentar: „Du förderst Übergewicht!" nur wenige Male aufgetaucht wäre, wäre ich wohl nicht sehr betroffen gewesen, aber er kam immer und immer wieder. Wenn ich ganz ehrlich sein soll, hätte auch ich vor einigen Jahren jemanden, der stark übergewichtig war, als ungesund eingestuft. Das hatte man mir schließlich gesagt, als ich aufwuchs, das war es, was ich in den Medien sah, auf Plakaten, und es war, was die Ärzte uns erzählten. Jetzt weiß ich, dass es NICHT stimmt. Ich weiß jetzt, dass man die Gesundheit irgendeiner Person eben nicht unbedingt an ihrem Aussehen erkennen kann.

Nehmen Sie zum Beispiel meinen Bruder. Wenn sie Jason auf der Straße getroffen hätten, hätten die meisten Leute sein Aussehen als gesund beschrieben, athletisch und stark. In Wirklichkeit war er vom Gesund-sein weit entfernt. Sein junger Körper litt und täglich spritzte er sich Heroin. Hätte ich Jason aber neben einen Übergewichtigen gestellt und hundert Leute gefragt, wer von beiden gesünder sei, hätte Jason ohne jeden Zweifel mit Abstand die meisten Stimmen gewonnen.

Das liegt daran, dass wir als Gesellschaft urteilen, kategorisieren, stereotypisieren. Dickere Leute werden oft als faul, undiszipliniert und passiv abgestempelt, während dünneren Oberflächlichkeit, Selbstbewusstsein und Eitelkeit bescheinigt wird. Wir müssen mit diesen Schnellurteilen Schluss machen und aufhören, das Aussehen von Menschen zu kommentieren und zu bewerten.

Erst vor einigen Wochen sprach ich mit einer Frau, die mir sagte, dass sie schon immer dünn gewesen sei. Sie war schon als Kind dünn und war es jetzt als Erwachsene immer noch. Als Jugendliche wurde sie von ihren Freundinnen oft „Skinny Bitch" genannt und diese meinten auch noch, sie würden ihr damit ein Kompliment machen. „Es verletzte mich tief", sagte sie. „Seither hatte ich immer den Komplex, zu dünn zu sein. Nun stellen Sie sich vor, ich hätte die anderen ‚Fat Bitch' genannt, ich frage mich, wie sie das wohl gefunden hätten?"

Ich sah sie an, während sie mir mit traurigen Augen diese Geschichte erzählte und ihre Stimme ganz leicht zitterte, aber genug, um es zu bemerken. Ihr Körper wurde beurteilt und sie nahm diese Urteile mit in ihr Erwachsenendasein. Und wird dieses Gefühl, „nicht gut genug" zu sein, je aufhören, sie zu begleiten? Ich bezweifle es.

Als Gesellschaft sollten wir jede Art der Beschämung wegen des körperlichen Aussehens mit null Toleranz ächten und dabei bedenken, dass Gesundheit nicht nur körperlich zu bewerten ist, sondern auch emotional und geistig. Geistige Gesundheit bedeutet für mich, dass ich ein Gefühl für meine Ganzheit habe und eine Verbindung mit anderen. Emotionale Gesundheit heißt, die Kontrolle über meine Gedanken, mein Verhalten und meine Gefühle zu haben. Aber weil man geistige und emotionale Gesundheit schlecht von außen sehen kann, scheint sie gegenüber der körperlichen Gesundheit weniger wichtig genommen zu werden.

Als mein Körper sich während des Trainings für den Fitness-Wettbewerb veränderte, wurde ich von meiner ganzen Umgebung dafür gelobt, wie toll und inspirierend ich sei. Sie beurteilten mich aufgrund meines Aussehens, das war der Grund für das Lob. Seit wann ist Gewichtsverlust „inspirierend"? Ich verstand es nicht. Wenn meine emotionale und geistige Verfassung sichtbar gewesen wäre, hätten sie mir keine so hohe Bewertung hinsichtlich der „Inspiration" gegeben.

Während des Trainings für den Wettbewerb fühlte ich mich einsamer als je zuvor in meinem Leben, ich war selbstbesessen und sicherlich nicht verbunden mit der Welt. Ich denke sogar, dass man gerechterweise sagen kann, dass ich in diesen 15 Wochen in meiner eigenen Welt lebte. Um zu verdeutlichen, wie weit ich während des Trainings von „normalen" Denkmustern entfernt war, möchte ich eine Geschichte erzählen, auch wenn sie peinlich und beschämend für mich ist.

Es war der Donnerstagabend vor dem Wettbewerb, ich saß in meinem Auto und bog an einer Kreuzung nach rechts ab. Die Ampel wurde gelb, ich begann langsam vorwärts zu rollen und dann kam von der Seite völlig überraschend ein anderes Auto angerast und fuhr über Rot. Ich musste hart auf die Bremse treten und er schlug aggressiv einen Haken und verfehlte meinen Wagen nur um wenige Zentimeter. Bei seiner Geschwindigkeit und dem Winkel, in dem er meinen Wagen getroffen hätte, wenn ihm das Ausweichmanöver misslungen wäre, wäre ich zweifellos im Krankenhaus gelandet.

Der erste Gedanke, den ich hatte war: „Oh mein Gott, ich hätte nicht am Wettbewerb teilnehmen können."

Jetzt lassen Sie sich das mal auf der Zunge zergehen. Ich bin verheiratet und habe drei kleine Kinder, sollte man nicht annehmen, dass mein erster Gedanke um meiner Familie Willen meiner Sicherheit hätte gelten müssen? Nein. Mein erster Gedanke war, nicht an dem Fitness-Wettbewerb teilnehmen zu können. Ich war aus dem Gleichgewicht, körperlich mag ich gesund ausgesehen haben, aber ein Kratzen an der Oberfläche hätte eine Person mit beeinträchtigter geistiger und emotionaler Gesundheit offenbart.

Weil ich diesbezüglich viel mit Leuten rede, habe ich viele Geschichten von Frauen gehört, die ihre Gesundheit aufgrund ihrer äußeren Erscheinung ungerecht beurteilt sahen. Letztes Jahr sprach ich mit einer guten Freundin, die alleine zwei Söhne großzieht. Wir redeten über Gesundheit und sie sagte zu mir: „Taryn, ich kann mich im Moment auf nichts anderes als meine emotionale Gesundheit konzentrieren. Ja, ich habe Übergewicht. Ja, ich könnte fitter sein, aber im Moment schaffe ich es so gerade eben, mental in der Spur zu bleiben."

Und dann gibt es die Frauen, die als Kinder sexuell missbraucht wurden und Essen als Ventil benutzt haben, um emotional mit ihrem Leben fertig zu werden. Ich habe einige solcher Geschichten gehört und der Horror, den manche dieser Leute durchmachen mussten, nicht nur als Kinder, sondern auch später in ihrem Leben, war fast zuviel für mich. Können Sie sich vorstellen, Kindesmissbrauch zu überleben, und dann die nächsten zwanzig Jahre lächerlich gemacht und als fett, faul und übergewichtig gehänselt zu werden?

Diese Frauen mögen „übergewichtig" sein, aber welches Recht haben wir, sie und ihre Entscheidungen zu verurteilen? Die Frauen, mit denen ich Zeit verbracht habe, haben oft den Wunsch, körperlich gesünder zu sein, sie möchten weniger wiegen, aber sie sind aus Sicht ihrer emotionalen Gesundheit so sehr damit ausgelastet, durch den Tag zu kommen, dass sie die Idee, ins Fitness-Studio zu gehen und einen Salat zu essen, gar nicht auf dem Schirm haben.

Wegen dieser Frauen, möchte ich manchmal, wenn die Trolle zum Kommentieren aus dem Gebüsch kommen, einfach zurückschießen. Nicht meinetwegen, mich kann man ruhig beschimpfen, sondern weil diese Kommentare auch andere Frauen treffen. Wie oft habe ich von letzteren gehört: „Wow, wenn sie dich für fett und widerlich halten, was müssen die dann von mir denken?"

Wäre es nicht toll, wenn Fett wieder nur ein Substantiv wäre statt ein Adjektiv? Wir haben Fett, wir sind nicht fett. Aber Fett und fette Menschen werden wie furchterregende – fette – Schlagzeilen behandelt. FETTLEIBIGKEIT! EPIDEMIE! NEUE GESUNDHEITSWARNUNGEN! Fett ist böse. Wenn du fett bist, bist du faul und das Fett wird dich umbringen – nun, nicht unbedingt. Wären Sie überrascht, wenn ich Ihnen verriete, dass dicke Leute nicht am Dicksein sterben, sondern im Gegenteil leicht übergewichtige Menschen im Durchschnitt länger als „normalgewichtige" Leute leben? Ebenso ist es mit dem anderen Mythos – nimm ab und du lebst länger. Ach, wirklich? Ich hätte gern die Forschungsergebnisse gesehen, die das bestätigen. Sie werden keine finden, denn es gibt sie nicht. Das einzige, was die zunehmende Panik der Gesellschaft über die „Fettleibigkeitsepidemie" bewirkt hat, ist eine erhöhte Anzahl an Angststörungen und Depressionen, und unsere verzerrte Wahrnehmung von Körperdiversität.

Stellen Sie sich vor, Sie würden hundert sechs Monate alte Babys in eine Reihe legen, würden sie alle gleich aussehen? Nein! Manche wären klein, manche lang, einige breiter, andere kürzer, manche hätten Haare, andere wieder nicht, es gäbe keine zwei Babys, die gleich aussehen, denn wir sind alle einzigartige Mischungen. Uns Menschen gibt es in vielen verschiedenen Größen und Formen, warum sollen wir also als Erwachsene alle versuchen, dieselbe Körperform zu erlangen?

Ich bin persönlich davon überzeugt, dass dieser Konformismus von Profitgier angetrieben wird. Stellen Sie sich eine Welt vor, in der die Leute ihren Körper so umarmten und annähmen, wie er ist, das wäre meine Traumwelt! Stellen Sie sich eine Welt ohne Diät vor! Das Wort „Diät" heißt im Englischen „diet", ohne das „t" liest es sich wie „die", also „stirb". Das scheint mir so etwas wie ein Zeichen zu sein.

Ich habe jede Diät gemacht, die Sie sich vorstellen können, ich rede hier von der „Wenig-Kohlenhydrate-Diät" oder der „Viel-Proteine-Diät". Diäten, die Nahrungsmittel kombinieren, solche nur mit Obst, mit reduzierter Kalorienzufuhr; wenn eine Diät existiert, dann habe ich sie schon mal gemacht. Und wenn man den Erfolg einer Diät danach bemisst, dass man nicht mehr zunimmt, dann bin ich mit jeder Diät gescheitert. Das liegt daran, dass die kleinen Miststücke nicht funktionieren. Lassen Sie mich das wiederholen, DIÄTEN FUNKTIONIEREN NICHT! Eine aktuelle Studie hat ergeben, dass erschütternde 95 Prozent aller Diät-Absolventen das verlorene Gewicht wieder draufpackten, und noch beunruhigendere zwei Drittel waren anschließend schwerer als sie vor der Diät waren. Wir kennen mehr Arten von Diäten als je zuvor und haben dennoch einen höheren Anteil an Übergewichtigen. Der KAMPF gegen Fett hat das Fett nicht verschwinden lassen!

Es ist Zeit, die weiße Flagge zu hissen, denn wir haben den Krieg gegen das Übergewicht offiziell verloren. Wir müssen uns und unsere Gesundheit von einem anderen Blickwinkel betrachten. Was die Welt braucht, ist kein weiterer Abnehm-Shake oder „Diät-Experte", was die Welt braucht, ist eine Generalüberholung der Eigenliebe. Oh Mist, das wird nicht funktionieren (Achtung: Sarkasmus!), damit ist kein Geld zu verdienen! Die Macht zur Veränderung liegt in jeder Einzelnen von uns, es ist nur eine Schande, dass für so viele Frauen das Selbstwertgefühl von der Anzeige der Waage bestimmt wird.

Und wo ich gerade am Meckern bin: Kann ich Sie inständig bittend dazu bringen, Ihre Waage wegzuschmeißen, wenn Sie eine haben? Ihre Gesundheit kann nicht mit einer Zahl bestimmt werden. Und halten Sie es nicht für etwas seltsam, eine Zahl Ihre Laune für den Rest des Morgens oder Tages bestimmen zu lassen?

Als ich Waagen noch für meine besten Freunde hielt, wog ich mich jeden Morgen, nackt, nach dem Pinkeln, und vor dem Frühstück. Mich zu wiegen gehörte zur Morgenroutine, wie das Duschen und das Zähneputzen, ich vergaß es nie. Von dem Moment, in dem ich auf die Waage trat, beurteilte ich mich, war ich dick oder dünn, gut oder schlecht, hatte ich Erfolg gehabt oder war ich gescheitert. Wie verrückt ist das denn? Einigen Zahlen auf einem viereckigen Gegenstand die Macht zu geben, mein Selbstwertgefühl und meine Stimmung für den Tag so zu beeinflussen?

Meine Waage wegzuwerfen war so befreiend. Ich habe über die Jahre sehr viel Zeit bei Weight Watchers verbracht und mich täglich gewogen. Ich war verblüfft, welches Gefühl der Freiheit es mir geben konnte, einen einzigen kleinen Gegenstand wegzuschmeißen. Wenn ich Frauen ermutige, ihre Waagen abzuschaffen, werde ich angeschaut, als spräche ich eine Fremdsprache: Wie kann ich etwas so Radikales unterstützen?!

Da ich nun festgestellt habe, dass Waagen schlecht sind und Diäten nicht funktionieren – wie werden wir die multimilliardenschweren Nahrungsmittel- und Diätkonzerne bekämpfen, die möchten, dass wir weiterhin glauben, was sie uns erzählen, und ihre Taschen mit unserem Geld vollstopfen? Es ist an der Zeit, uns selbst aufzuklären und gemeinsam zusammenzustehen, um „Es reicht!" zu sagen.

Es gibt eine Bewegung, die ich stark unterstütze, und von der ich hoffe, dass sie ein Gegengewicht zu den negativen Mainstream-Einstellungen zum Thema Größe und Gewicht bilden kann, sie heißt *Health At Every Size*. Dieses wissenschaftlich valide Programm basiert auf umfangreicher Forschung, die belegt, dass die Figur den Gesundheitsstatus nicht bestimmt. In ihrem gleichnamigen Buch bespricht Dr. Linda Bacon ausführlich die schädlichen Wirkungen von Diäten und Abnehmkuren. Sie bespricht auch die Politik hinter der Abnehm- und Diät-Industrie und sagt, dass wir die einschlägigen Forschungsergebnisse auch danach beurteilen müssten, wie sie finanziert wurden. Forschungen, die die Existenz einer „Fettleibigkeitsepidemie" belegen, wurden durch Pharmaunternehmen finanziert, die mit Abnehmpillen und anderen Behandlungen eine Menge Geld verdienen. In der Tat wurde entdeckt, dass die Studien, die Fettleibigkeit zur wichtigsten Ursache eines vorzeitigen Todes erklärten, in ihren Schlussfolgerungen irreführend waren.

Ich finde, dass die Aussage, Fettleibigkeit bringe uns um, als falsch betrachtet werden muss, wenn wir anerkennen, dass wir zwar als Gesellschaft insgesamt etwas dicker werden, unsere Lebenserwartung aber gleichzeitig gestiegen ist und chronische Krankheiten immer später im Leben auftreten als früher. Die ansteigende Gewichtszunahme hat also auf die Gesundheit insgesamt keine schädliche Wirkung gehabt.

Wie Dr. Bacon ausführt, hören wir, dass übergewichtig oder fettleibig zu sein unsere Gesundheit mit signifikanten Risiken bedroht. Wenn wir allerdings Studien betrachten, die Faktoren wie Fitness, körperliche Aktivität, Jo-Jo-Effekte und sozioökonomischen Status kontrollieren, so zeigen sie kein erhöhtes Krankheitsrisiko für übergewichtige oder fettleibige Menschen. Eine andere Lügengeschichte, die man uns als Gesellschaft auftischt, ist die, dass jeder, der entschlossen genug dazu ist, dauerhaft Gewicht verlieren kann. Tatsache ist, dass aus unterschiedlichen Gründen 95 Prozent aller Menschen, die Gewicht verlieren, einen Teil oder das ganze verlorene Gewicht wieder zurückgewinnen, was oft zu dem Jo-Jo-Effekt führt, der signifikant gesundheitsschädigend ist.

Die wichtigste Botschaft in Sachen Übergewicht und Fettleibigkeit ist, dass Gesundheitskennwerte durch Verhaltensänderungen unabhängig von unserer Figur verbessert werden können. Wie Emma Johnston, die klinische Psychologin des BIM sagt, wir müssen unseren Körper so lieben wie er jetzt ist, damit wir in der Lage sind, ihn durch Aktivitäten für Gesundheit und Wohlbefinden zu stärken. Unseren Körper zu hassen, motiviert uns nicht zu Verhaltensänderungen. Unseren Körper zu lieben und ihn für das zu schätzen, wozu er jetzt in der Lage ist, in Anerkennung dessen, was er schon alles leisten musste, motiviert uns zur Veränderung.

Fördere ich also Übergewicht durch das Body Image Movement? Natürlich nicht. Ich fördere Selbstachtung, echte Anerkennung unserer Körper und die Begrüßung und Umarmung von Körperdiversität.

KAPITEL 13

Im Zeitungsladen

NICHT LANGE NACH DEM FITNESS-WETTBEWERB stöberte ich im Zeitungsladen meines Wohnviertels im Zeitschriftenregal, als ich ein Gespräch zwischen drei Mädchen hinter der Ladentheke mit anhörte. Ich suchte nach einer Zeitschrift über Schönheitsoperationen, um darin zu recherchieren, und ironischerweise unterhielten die drei sich über ihre bevorstehenden OPs. Ich fand das Magazin, nach dem ich gesucht hatte, und musste so tun, als würde ich weiter stöbern, denn das Gespräch wurde immer interessanter. Das war bestimmt das einzige Mal, dass ich für nachlässigen Service in einem Geschäft dankbar war!

Zwei der jungen Mädchen sprachen über die Operationen, die sie in einigen Monaten in Thailand geplant hatten, und die dritte erwog, sich präventiv mit Botox behandeln zu lassen.

Ich hatte schon zehn Minuten vor dem Zeitschriftenregal gelauert, es wurde langsam peinlich, und ich spürte den Drang, mich zu offenbaren und mit den Mädchen zu reden. Also ging ich zur Theke und sagte: „Hi Mädels, sorry, aber ich habe euer Gespräch gehört und ich bin ganz neugierig, warum drei junge Mädchen sich operieren lassen wollen?"

Zum Glück waren es drei nette und zum Kichern neigende Mädchen und nicht solche von der Kümmer-du-dich-um-deinen-Kram-Sorte! Die, die über Botox nachdachte, war 17, die anderen waren 19 und 21 Jahre alt. Sie reagierten extrem offen auf meine Fragen und ich fand bald heraus, dass die beiden älteren in Thailand Brustvergrößerungen machen lassen wollten, weil es billig war und, schlicht gesagt, „weil sie es konnten". Ihre Einstellung zu den Operationen waren so nonchalant, weil so viele ihrer Freundinnen sie schon hatten machen lassen und schließlich war es ja wirklich keine große Sache. „Aber was stimmt denn mit deinem Körper im Moment nicht, so wie er ist?", fragte ich eines der Mädchen.

Sie antwortete: „Ich bin flachbrüstig und die Jungs mögen keine Mädchen ohne Brüste." Am liebsten hätte ich sie an Ort und Stelle gerettet und ihr einen großen Vortrag über Selbstwertgefühl, die Risiken von Operationen und die Tatsache gehalten, dass ein Junge, der sie nach ihrer Brustgröße beurteilte, ihrer nicht würdig wäre. Aber das war nicht der richtige Zeitpunkt für einen meiner Ausbrüche, schließlich waren wir an ihrem Arbeitsplatz.

Ich fragte die 17-Jährige nach ihren Plänen, sich präventiv Botox spritzen zu lassen, und sie antwortete: „Alle Mütter lassen sich mit Botox behandeln und ich habe gelesen, dass man keine Falten bekommt, wenn man es früh machen lässt."

„Was ist so schlimm an Falten?", fragte ich.

„Man sieht alt aus damit!"

„Und was ist daran so schlimm?"

Es erinnerte mich an die zahllosen Male, als ich als Fotografin gebeten worden war: „Können Sie bitte meine Falten mit Photoshop wegmachen?" Ich kann ehrlich sagen, dass ich bei fast allen Fotoaufnahmen, die ich von Frauen machte, gebeten wurde, ihre Fotos in irgendeiner Art zu „verbessern". Manchmal wurde die Bitte nur zum Spaß geäußert, aber das Thema Bildbearbeitung wurde fast immer gestreift. Erst nachdem ich mein Fotostudio geschlossen hatte, konnte ich darüber nachdenken, wie die Aufträge für Familienbilder immer abgelaufen waren und welche Sprache die Mütter so oft verwendet hatten. Es war traurig, eine Mutter nach der anderen sagen zu hören: „Ach, ich will nicht mit aufs Bild", oder „Machen wir einige Bilder nur von mir und den Rest von den Kindern", und dann der Klassiker: „Ich werde nicht gerne fotografiert." Wieso, wieso, wieso, du schönes Geschöpf, Spenderin des Lebens, erhabene Göttin, möchtest du keine Fotos von dir machen lassen?

Ist es verwunderlich, fragte ich mich, dass die Mädchen vom Zeitungsladen sich verändern lassen wollten, wenn so viele weibliche Rollenvorbilder um sie herum, ihre eigenen Mütter womöglich eingeschlossen, hassten, wie sie aussahen?

Ich danke Gott, dass ich in einer nachsichtigeren Zeit aufwuchs. Meine Kindheit war unberührt von unrealistischen Körperidealen. Alles, was ich tun wollte, war, mit meinen Freunden Rollerskates und mit dem Rad zu den Geschäften zu fahren. Aber für Mädchen heutzutage ist der Druck enorm, sich einem Schönheitsideal anzupassen, das sie zu kosmetischen Operationen, in Essstörungen, Dysmorphophobie und Depressionen treibt. Wenn ein Mädchen aussehen will wie ein Model in einer Zeitschrift, aber das Foto noch nicht einmal eine ehrliche Darstellung des Models ist, dann haben wir ein großes Problem.

Letze Woche wurde ich ohne meine Einwilligung mit dem Photoshop-Pinsel bearbeitet. Ich wurde für eine Zeitung fotografiert und hatte gleichzeitig eine gigantische Fieberblase. Ich posierte, lächelte, und verschwendete nicht einen Gedanken an meine Herpes-Lippe. Am nächsten Tag schlug ich die Zeitung auf, und da war ich: ganz in Farbe, die halbe Seite füllend – und makellos. Ohne die Herpes-Blase, meine ich. Ich musste über die Ironie lachen, dass ausgerechnet mein Bild digital verschönert wurde.

Die amerikanische Komikerin Tina Fey schrieb einmal: „Photoshop an sich ist nichts Böses. So wie italienisches Salatdressing an sich nichts Böses ist, bis man eine verzweifelte junge Schauspielerin von oben bis unten damit einreibt und sie aufs Cover der *Maxim* steckt, wo sie so tun muss, als würde sie sich den Slip runterziehen. Gebt es auf. Retuschen wird es immer geben. Technologie entwickelt sich nicht rückwärts. Keine Gesellschaft hat je die Industrialisierung rückgängig gemacht."

Ich stimme zu, dass Photoshop nichts Böses ist, wenn man es verantwortungsbewusst einsetzt, aber wenn man es benutzt, um Thigh Gaps zu schaffen oder die natürliche Hüftbreite einer Frau scheibchenweise zu verkleinern, dann habe ich ein Problem damit.

In dem Zeitungsladen fiel mir an dem Tag noch etwas auf. Während ich dem Gespräch der Mädchen lauschte und dabei meine Zeit damit verbrachte, nach Zeitschriften zu suchen, bemerkte ich einen beunruhigenden Unterschied zwischen den Titelseiten der Jungen- und der Mädchenmagazine. Die Schrift auf den Titelseiten der Jungen-Blätter sagte Dinge wie „Tolle Abenteuer warten", „Wage den Sprung" und „Action plus".

Und die Mädchentitel lauteten: „Hol dir die heiße Trendfrisur", „Makellos aussehen", „Aufgehübscht in einer Minute".

Merken sie etwas? Jungs werden ermutigt, rauszugehen und zu leben und etwas Abenteuerliches zu unternehmen, während Mädchen angehalten werden, sich auf ihr Aussehen zu konzentrieren. Für viele junge Mädchen ist die Messgröße für Erfolg, dass sie schnell gut aussehen, und wenn die Mädchen dieses Konzept als wahr verinnerlichen und sich zu eigen machen, sind sie ihr Leben lang von ihrem Aussehen besessen und verwenden horrende Geldsummen auf ihre äußere Schönheit.

Als ich heranwuchs, gab es keine sozialen Medien, keine Selfies, kein Photoshop. Ich spielte mitten auf der Straße Cricket, und wenn ein Auto kam, riefen wir alle „Autooo" und räumten die Torstangen unseres Wickets an den Rand, bis es weitergehen konnte. Ich sage nicht, wir hätten nicht auch den Druck gespürt, uns auf eine gewisse Art zu geben oder auszusehen, aber das Thema war nicht so beherrschend, wie es für die jungen Mädchen der heutigen Generation ist. Als Kind wartete ich nicht auf Likes für ein Foto, das ich auf Instagram hochgeladen hatte, ich war in der Schlucht und suchte nach Fröschen, und statt mit 14 Jahren in einen Schönheitssalon zu gehen, fuhr ich mit meinen Freunden auf dem Fahrrad los, um etwas zu erleben. Ich sage weder, dass ich die perfekte Kindheit hatte, noch dass ich das perfekte Kind war – das war ich bestimmt nicht, ich verbrachte viel Zeit damit, hinter der Imbißbude zu rauchen und beim Schulfest Alkohol zu ergattern, aber ich war nicht darauf fixiert, wie ich aussah oder wie andere mich sahen, oder darauf, ob ich begehrt wurde oder nicht. Ich bin traurig, wenn ich an die Mädchen denke, die zurzeit groß werden, angesichts des Zustandes der Welt; sie können nicht das gleiche Gefühl von Freiheit und Sorglosigkeit haben, wie wir es als Jugendliche hatten.

Seit jenem Tag im Zeitungsladen habe ich viel Zeit mit jungen Mädchen verbracht und über ihre Welt mit ihnen diskutiert, und ich bin nicht nur traurig über die Geschichten, die ich gehört habe, ich bin STINKWÜTEND über den Druck, sich anzupassen und „normal" zu sein, unter dem diese Mädchen stehen. Ich möchte Ihnen einige Geschichten über die Vagina erzählen. Die Vagina hat drei Hauptfunktionen: eine ist Geschlechtsverkehr, eine andere ist der Austritt von Menstruationsblut und schließlich ist da die Funktion als Geburtsweg. Meine Vagina hat mir gute Dienste erwiesen, sie war der Schauplatz einiger guter Zeiten in den letzten 20 Jahren und hat meine drei Kinder zur Welt gebracht. Ich bin stolz auf meine Vagina, wie ein Läufer auf seine Beine, wenn er ein Rennen läuft, oder wie ein Herztransplantationspatient stolz ist auf sein neu eingepflanztes, schlagendes Herz.

Das Problem für junge Mädchen heute ist, dass sie nicht stolz auf ihre Vaginas sind, sondern im Gegenteil alles tun, um sie zu ändern und sie besser oder noch prickelnder aussehen zu lassen. Ja, ich meine „Vajazzling"; runter mit den Strass-Steinen – ihr seid prickelnd genug!

Schamhaare sind ein Traum für Marketingleute. Ich weiß von einer Mutter, deren Teenagertochter darauf bestand, dass die Mutter ein „Brazilian Waxing" zur kompletten Schamhaarentfernung über sich ergehen ließ, um besser zu den Müttern anderer Mädchen „zu passen". Die Umdeutung eines ganz natürlichen Teils des Körpers zu etwas Schmutzigem und Ungewolltem treibt Mädchen dazu, ihren natürlichen Körper abzulehnen.

Ich frage mich auch, welche Rolle die so leichte Zugänglichkeit von Pornografie für Kinder heute spielt. Pornografie ist in unserer Zeit so gynäkologisch, dass nichts mehr der Vorstellungskraft überlassen wird. Dies führt auch zu einem Mangel an Diversität der Vaginas, die in pornographischem Material auftauchen, ganz zu schweigen von den Erwartungen, die Jungen wie Mädchen an Sex entwickeln.

Aber warum hier aufhören? Es reicht nicht, Mädchen zu sagen, dass ihr Schamhaar eklig ist, jetzt wird ihnen auch noch erzählt, dass Schwitzen peinlich ist. Im australischen Fernsehen ist ein Werbespot zu sehen, der jedes Mal mein Blut zum Kochen bringt. Es ist eine Werbung für eine Sport-Slipeinlage und sie zeigt drei Frauen beim Training, eine boxt, die zweite ist in einem Aerobic-Kurs und die letzte rennt einen Strand entlang. Alle drei verausgaben sich total bei ihrem Training, schauen entschlossen und sind voll bei der Sache, BIS sie runterschauen und entdecken, dass sie einen Schweißfleck zwischen den Beinen haben. Jedes Mädchen reagiert verstört vor Scham, die zwei im Studio rennen raus und die Frau am Strand flüchtet direkt ins Wasser. „OH, MEINE GÜTE, WIE ENTSETZLICH ZU SCHWITZEN … DA UNTEN!" Ernsthaft, was für ein absoluter „Lass-mich-dich-so-verunsichern-dass-du-mein-Produkt-kaufst"-Mist! Wenn wir trainieren, schwitzen wir, unser Körper ist so gemacht. Es ist egal, ob man im Gesicht, unter den Armen, auf den Beinen oder im Schambereich schwitzt.

Solange ich zurückdenken kann, war „Vagina" ein schmutziges Wort. Bei meinen Vorträgen versuche ich immer, meine Präsentation so zu drehen, dass ich einige Worte über die Vagina hineinschmuggeln kann! Ich will die Mythen darum vertreiben und so, wie wir unser Herz dafür feiern, dass es Blut pumpt, und unsere Lunge dafür, dass sie Luft atmet, möchte ich gern, dass Mädchen und Frauen ihre Vagina feiern – für ihre Verdienste bei der Fortpflanzung und für das Vergnügen. Ich füge auch gern wie zufällig hinzu (wenn das Publikum das richtige dafür ist!), dass keine Frau und kein Mädchen eine Sport-Slipeinlage tragen sollte, nicht bevor es auch EIEREINLAGEN auf dem Markt gibt.

Aber das wird wohl nie passieren, stimmt's? Denn es gibt unterschiedliche Regeln für Jungs und für Mädchen. Ich erkenne an, dass auch Jungs unter Druck stehen, wie dem, dass sie stark und hart sein sollen. Der Missbrauch von Steroiden bei jungen Männern ist eine wachsende Quelle der Besorgnis, aber ich mache mir die meisten Sorgen um unsere Mädchen. Die Sichtweise auf Frauen und junge Mädchen als reine Sexualobjekte gibt einer Kultur von Vergewaltigung und Missbrauch Auftrieb.

Wenn Sie selbst sehen wollen, was los ist, gehen Sie einfach online und schauen Sie sich die Gewalt gegen Frauen in verbreiteten Videospielen an. Mir dreht es den Magen um. 2008 wurde eine Version des sehr populären Videospiels *Grand Theft Auto* veröffentlicht, in welcher Spieler zusätzliche Punkte gewinnen konnten, indem sie Prostituierte sexuell angriffen. Diese Version des Spiels wurde in Australien wieder vom Markt genommen und später durch eine zensierte Version ersetzt, aber die dahinterstehende Haltung ist besorgniserregend verbreitet.

Es gibt zahlreiche augenfällige Beispiele der Sexualisierung von jungen Mädchen und der Vergegenständlichung von Frauen in den Medien, man muss nur durch Zeitschriften blättern oder Plakate anschauen, um sie zu finden. Ich habe zusammen mit meiner Kollegin, der klinischen Psychologin Emma Johnston, ein Seminar mit dem Titel „Developing Daughters, Supporting Sons" („Töchter entwickeln, Söhne unterstützen") entwickelt, dass ich vor Gruppen von Eltern abhalte, um sie zur Förderung eines positiven Körperbildes bei ihren Kindern zu ermutigen. Wir hören oft, wie die Leute vor Schreck nach Luft schnappen, wenn wir ihnen die Bilder zeigen, die wir jeden Tag in Zeitschriften finden. Zum Beispiel, wenn zwei Frauen ein Kleid, das wie Kokain aussieht, mit der Nase aufsaugen (Kleiderwerbung), oder eine Anzeige, in der es aussieht als werde eine Frau von einem Rudel von sechs Männern gemeinschaftlich vergewaltigt (wieder Kleiderwerbung), oder die verschiedenen Bilder, die ich habe, in denen junge Frauen provozierend an einem Lolli herumlutschen, um Werbung für alles Mögliche zu machen – von Handtaschen bis Parfüm.

Das Ding ist nun, wenn ich frage, ob diese Art Werbung akzeptabel sei, erhalte ich zur Antwort ein schallendes: „NEIN. Wir wollen es nicht. Wir mögen es nicht!" Warum also stößt unsere Ablehnung von Sexualisierung und Objektifizierung von Frauen in der Werbung auf taube Ohren? Warum tut nicht jemand etwas dagegen?

Wenn wir es den Werbetreibenden und Herstellern, die diesen Schwachsinn verkaufen, überlassen, ob sie das Richtige tun wollen, wird wohl nie etwas passieren. Frauen und junge Mädchen über ihre Erscheinung zu verunsichern, bedeutet

Geld in den Taschen der Firmen, die diese Werbung machen und schalten. Es liegt also an uns.

Sie kennen vielleicht die Redensart: „Sei selbst der Wandel, den du in der Welt geschehen sehen willst." Die Zeit, diesen Wandel beginnen zu lassen, ist jetzt. Wie machen wir das? Mit unserer Kaufkraft! Wenn wir alle beginnen, mit unserem Geld abzustimmen und Produkte von Firmen zu boykottieren, die sich unethisch verhalten, dann könnten wir als Gesellschaft zeigen, dass wir dies nicht mehr akzeptieren. Wir haben mehr Einfluss als wir selbst merken, wir müssen uns nur zusammentun und ihn gemeinsam ausüben, um einen Unterschied zu bewirken. Deshalb bin ich so begeistert über den Embrace-Dokumentarfilm, Menschen haben mir eine Stimme gegeben und nun möchte ich meine Macht für die Zukunft unserer Kinder einsetzen, statt mit der Absicht, Geld zu machen oder Verkäufe zu fördern.

Eine der ersten Prioritäten auf meiner To-Do-Liste, außer dem Angriff auf unmoralische Werbetreibende, ist die Körperdiversität in Werbekampagnen zum Thema zu machen, oder besser, den Mangel an Körperdiversität. Haben Sie kürzlich mal eine Modenschau gesehen? Nein, habe ich auch nicht – aber ich habe die Werbefotos gesehen. WAS PASSIERT MIT DEN MODELS? Sind die alle Schwestern? Warum sehen die alle gleich aus? Und warum sind so viele von denen so dürr?

Wenn Sie selbst von Natur aus sehr schlank sind, denken Sie bitte nicht, ich wollte dünne Menschen niedermachen, denn davon habe ich in meiner Zeit selbst genug gesehen, und es ist genauso beleidigend, wie auf dicke Menschen loszugehen. Mein Problem mit der Modeindustrie ist der Mangel an Vielfalt bezüglich der Figur der Models. Googlen Sie einfach „Catwalk-Models" und Sie werden sehen, was ich meine. Meistens sind sie groß und dünn, wie Sie bemerken werden. Aber hier kommt das Paradoxe: Modedesigner verkaufen Kleider an UNS und WIR haben alle möglichen Größen und Figuren. Warum also gibt es nur einen Körpertyp, der genutzt wird, um den größten Markt der breiten, kurzen, dünnen, üppigen und kurvigen Frauen zu repräsentieren, aus denen das einkaufende Publikum besteht?

Als ich kürzlich wieder ein Fernsehinterview hatte, ging ich in den Greenroom und lief dort niemand anderem als Mr. Alex Perry, einem von Australiens bekanntesten Modedesignern, über den Weg. Innerlich rief ich „Bingo", ich war sofort aufgeregt, mit ihm sprechen zu können (und, wie ich dachte, ihn mehr oder weniger in Stücke zu reißen).

Alex war kurz zuvor in die Kritik geraten, weil er es zugelassen hatte, dass ein schwer abgemagertes Mädchen in seinen Kleidern über den Laufsteg gegangen war. Die Geschichte war landesweit in den Schlagzeilen. Als ich Alex nach seiner Reaktion fragte, beeindruckte mich zuerst, wie ehrlich bedrückt er selbst darüber war. Ich hatte ihn immer ein bisschen für einen Depp gehalten, mit seiner ewig über der Stirn getragenen Sonnenbrille. Aber er war völlig liebenswürdig und nett. Verdammt! Wir hatten nur einige Minuten Zeit uns zu unterhalten, aber er sagte im Grunde, dass es ein Problem der ganzen Modeindustrie sei und dass deshalb jeder an der Lösung mitarbeiten müsse. „Man kann nicht nur sagen, dass die Designer diese Models nicht buchen sollen. Dann müssen wir auch sagen, dass Modelagenturen diese Models nicht buchen und Magazine sie nicht fotografieren sollen."

Ich verstand, worauf er hinauswollte, sie trugen im Grunde alle zu dem Problem bei und sie steckten gemeinsam drin. Ich dachte darüber nach, wie der Kreislauf wohl gebrochen werden könnte. Es würde einen Visionär brauchen, einen echten Anführer in der Industrie, der aufstehen und die Bewegung anführen und für den Wandel sorgen müsste. Ich denke, wenn es diese Person wirklich gäbe, hätten wir diesen Wandel bereits gesehen, schließlich ist das Problem nicht ganz neu, es geht schon seit Jahren so. Wie ich also schon mehrfach erwähnte, liegt es an uns, den Wandel herbeizuführen. Das erste, womit wir etwas Zeit zubringen müssten, ist, die Medien besser zu durchschauen und die Absichten der großen Marken zu verstehen.

Nehmen wir zum Beispiel die Marke Dove. Wenn ich einen Dollar für jedes Mal bekäme, wo jemand zu mir gesagt hat, dass ich mit Dove zusammenarbeiten sollte, würde ich dieses Buch auf einem Inselparadies schreiben! Ehrlich, jedes Mal, wenn ich diese Worte höre, wird mir klar, wieviel Arbeit ich noch vor mir habe, damit die Leute verstehen, dass nicht alles so ist wie es aussieht.

Meiner Meinung nach gibt es nichts Offensichtlicheres, als das, was Unilever, der Konzern, zu dem Dove gehört, zu erreichen versucht. Ihr Ziel ist es nicht, das Selbstbewusstsein von Frauen zu steigern oder Körper- und Altersdiversität zu unterstützen, sie wollen Geld verdienen. Punkt. Ich denke, die letzte Anlaufstelle, bei der junge Mädchen und Frauen um Rat bezüglich Selbstwertgefühl fragen sollten, ist bei einer Schönheits- und Kosmetikfirma.

Ich glaube, Dove ist ein schönheitsverhökernder Wolf im Schafspelz der vermeintlichen Förderung von Selbstwertgefühl. Ich glaube außerdem, dass die

Selbstachtungs-Programme von Dove ein verächtlicher Versuch sind, die eigenen Produkte so früh wie möglich im Leben junger Mädchen zu verankern. Genial aus Marketingsicht, aber sehr geschmacklos, wenn man so wie ich denkt, dass ihre Aktionen Teil einer Werbeverschwörung sind, die eine negative Wirkung auf die nächste Generation hat. Unsinn herrscht überall um uns herum und meine Absicht beim Schreiben und Reden darüber ist es, dass Sie einen anderen Blick auf die Dinge werfen. Wenn reife Frauen und Mütter einen Zugang zu einigen der Themen haben, die ich hier aufgeworfen habe, werden wir dieses Wissen an unsere jungen Mädchen weitergeben können, denn wie Gott weiß, brauchen unsere Mädchen starke Verbündete, um sie durch das Sperrfeuer von Material zu bringen, das ihnen sagt, dass sie nicht gut genug sind.

KAPITEL 14

Anti-Aging

LETZTES JAHR LUDEN MEINE ELTERN meine Schwester und mich mit unseren Familien auf einen gemeinsamen Urlaub nach Disneyland ein. Wir waren insgesamt zu elft und es war ohne Frage ein Urlaub, von dem man das ganze Leben zehrt. Wir nahmen alle wunderbare Erinnerungen daraus mit. Mum und Dad hatten uns schon als Kinder nach Disneyland mitgenommen und so war es sensationell, erneut mit ihnen dort zu sein und diesmal mit sieben Leuten mehr, den Schwiegersöhnen und den Enkelkindern.

Beim Umsteigen in Auckland hatten wir vor dem Weiterflug etwas Zeit und gingen in den Gastronomiebereich, um Sushi zu essen. Die Duty-Free-Shops waren nur ein kleines Stück weiter und so beschlossen Mat und ich, uns mit dem Kinderhüten abzulösen, und abwechselnd zehn Minuten shoppen zu gehen.

Wer keine eigenen Kinder hat und es nicht kennt: Das abwechselnde Kinderhüten, in Australien „tag teaming" genannt, dient dazu, dem jeweils anderen Elternteil eine kurze Zeitspanne lang das Gefühl der Freiheit zu geben. Für das Gelingen sind zwei Dinge ganz entscheidend: 1. Uhrenvergleich bevor es losgeht und 2. nie zu spät zurückzukommen und die vereinbarte Zeit stets einzuhalten. Was man in der Zeit macht, bleibt jedem selbst überlassen.

Ich war zuerst an der Reihe und so lief ich, mit der Geldbörse bewaffnet, schnell in den Duty-Free-Shop. Bedenkt man, dass ich kein Parfüm trage (keine Chemie!), nicht rauche und nur sehr selten Alkohol trinke oder Make-up trage, war die Warenauswahl ziemlich begrenzt, aber etwas fiel mir doch ins Auge – Brad Pitt! Ein großes Bild von ihm, das für Chanel warb. Das Foto war schwarz-weiß und sehr auffällig, Brad sah teuflisch gut darauf aus. Als ich meinen „Hallo-Brad-du-Hübscher"-Moment überwunden hatte, bemerkte ich einige Schritte weiter ein gleich großes Foto von Linda Evangelista, die ebenfalls für Chanel posierte. Aber etwas an Lindas Gesicht war sehr ungewöhnlich. „Hä? Das ist seltsam", dachte ich. Ich wusste, dass sie etwa gleich alt sind (und fand später heraus, dass der Unterschied nur ein Jahr beträgt), warum also sieht Linda 20 Jahre jünger aus als Brad?

Lindas Gesicht war völlig geglättet worden, alle ihre natürlichen Linien waren entfernt worden. Ich stand eine Weile dort und ging zwischen Brad und Linda hin und her. Bestimmt sah ich ziemlich seltsam aus, wie ich Fotos machte und mich umsah, ob ich beobachtet wurde – die Verkäufer müssen gedacht haben, ich spionierte den Laden für eine Konkurrenzanalyse aus!

Nach der anfänglichen Überraschung über meine Entdeckung begann ich sofort, die hochkochenden Wutgefühle in meinem Bauch zu verspüren. „Nein, Taryn, nicht jetzt, du bist im Urlaub." Ich schob meine Emotionen beiseite, verbrauchte meine letzten freien Minuten und lief zurück, um Mat abzulösen.

Dieses Vorkommnis ist mittlerweile fast 15 Monate her und die Bilder ärgern mich noch immer. Schon in harmloseren Fällen ist es schlimm genug, wenn man ein stark mit Photoshop nachbearbeitetes Bild sieht. Wenn man aber einen so starken Unterschied in der Behandlung zweier gleichaltriger menschlicher Wesen sieht, die auch noch beide für dieselbe Firma werben, dann ist das einfach verabscheuenswürdig.

Altern ist von Multi-Milliarden-Dollar-schweren Industrien zu einem Problem gemacht worden, das gelöst werden muss. Haben Sie sich einmal einige der Anzeigen angeschaut? Ich meine, im Ernst, darüber kann man doch nur lachen. Vokabeln wie FIGHT, BATTLE, BEAT und TARGET (bekämpfen, bekriegen, besiegen und anvisieren) – ähm, habe ich was verpasst, sind wir im Krieg, oder was?

Nehmen wir zum Beispiel den Slogan „Kampf den Falten" – warum sollten wir das tun? Etwas bekämpfen, das zur natürlichen Entwicklung des Körpers gehört, ist sinnlos. Eine „Krankheit" zu bekämpfen, kann ich verstehen, eine Ungerechtigkeit zu bekämpfen, bestimmt, aber gegen Falten zu kämpfen ist nicht richtig!

Frauen! Wir wurden einer Gehirnwäsche unterzogen, damit wir denken, der natürliche Prozess des Alterns sei ein persönliches Versagen, dessen man sich schämen müsse – aber selbstverständlich ist es das nicht. Ich denke, es ist an der Zeit, die Antifaltencreme wegzustellen, den Kampf einzustellen und anzufangen zu lieben, was wir im Spiegel sehen, inklusive unserer Falten. Ich kenne ein Sprichwort, das sagt: „Die Falten in meinem Gesicht sollen mich erinnern, dass das Leben kurz ist und die Liste der Erfahrungen, die ich noch machen will, lang." Wenn ich

Falten entdecke, denke ich: „Mach langsam, Leben, ich muss noch so viel tun und erreichen" und nicht „Ich sehe alt und verwittert aus, ich sollte hunderte Dollar ausgeben, um das Unvermeidbare aufzuhalten".

Viele Anti-Aging-Anzeigen verbreiten die Botschaft: „Wenn du jüngere Haut hast, kannst du alles haben." Heißt das, ältere Frauen oder Frauen mit Falten können das nicht? Was ist so verkehrt am Altern, oder vielmehr, wo gehen all die natürlich alternden Frauen über 50 hin? Wenn man den Medien glauben könnte, scheinen sie zu verschwinden!

Das nächste Mal, wenn Sie in ein Einkaufszentrum gehen, achten Sie einmal auf die Plakate und Illustrationen – sehen Sie da viele Frauen über 50? Was ist mit Magazinen und Programmzeitschriften? Nein, da auch nicht ... Wo sind sie?

Ich kann Ihnen sagen, wo sie nicht sind oder zumindest kaum: in Hollywood-Filmen, soviel ist sicher. In den letzten Jahren habe ich einige wirklich bizarre Besetzungen von Frauenrollen gesehen, die die Mütter der Figuren von ungefähr gleich alten Schauspielern spielten. Der Trend ist seltsam und auch etwas verstörend.

Nehmen wir den Film *Alexander*. Angelina Jolie spielte darin die Rolle der Königin Olympia, Mutter Alexanders des Großen, und Colin Farrell spielte Alexander. Seinerzeit war Angelina 28 und Colin war 27 Jahre alt. Huch? Finden Sie das nicht sehr merkwürdig – warum wurde keine Schauspielerin eines passenderen Alters besetzt? Es wäre doch sicher sinnvoller, wenn Jodie Foster oder Michelle Pfeiffer oder ... hm, es fällt mir schwer, mich an mehr als eine Handvoll Schauspielerinnen um die 40 oder 50 zu erinnern, seltsam.

Wo gehen die alle hin? Was stimmt nicht mit Frauen über 40 oder über 50 Jahren? Warum werden sie unsichtbar? Warum sind ältere Frauen nicht qualifiziert, die Rolle einer älteren Frau zu spielen? Warum ist es nötig, eine jüngere Version von ihnen einzusetzen? Ich begreife es nicht.

Und wo ich gerade dabei bin ... (Vorsicht, ich werde grantig!) Warum werden alternde Männer als distinguiert, männlich und mächtig angesehen, während alternde Frauen als müde und alt gelten? Warum sind die wenigen älteren Frauen, die auf Leinwand und Mattscheibe auftauchen, so oft mit Botox-Spritzen behandelt worden, dass sich ihre Gesichter kaum bewegen? AHHH, es ist komplett bekloppt – bitte sagen Sie mir, dass Sie das genauso sehen wie ich. Und wenn Sie es bis jetzt nicht so gesehen haben, kommen Sie auf meine Seite, hier ist noch jede Menge Platz.

Wenn Sie erst 20 oder 30 Jahre alt sind und meinen, dass das Thema Sie nicht betrifft: Im Handumdrehen werden Sie auch 50 sein und wenn wir dieses Problem nicht heute schon angehen, werden auch Sie vom Dilemma der „Unsichtbarkeit" betroffen sein. Und dann werden Sie sich selbst in der Gesellschaft für zu unbedeutend halten und Ihre Stimme wird ohnehin nicht mehr gehört werden. Können Sie sich vorstellen, wie es sich anfühlt, so übersehen und missachtet zu werden?

In einer Kultur, die eine unaufhörliche Suche nach ewiger Jugend und körperlicher Schönheit propagiert, wird es Opfer geben. Wir sehen die Ergebnisse bei Frauen in Hollywood, die dem Druck, jung auszusehen, nachgegeben haben und nun mit ausdruckslosen Gesichtern mit eingefrorenem Lächeln herumlaufen. Jetzt sickern diese Resultate zu Ihnen und mir durch, und zu unseren Töchtern. Als ich aufwuchs und ein Teenager war (und es kaum erwarten konnte, über 20 zu werden), war der Gedanke, sich operieren oder sich etwas ins Gesicht spritzen zu lassen, unerhört, und heute ist es so gewöhnlich, wie zum Zahnarzt zu gehen. Selbst die guten alten Tupperware-Partys scheinen durch Botox- und Schönheits-OP-Partys ersetzt worden zu sein!

Wir müssen jetzt Stellung beziehen und sagen: „Nein, danke, ich nehme euch euren Unsinn nicht ab, am Älterwerden ist nichts falsch. Ich muss nicht jünger aussehen, ich bin so wie ich bin und ich bin genau so, wie ich bestimmt war." Wir müssen die Stimme der Vernunft in dieser verrückten Welt sein, die so wenig Wert auf Echtheit zu legen scheint. So sicher wie heute Abend die Sonne untergehen wird, wird niemand, der von Ihren Unsicherheiten profitiert, Sie irgendwann dazu bewegen, Ihre Falten anzunehmen!

Wo wir von Falten „umarmen und annehmen" sprechen …

Letztes Jahr erschien die Amerikanerin Christie Brinkley auf dem Cover der Zeitschrift *People* unter der Schlagzeile „Christie mit 60!" und der großen Frage „Wie alt ist sie?". Christie posierte in einem blauen Badeanzug, Haut und Körper makellos. Sie sah aus wie mein Jahrgang, obwohl sie über 20 Jahre älter ist. Christies Antwort darauf, warum sie mit 60 so gut aussieht, war, na was wohl … „Lächeln und frische Luft!"

Ich habe diese Sorte Artikel schon oft gesehen, in denen Berühmtheiten ihre alterslose Schönheit auf Wassertrinken oder Tennisspielen zurückführen und dabei unterschlagen, dass sie sich Botox-Behandlungen und Schönheits-OPs unterzogen haben und ihr Foto bis zur Unkenntlichkeit nachbearbeitet wurde. Das ist nicht nur ein schlechter Scherz, es ist leichtsinnig und höchst unverantwortlich.

Jetzt verstehen Sie mich nicht falsch, ich möchte Leute, die sich operieren lassen oder anderen altersabwehrenden Lösungen unterziehen, nicht verurteilen. Mir geht es um die Lügen, die uns erzählt werden und den Schwachsinn, den man uns vorsetzt. Wenn der Artikel über Christie Brinkley wirklich eine Hommage an ihr Alter war, ist es dann nicht ein enormer Widerspruch, die Falten und Linien von ihrem Gesicht und Körper mit Photoshop verschwinden zu lassen? Mir scheint es so, als feiere der Artikel erzwungene Jugend unter dem Vorwand, das Altern zu feiern.

Ich will eine 60-Jährige auf einem Magazincover sehen, die auch wie 60 aussieht und ihre Falten und ihr Alter „umarmt". Ich will keine künstlich hergestellte „jugendliche" Version von ihr, ich will die Echte. Und ich bin nicht allein damit. Ich habe zu diesem speziellen Thema mit tausenden von Frauen gesprochen und der Wunsch ist stark: Zeigt uns ECHTE Bilder. (Damit meine ich, gebt uns echte *Bilder,* nicht „echte Frauen" – alle Frauen sind schließlich echt.) Ich ärgere mich, wenn ich Slogans sehe wie: „Echte Frauen haben Kurven", denn sie sind falsch! Auch magere Frauen sind echt! Wir sind alle echt!

Warum sollten wir das Altern nur dann feiern, wenn jemand mindestens 20 Jahre jünger aussieht als er „sollte". Es gibt eine große Bandbreite, wie man mit 60 aussehen kann, aber wenn immer wieder Operationen und Photoshop-Retuschen genutzt werden, um einen universellen Maßstab zu erhalten, tut das Frauen keinen Gefallen. Es verdammt sie dazu, ständig dabei zu scheitern, einem unerreichbaren Schönheitsideal hinterherzurennen. Wie es die Redensart sagt: „Selbst das Mädchen in der Zeitschrift sieht nicht aus wie das Mädchen in der Zeitschrift."

Es gibt eine Reihe von Kulturen auf der Welt, die es richtig machen und das Altern „umarmen". Die Älteren werden in ihrer Gemeinschaft geehrt, gefeiert und respektiert. In Südkorea beispielsweise ist es üblich, den 60. oder 70. Geburtstag mit einem besonders großen Fest zu feiern. Das „Hwangap", der 60. Geburtstag, ist das Ende eines langen Zyklus' im Leben einer Person und der Beginn eines neuen. Man merke auf, der Beginn eines neuen Zyklus', nicht das Stadium, in dem man ignoriert und aus der Gesellschaft verdrängt wird. Vielleicht sollte ich nach Südkorea ziehen!

Da wir gerade von Geburtstagen sprechen, ich feiere sie gern (außer letztes Jahr, wie Sie wissen, als ich Geschirrhandtücher kaufen ging). Ich denke, dass jedes Jahr, das wir auf der Erde verbringen und lebendig sind, mit einer kleinen Feier gewürdigt werden sollte, die unserer Dankbarkeit für das Leben Ausdruck verleihen sollte. Wie oft haben Sie schon jemanden die Augen rollen sehen und ganz leicht den Ton verändern hören, wenn er oder sie ihr Alter verrieten. Statt muntere „siebenundvierzig" hört man meist verlegene, peinlich berührte und leise gemurmelte „siebenundvierzig".

Eine Frau, die ihr Alter „umarmt" und annimmt, ist Bridget Sojourner. Wir wissen ja alle, dass es, wenn wir wirklich viel zu tun haben, keinen besseren Platz zum Prokrastinieren gibt als Pinterest. Letztes Jahr stand ich unter dem Druck einer drohenden Deadline, als ich auf Pinterest herumhing und auf ein Foto von Bridget stieß. Das Foto ließ mich wie angewurzelt verharren. Sie trug ihr langes graues Haar mit einem hellorangen Haarband zu einem hohen Knoten gebunden, hellen Schmuck, blaulackierte Nägel und eine echte Killer-Sonnenbrille. Dazu gab es ein Zitat von Bridget, das sagte: „Als junges Mädchen war ich durch niemanden aufzuhalten. Ich war wie viele junge Mädchen. Jetzt bin ich ungewöhnlich, weil ich älter bin. Als die Leute anfingen, sich an meiner Kleidung zu stoßen, dachte ich, ich hab's durch Feminismus, Rassismus und alle Vorurteile hindurch geschafft … Ich bin eine Aktivistin und Diskriminierung des Alters ist die letzte Bastion."

Ich himmelte diese Frau augenblicklich an und jetzt habe ich ein Foto von ihr in meinem Büro hängen. Ich liebe es einfach, wie sie das System zermürbender Tradition und Konformität abwirft. Sie war nicht bereit, automatisch zu verkümmern, beigefarbene Kleider zu tragen und ihre Haare abzuschneiden, nur weil sie älter als 70 Jahre wurde. Sie läuft hoch erhobenen Hauptes über die Straße und bleibt ihrem authentisch schönen Selbst treu, was heutzutage selten ist.

Was können wir also tun, um mehr Frauen und junge Mädchen dazu zu bringen, Falten auf ihrem Gesicht zu mögen und zu akzeptieren? Hier für den Anfang einige Ideen:

Werfen Sie die Augencremes, Lotionen und Zaubertränke weg, mit denen Sie dem Alter Paroli zu bieten versuchen, und investieren Sie das Geld lieber in Ihre Gesundheit (Yogakurse, ein neues Kochbuch), oder noch besser, spenden Sie es für einen guten Zweck Ihrer Wahl. Ich verspreche, dort bekommen Sie einen besseren Gegenwert dafür.

Ändern Sie Ihre Sprache: Verbannen Sie den Satz „ich bin zu alt" daraus. Schauen Sie Ihre Falten anders an – jede davon erzählt eine Geschichte, feiern Sie sie!

Erkennen Sie Ihre maßgebliche Rolle bei der Lösung eines sehr großen Problems an: Seien Sie selbst der Wandel, den Sie in der Welt geschehen sehen wollen. Wissen Sie, dass Sie, dass nur eine Person, bereits einen großen Unterschied zu bewirken vermag. Wenn Sie weiter Anteile an der Welt des Anti-Aging kaufen, wird sich die Welt nicht verändern. Wenn wir uns alle davon verabschieden, dann wird sich etwas ändern! Werden Sie klug und hinterfragen Sie den Mist! Erkennen Sie, dass die Firmen, die Sie auffordern, das Altern zu „bekämpfen und ihm zu trotzen", einfach nur Ihr Geld wollen. Ihre Falten sind ihnen total egal, sie haben nicht einen Cent von Ihrem hart verdienten Geld verdient.

Verwenden Sie Bekenntnisse ... Sprechen Sie mir nach: „Ich wurde einer Gehirnwäsche unterzogen und soll glauben, dass Falten auf meinem Gesicht hässlich sind, obwohl sie mir in Wirklichkeit nur beweisen, dass ich lebe. Alt werden ist ein Privileg, das vielen verwehrt bleibt, ich will meine Falten und auch das Altern ‚umarmen' und annehmen, mit dem Respekt und der Dankbarkeit, die es verdient."

Und dieses: „Ich werde aufhören, mich zu beklagen und nicht weiter über die Falten in meinem Gesicht jammern! Ich werde nicht an die Falten in meinem Gesicht denken, wenn ich sterbe. Warum also sollte ich mich jetzt darum sorgen? Reiß dich zusammen, Trauerkloß, das Leben ist zum Leben und Lieben da, nicht zum Kämpfen und Zanken!"

Wenn Sie eine Verzierung wären, die nur zum Anschauen da ist, könnte ich es verstehen, wenn Sie Ihrem Alter trotzen und neu und glänzend aussehen wollten. Aber Sie sind kein Ornament! Dies ist das Leben und es muss gelebt werden. Seine Falten lieben zu lernen, ist ein guter Start.

KAPITEL 15

Embrace

VOR ETWA ZWEI JAHREN, als ich mein Fotostudio noch betrieb, aber schon dabei war, das Body Image Movement zu gründen und die endlosen Bedürfnisse von drei kleinen Kindern zu befriedigen, erwähnte ich eines Tages Mat gegenüber, dass ich gern einen Dokumentarfilm drehen würde. Er sah mich nur an und sagte: „Taryn, ich glaube, du hast im Moment genug zu tun." Und natürlich hatte er recht. Ich hatte nicht die Zeit, noch eine zusätzliche Aktivität zu beginnen, mein Leben war bereits mehr als hektisch. „Eines Tages mache ich das", antwortete ich und dann schob ich die Idee in meinem Kopf bis etwa Mitte letzten Jahres zur Seite.

2013 war ein sehr kraftraubendes Jahr für mich. Ich machte unter der Woche immer noch Familienfotos, an den Wochenenden Hochzeitsfotos und an den Abenden arbeitete ich am Body Image Movement. Ich flog zwischendurch zu TV-Interviews durchs Land, schrieb E-Books, führte die „Developing Daughters, Supporting Sons"-Seminare ein, versuchte gesund zu bleiben und meine familiären Pflichten zu erfüllen. Ich wusste, dass es das härteste Jahr werden würde, ich wusste, ich musste es irgendwie bis Dezember schaffen, die letzten Hochzeiten zu fotografieren und die Bilder zu editieren – dann meine Fotofirma schließen. Das fiel mir nicht leicht.

Ich hatte meine Firma „Sugar Plum Photography" etwa neun Monate nach Olivers Geburt gegründet. Mat hatte mir zu Weihnachten eine digitale Spiegelreflexkamera geschenkt und im Februar darauf hatte ich den Firmennamen registrieren lassen und vermarktete mich öffentlich als Fotografin! Es war Wahnsinn, ich konnte noch nicht einmal die Kamera richtig bedienen, aber ich hatte ein natürliches Auge dafür, was gut aussah und was nicht (Gott sei Dank, denn das war alles, was ich hatte!). Ich machte meine Fotos zunächst gratis oder gegen geringe Bezahlung, nur um eine Kundenkartei aufzubauen. Wenn ich an meine Fotos aus dem ersten Jahr zurückdenke, sind sie mir entsetzlich peinlich, aber jeder hat mal klein angefangen. In den nächsten sieben Jahren baute ich mein Geschäft auf und erreichte einen Standard, auf den ich wirklich stolz bin. In den letzten Jahren hatte ich einen Punkt erreicht, an dem ich keine Werbung mehr machen musste und die Arbeit von selbst zu mir kam. Ich verdiente gut und hatte genug Geld. Fotografieren war einfach für mich, ich konnte mir meine Arbeitszeiten aussuchen, ich hatte meist sehr nette Kunden (man kriegt meist dieselbe Sorte, wenn man sie durch Mundpropaganda gewinnt) und ich wusste, was ich tat. Das hinter mir zu lassen und ins Ungewisse aufzubrechen, war wirklich furchterregend.

Ich hatte vor, bis Ende 2013 mit dem Fotografieren aufzuhören, um mich ganz auf das Body Image Movement zu konzentrieren. So tauchte gegen Ende 2013 der Gedanke an den Dokumentarfilm ständig wieder auf. Ich spürte, dass der Zeitpunkt dafür näherkam.

Im November präsentierte ich die Seminarreihe „Developing Daughters, Supporting Sons" und brauchte jemanden, der den Abend filmte, damit ich Clips davon als Promotion-Video auf der Website des BIMs zeigen konnte. Ich schrieb einen Aufruf in die geschlossene Facebook-Gruppe meiner Fotografenfreunde: „Kennt einer von euch einen guten Videofilmer? Ich brauche dringend einen für morgen Abend", und jemand aus der Gruppe gab mir die Adresse von jemandem namens Hugh Fenton. Ich rief Hugh an und er war verfügbar. Am Telefon scherzte ich mit ihm: „Hey, wer weiß, wenn du einen guten Job mit diesem Video machst … Ich habe die Idee, einen Dokumentarfilm zu drehen, den würde ich dann gern mit dir machen!" Am nächsten Abend, ich war schon sehr nervös (es waren mehr als 200 Leute, vor denen ich sprechen sollte), traf ich Hugh und er war sehr nett. Er sprach leise, war sanft und ruhig – ganz anders als ich, vielleicht mochte ich ihn gerade deswegen. Er setzte meine Anweisung bezüglich des Filmens – „Sei wie ein Ninja, ich möchte nicht, dass mich die Kamera beim Reden aus der Fassung bringt" – sehr gut um. Eine Woche später schickte er mir einen Link zu dem Promotion-Video – er hatte einen tollen Job gemacht – und beim nächsten Mal, als wir uns trafen, erzählte ich ihm von meiner Idee.

Ich sagte ihm, dass der Film, den ich machen wollte, meine persönliche Entwicklung vom Hass auf meinen Körper zur Liebe zeigen sollte und wie diese mentale und emotionale Veränderung sich so wohltuend auf praktisch alle anderen Aspekte meines Lebens ausgewirkt hatte. Ich wollte außerdem meiner eigenen Geschichte die Erfahrungen und die Anregungen von anderen Frauen aus aller Welt hinzufügen. Während ich das erklärte, wusste ich einfach sofort, dass Hugh der richtige Mann für das Projekt war. Wir hatten dieselben Werte, er verstand, was ich erreichen wollte, und wir hatten denselben Wunsch, an einem Projekt zu arbeiten, das das Leben der Leute verändern konnte. Hughs Firma hieß „Enlightening Films" und hatte den Slogan „Engaging Films That Tell Your Story" („Fesselnde Filme, die Ihre Geschichte erzählen"). Das passte perfekt, aber ich fragte mich, wie gut ich in meiner intensiven und dogmatischen Art mit diesem sanften Geist zusammenarbeiten würde.

Es stellte sich heraus, dass sich unsere unterschiedlichen Charakter für die Anforderungen des Projektes perfekt ergänzten. Sogar als wir eine Woche in einem kleinen Raum mit dem Schnitt des Trailers verbrachten, fiel kein einziges böses Wort. In dem einzigen Moment, in dem es stressig zu werden begann, sah Hugh mich an und fragte: „Lust auf einen Burrito?" OB ICH LUST AUF EINEN BURRITO HABE? Der Mann spricht meine Sprache! Es war die perfekte Arbeitsbeziehung, wir verstanden uns, wir arbeiteten nahtlos zusammen, wir waren füreinander geschaffen.

Ich hatte aber immer noch keinen Titel für den Dokumentarfilm. Alles Wichtige schiebe ich immer bis zum letzten Moment auf und obwohl ich das Gefühl hasse, scheine ich unter Druck immer am besten zu arbeiten. Ich fragte wegen Titel-Ideen meine „Operation Global Change"-Gruppe.

Etwa sechs Wochen zuvor waren mir starke Zweifel gekommen, ob ich das Geld für den Dokumentarfilm wirklich würde auftreiben können. 200.000 Dollar ist eine bedeutende Summe und es würde auf jeden Fall nicht einfach sein. Ich war von der Aussicht, es allein versuchen zu müssen, etwas überwältigt, und kam auf den Gedanken, über die BIM-Facebook-Seite um Hilfe zu bitten. Mein Aufruf lautete:

„Kann mir irgendjemand helfen? Ich nähere mich dem schwierigen Teil eines Projektes (das ich bald veröffentlichen werde) und es stellt sich heraus, dass ich etwas Hilfe brauchen werde, um es umzusetzen. Haben Sie eine Stunde, die Sie dem Body Image Movement schenken können? Wenn Sie glauben, dass Sie mithelfen können, suchen Sie nach der neuen Gruppe, die ich gerade eingerichtet habe, sie heißt ‚Operation Global Change'. In dieser Gruppe finden Sie weitere Details. Ich brauche von Ihnen eine Stunde Einsatz und Power im Mai oder Juni dieses Jahres. Wenn Sie das Movement „liken", werden Sie dieses Projekt LIEBEN! Wenn Sie der neuen Gruppe beitreten, geben Sie bitte an, aus welchem Land Sie kommen, damit ich sicherstellen kann, dass jedes Land der Erde vertreten ist! Aufregende Zeiten liegen vor uns und wie immer könnte ich diese nicht ohne Sie bewältigen! x"

Innerhalb einiger Stunden waren über hundert Leute der privaten Gruppe beigetreten. Wow! Das bedeutete über hundert Stunden an Zeit, die mir zur Verfügung standen, das war eine unglaubliche Arbeitsleistung. Dann wurden es in einigen wenigen Tagen über eintausend und schließlich erreichten wir über zweitausend. Ich hatte meine eigene kleine Armee von Leuten, die mir helfen würden. Ich fühlte mich nicht mehr allein, ich hatte Unterstützung und es gab mir das Gefühl, unaufhaltsam zu sein.

An diese Gruppe wendete ich mich mit der Bitte um Hilfe für den Titel des Dokumentarfilms und ich erhielt einige großartige Vorschläge: Breaking Free, Body Love, Unapologetic, Roar, Revivify, Truth – und dann sah ich Embrace. Jemand hatte geschrieben: „Embrace. The Movement, Embrace Our Bodies." Es klang perfekt. Dank Heather hatten wir dem Dokumentarfilm einen Namen gegeben. Die meist fremden Leute aus der Gruppe waren passioniert, hingebungsvoll, loyal und arbeiteten hart. Die meisten investierten statt einer eher mehrere zehn Stunden ihrer Zeit. Sie erzählten ihren Freunden von Embrace, sie verbreiteten die Geschichte in sozialen Medien, sie riefen Journalisten an und sie sammelten Spenden durch die Veranstaltung von Curry-Abenden und Nachmittagstees. Sie gingen weit über das hinaus, was ich anfangs von ihnen erbeten hatte, und ich werde immer in der Schuld dieser Leute, meiner Freunde, stehen.

Ich hatte entschieden, den Dokumentarfilm über die Crowdfunding-Plattform Kickstarter zu finanzieren, und ich wollte den Trailer zur Einführung unserer Spendenkampagne nutzen. Die Plattform funktioniert so, dass sich jeder, der eine Idee hat, für die Finanzierung dieser Idee durch einzelne Unterstützer (auch „Backer" genannt) bewerben kann. Die Unterstützer erhalten als Gegenleistung für das Spenden ihres schwerverdienten Geldes eine kleine Belohnung. Ein Poster zum Beispiel oder Kühlschrankmagneten, Aufkleber und so weiter. Der einzige Haken bei Kickstarter ist, dass es nach dem Prinzip „alles oder nichts" funktioniert. Ich, beispielsweise, musste mein gesetztes Ziel von 200.000 Dollar in 55 Tagen erreichen. Erreichte das Projekt in dieser Zeit nur einen Spendenbetrag von z. B. 180.000 Dollar, so erhielt ich nichts davon. Um die Finanzierung zu erhalten, muss man das Ziel also vollständig erreichen. Dieser Aspekt von Kickstarter bescherte mir viele schlaflose Nächte – welches Ziel sollte ich mir setzen, was sollte meine magische Zahl sein?

Das Konzept von Crowdfunding-Plattformen ist einfach brillant. Denn sie geben jedem, der eine Idee hat, eine Stimme, ein Podium, um sein Konzept vorzustellen und es finanzieren zu können, ohne dazu „seine Seele dem Teufel verkaufen" zu müssen. Auf meinen Reisen für das BIM bin ich zu Treffen mit weltweit tätigen Konzernen geladen worden, die mir große vergoldete und diamantenbesetzte Mohrrüben vor die Nase gehalten haben und dachten, ich würde auf ihren Zug aufspringen. Ich wies sie jedes Mal zurück, weil unsere Wertvorstellungen sich nicht deckten. Kickstarter und andere, ähnliche Plattformen, geben uns, den kleinen Leuten, ein klein wenig Macht – und ich werde den Schöpfern dieses so innovativen Konzeptes auf immer zu Dank verpflichtet sein.

Ich verbrachte viele Monate mit endlosen Recherchen zu der Frage, welche Projekte bei Kickstarter erfolgreich waren und welche nicht – und aus welchen Gründen. Ich schaute mir an, welche Sprache sie benutzten, welche Belohnungen die Leute mochten, welche Ziele sich die Leute setzten und um welche Prozentsätze sie schließlich über oder unter dem Ziel landeten.

Am Ende, denke ich, hätte ich mich um einen Job bei Kickstarter bewerben können. Ich wusste alles! Über den für das ganze Projekt wichtigsten Aspekt hatte ich mir jedoch keine Sorgen gemacht, nämlich, dass der Antrag erst genehmigt werden musste, damit die Spendenkampagne beginnen konnte.

Es war der Montag vor dem Sonntag, welcher der Starttermin werden sollte. Ich hatte tagelang an meinen Unterlagen herumgezupft, hatte hier noch etwas verändert und da noch etwas, und schließlich entschied ich, dass es Zeit war, auf die Schaltfläche „An Kickstarter senden" zu klicken. Ich hatte irgendwo gelesen, dass es zwei bis drei Werktage dauerte, die Zulassung für ein Projekt zu bekommen, wenn es den Richtlinien entsprach (was meins natürlich tat – dachte ich). Am Mittwoch fing ich an, nervös zu werden, weil ich noch nichts gehört hatte. Am Donnerstag wachte ich in wilder Panik auf und ging auf die Kickstarter-Seite, um nach „Support"-Optionen zu schauen, und da sah ich sie: eine Nachricht war vor zwei Tagen in meinem Eingangskörbchen eingegangen. Ich hatte dieses kleine Eingangskörbchen noch nie bemerkt! Die Nachricht besagte vereinfacht, dass ich einige der Richtlinien nicht beachtet hatte und deshalb Änderungen nötig seien, bevor das Projekt an den Start gehen könnte. Änderungen? Es gibt keine Zeit mehr für Änderungen! ES IST KURZ VOR DEM START!!! Wegen des Zeitunterschiedes zwischen den USA und Australien war es zwar Morgen für mich, aber dort hatte man gerade den Vortag beendet und so musste ich bis zum Abend warten, um Kontakt aufzunehmen. Ich ging zurück ins Schlafzimmer, sah Mat an, und brach in Tränen aus. „Nicht durchgegangen?", fragte er und ich schüttelte den Kopf.

Ich erinnere mich gut an den Freitagabend. Wir waren bei Freunden zum Abendessen und ich hatte es wegen der Unsicherheit schwer, mich auf irgendetwas zu konzentrieren. Es war wie eine außerkörperliche Erfahrung, ich sah meinen Freunden und Kindern zu, wie sie lachten, tranken, aßen und Spaß hatten, während ich von Sorge zerfressen dasaß. Wir kamen gegen 22.00 Uhr abends nach Hause (ein unerhört später und wilder Abend für uns!), brachten die Kids ins Bett und Mat gab mir einen Gutenachtkuss. „Viel Glück", sagte er.

Ich war so erschlagen von der letzten Woche mit viel Arbeit und einer Menge Stress, dass ich mich auf die Couch legte und meinen Wecker auf 22.30 Uhr stellte. Eine Stunde Schlaf ist besser als gar keiner, dachte ich. Um 22.30 Uhr wachte ich vom nervigen Gepiepe meines Telefons auf. Es war Zeit, sich zu konzentrieren, Amerika war online und ich musste meine Fehler korrigieren und sicherstellen, dass meine Kampagne starten konnte.

Ich begann, an die E-Mail-Adresse des Kickstarter-Supports zu schreiben. Die ersten E-Mails waren sehr, sagen wir „normal", aber so gegen 01.00 Uhr morgens war die schiere Verzweiflung in meinen Mails nicht mehr zu überlesen. Als ich keine Antwort auf meine Nachrichten bekam, entschied ich, über Social Media Druck zu machen. Auf der Kickstarter-Website gibt es einen Bereich, in dem alle Leute, die mit Kickstarter gearbeitet haben, aufgelistet sind. In einem Versuch, ihre Aufmerksamkeit zu gewinnen, kopierte ich jede Person von dort und fügte sie auf Twitter ein, und tweetete ihnen diese Nachricht: „Verzweifelte Situationen rufen nach … @kickstarter ich muss DRINGEND in den nächsten drei bis vier Stunden mit jemandem sprechen." So saß ich da, morgens um 01.30 Uhr, und war mit dem Kopieren und Einfügen jedes einzelnen Namens beschäftigt, wobei ich mich mit jedem Mal etwas verzweifelter fühlte. Scheitern war keine Option. Aber schließlich, nachdem mehrere Leute mich (verständlicherweise) geblockt hatten, musste ich zugeben, dass ich diese Situation nicht kontrollieren konnte und es nichts mehr gab, was ich noch tun konnte.

Um 02.30 Uhr waren meine Augen mit Tränen gefüllt und ich starrte nur noch auf den Bildschirm. Um 02.36 Uhr machte es PING in meinem E-Mail-Eingang – eine Nachricht von Kickstarter. Mein Projekt war endlich zugelassen worden.

Ich wachte am nächsten Morgen extrem müde auf, weil ich nur zwei Stunden geschlafen hatte, aber ich war auf Wolke sieben und vor Freude fast überwältigt – der Start der Kampagne würde wie geplant über die Bühne gehen. Am Samstagabend, Schlag Mitternacht, setzte ich mich in meinem grünen Lieblingskleid an den Computer und drückte auf den Live-Knopf. Die Kampagne hatte begonnen und der Trailer, den ich mit Hugh gemacht hatte, konnte auf der Webseite angesehen werden. Ich schaute einige Minuten zu und der erste Unterstützer kam herein und bezahlte 200 Dollar! Woohoo, das sind 0,1 Prozent des Ziels, ein guter Start.

Am nächsten Tag war Muttertag, also genoss ich Eier Benedict im Bett und packte die ganzen schönen selbstgebastelten Geschenke meiner Kinder aus. Ich hatte früher nie verstanden, warum meine Mutter mir sagte: „Du musst mir nichts kaufen, bastle mir einfach eine Karte." Ich verstand es nicht – bis ich selbst Mutter wurde. Ich „brauche" nichts von meinen Kindern außer ihrer Liebe (und dass sie gelegentlich ihre verdammten Zimmer aufräumen!!) und einer krakeligen selbstgemalten Karte – kann man sich einen schöneren Ausdruck der Liebe vorstellen?

An diesem Tag musste ich nach Sydney reisen, um mich auf Medieninterviews vorzubereiten. Als ich durch den Flughafen in Adelaide lief, fühlte ich mich traurig, weil ich am Muttertag von meinen Kindern getrennt wurde. Zum Glück sorgte ein schräger Typ, von dem ich es nicht erwartet hätte, für meine Aufmunterung. Ich hatte George, den Security-Mann vom Flughafen Adelaide, über die Jahre bei meinen Reisen schon einige Male gesehen. Er war ein bärbeißig aussehender Mann mit kahlem Kopf, buschigen Augenbrauen und einem wilden Bart. Die Schlange an der Kontrolle war lang und als ich meinen Laptop aus der Tasche nahm, schaute George mich und mein „Embrace – der Dokumentarfilm"-T-Shirt an und brüllte mit seiner lauten Stimme: „EMBRACE, YES! Ich hab' den Trailer heute Morgen auf Kickstarter gesehen!" Ich war ganz aufgeregt, dass jemand bereits am ersten Tag der Kampagne den Filmtitel erkannte, und reagierte mit einem lauten nervösen Kichern. George schrie daraufhin jedem in der Schlange zu, ich sei „berühmt" und alle sollten sich umarmen – „Embrace!".

Was für ein toller Start meiner Reise. Ich brannte förmlich und als die Flugzeugcrew am Gate vorbeikam, war ich unverfroren genug, sie zu bitten, die T-Shirts aus meiner Tasche anzuziehen, und sie sagten „JA"! Auf 35.000 Fuß Reiseflughöhe verbreiteten die vier von der Kabinencrew also die Botschaft „Embrace" und als wir landeten, kannte schon die halbe Flugzeugladung den Dokumentarfilm! Wenn es mir gut geht, rede ich schon viel und gern – ich rede gern mit Leuten und teile mich mit, das ist meine größte Leidenschaft. Aber aufgrund meiner Flugangst kann mein Gequatsche und besonders meine Sprechgeschwindigkeit in solchen Fällen ziemlich überwältigend sein.

Als ich am folgenden Montagmorgen in Sydney aufwachte, bereit für einen Tag voller Interviews, fühlte ich mich unglaublich nervös wegen der bisher zusammengekommenen Summe – sie saß bei etwa 8.000 Dollar fest. Ich hatte gelesen, dass Projekte, die ihre Finanzierung erreichen, üblicherweise in den ersten 48 Stunden etwa 40 Prozent der Gesamtsumme zusammenbringen. Ich hatte bis 200.000 Dollar noch einen weiten Weg vor mir.

Das Interview im Frühstücksfernsehen war, gelinde gesagt, mittelprächtig. Ich machte meine Sache zwar gut und sprach sicher, aber die Moderatorin machte bei meiner Geschichte einige inhaltliche Fehler. Sie begann damit, dass sie meinen Namen falsch aussprach (es passiert so oft, dass es mittlerweile einfach ärgerlich ist), dann dachte sie, ich hätte vor der Geburt meiner Kinder Bodybuilding gemacht, und dass ich den Dokumentarfilm bereits abgeschlossen hätte – grrrrr, haben die denn nicht recherchiert vorher?

Ich bekam vier Minuten Interviewzeit, und das war's. Mein einziges richtiges TV-Interview und es lief nicht so gut. Ich war niedergeschlagen und verärgert. Aber keine Sorge, die exklusive Print-Mediengeschichte sollte gleich auch online gehen und die würde die Sache schon in Gang bringen. Als ich diese dann las, änderte sich meine Stimmung von niedergeschlagen und verärgert in zornig und wutschnaubend. Auch dieser Bericht war uns nicht gerecht geworden! Die Story, die sich eigentlich um Embrace hatte drehen sollen, war zu einer Geschichte über das Körperbild einer anderen Frau geworden – garniert lediglich mit einer Prise Embrace am Ende.

Ich saß da und schrie: „Zum Teufel, schmeißt mir mal einer einen verdammten Knochen zu?!" Ich versuchte zu überlegen, was hier eigentlich passiert war. War ich so sehr von meinem Ego eingenommen, war Embrace nicht so unterstützungswürdig wie ich dachte? Und dann erinnerte ich mich an den Studiogast, der im Fernsehen auf mich gefolgt war. Er war ein Comedian aus den Neunzigern, der über seine neue Comedy-Show redete. Er hatte doppelt so viel Sendezeit erhalten und die Interviewer wussten verdammt noch mal alles, was sie über ihn wissen mussten. Warum waren meine Geschichte und Embrace nicht bedeutsam?

Ich saß im Hotelzimmer und fragte mich, wie es weitergehen sollte. Die exklusive Berichterstattung am ersten Tag meiner Kampagne, für die ich so hart gearbeitet hatte, war in die Hose gegangen. Ich würde mein Ziel nie erreichen, wenn das alles war, was ich kriegen konnte. Was sollte ich tun? Also kontaktierte ich Medien im Ausland. Tatsächlich hatte die *Huffington Post,* eine der größten Online-Nachrichtenseiten der Welt, Interesse daran, eine Story zu bringen. Ich war eingeschüchtert von ihrer Reichweite und ihrer Macht, aber statt mich ihnen so zu nähern, wie ich es sonst immer mit Medien machte, also etwa: „Oh hi, dies ist was ich mache, ich brenne dafür, ich würde gern meine Botschaft hinaustragen, bla, bla, bla" (süß, liebenswürdig und hoffnungsvoll), packte ich meine Furcht und Frustration über den glanzlosen Zugang der hiesigen Medien zu meiner Geschichte in meine Kontaktaufnahme mit der *Huffington* hinein. Was ich ihnen schrieb, klang etwa so:

„Ich habe eine Story, sie ist gut, Ihre Leser werden sie mögen. Sie wird sie anrühren und sie werden sie teilen und SIE WIRD viral werden. Ich gebe sie gerne der *Huffington,* ABER wer immer die Story schreibt, MUSS EMBRACE mit der Sensibilität und dem RESPEKT behandeln, die es verdient. Ich will keine Schaumschlägerei, wir haben die Verantwortung, diese Botschaft weltweit an die Frau zu bringen. Ich bin auf einer Mission, um weltweiten Wandel zu bewirken, ich kann das nicht auf die leichte Schulter nehmen und *Huffington* sollte es auch nicht."

Mit weichen Knien und kurzem, flachem Atem dachte ich gleichzeitig bei mir: „Taryn, bist du noch ganz sauber? Das ist die verdammte *Huffington.* Was zur Hölle glaubst du, wer du bist?"

Aber letztlich bin ich froh, dass ich mich so präsentierte, denn eine wunderbare Autorin namens Jessica notierte alles, was ich sagte präzise und schrieb eine tolle Story über mich und Embrace. Sie erzählte die Geschichte richtig, sie zeigte den Respekt, den die Sache verdiente, und raten Sie mal, was passierte? Die Story wurde weltweit gepusht. Die Spenden kamen jetzt schnell und reichlich, und am sechsten Tag der Kampagne erhielt mein Projekt mehr als 70.000 Dollar. Eine Woche später erhielt ich eine E-Mail von einem der Redakteure der *Huffington,* der mir mitteilte, dass meine Story ihre Nummer eins der vergangenen Woche gewesen sei.

Ich war der Huffington Post überaus dankbar, denn sie schufen einen Domino-Effekt bei hunderten anderen Nachrichtenseiten. In den nächsten zwei Wochen verbrachte ich meine gesamte Zeit mit Interviews für Zeitungen, Zeitschriften und Fernsehsender aus mehr als 50 Ländern – Deutschland, Kuwait, Kanada,

Neuseeland, Peru, Brasilien, Großbritannien, Finnland, um nur einige zu nennen. Ich hatte immer gewusst, dass Körperwahrnehmung ein Problem war, das Frauen (und Männer) in der ganzen Welt betraf, und die Flut an Interesse und Reaktionen bestärkte mich in diesem Gedanken.

Um 23:01 Uhr, zwölf Tage nach dem Start meiner Kampagne, saß ich an meinem Arbeitsplatz und schaute mit hunderten meiner Internet-Freunde zu, wie Embrace das 200.000-Dollar-Ziel erreichte. Unglaublich. Ich saß da, während meine Familie schon schlief, und weinte nur. Ich war so erleichtert, so happy, aber vor allem überwältigt. Das schönste an dieser Kampagne war, wie fremde Leute aus fast jedem Land der Welt mir geholfen hatten, sie zu einem Erfolg zu machen. Operation Global Change mag sich nach einer elitären und sehr wichtigen Geheimdienstabteilung anhören, aber in Wirklichkeit waren es Leute wie du und ich aus aller Welt, die zusammenkamen, um die Welt zu verbessern.

Einen Dokumentarfilm mit einem Budget von 200.000 Dollar zu drehen, wäre knapp kalkuliert, deshalb war jetzt, da das ursprüngliche Ziel erreicht und der Titel gewählt war, eine Gelegenheit, unsere Finanzierung auszuweiten. Kickstarter erlaubt es, ein „Stretch Target", ein erweitertes Ziel, festzusetzen, wenn die anfängliche Kampagne erfolgreich ist, damit spendenbereite Leute sehen können, dass noch mehr Geld benötigt wird. Also setzte ich ein Stretch Target von 300.000 Dollar – und auch das erreichten wir. Unterdessen erzielten wir einige wichtige Erfolge und zogen die Aufmerksamkeit einiger Hollywoodstars auf uns. Ich erinnere mich, wie ich eines Morgens aufwachte, mein Telefon checkte und sofort eine Unmenge an Nachrichten sah, die meist mit „Oh mein Gott" anfingen. Ich wusste, dass irgendetwas passiert sein musste, während ich schlief, denn auf der Kickstarter-Seite sprudelten die Dollars nur so. Dann sah ich einen Namen – Ashton Kutcher. Seine Sechs-Worte-Facebook-Statusmeldung lautete: „Das ist gut für die Welt", und angehängt war ein kurzer Blogeintrag, den er über Embrace geschrieben hatte. Mat lag neben mir und ich stupste ihn fest an: „Matty, Matty, du rätst nie, wer gerade über mich gebloggt hat. ASHTON KUTCHER!" Dazu muss ich sagen, dass ich eigentlich nicht wegen berühmter Leute ausflippe. Schließlich sind sie letzten Endes genau wie du und ich. Mein Dad lehrte mich schon in der Kindheit, dass wir alle gleich sind. Er sagte oft: „Wir kommen alle gleich auf die Welt und verlassen sie auch wieder gleich." Meine Aufregung über die Ashton-Aktion galt einzig der Macht seiner Unterstützung. Auf Kickstarter kann man sehen, über welche Webseite die Spenden der Leute auf die Projekte geleitet wurden, und als ich dies hier schrieb, waren knapp über 20.000 Dollar über ASOS – Ashtons Blog – gekommen, das ist schon ziemlich eindrucksvoll.

Auch andere Prominente unterstützten Embrace und verliehen ihm zu Aufschwung, darunter Ricki Lake, Perez Hilton, Zooey Deschanel, Amanda de Cadenet und die wunderbare Rosie O'Donnell. Ich fiel tatsächlich fast um, als Rosie eine Nachricht über Embrace tweetete, sie schrieb: „Ich habe gerade Embrace unterstützt – den Dokumentarfilm, der globale Veränderungen bewirken wird – auf @Kickstarter."

Ich antwortete: „@Rosie @Kickstarter Ähm, hi, wow, danke! Nur zwischen uns Mädels, du hast einen Gewinner unterstützt, EMBRACE wird das Leben von Millionen Frauen ändern."

Und dann schrieb sie: „@tarynbrumfitt @kickstarter Ähmmmmm, hi – ich kann's kaum erwarten, ihn zu sehen – macht weiter ..."

Heiliger Strohsack, Rosie O'Donnell, was für eine Legende! Ich liebte, wie sie und andere Unterstützer einfach aus dem Nichts kamen und obwohl sie mich nicht kannten, bereit waren, sich selbst in die Bresche zu werfen, um Embrace zu unterstützen, genau wie es so viele andere rings um die Welt getan hatten. Jetzt, wo die Kampagne vorbei ist, bin ich total aufgeregt, die nächsten zwölf Monate mit dem Filmemachen zu verbringen. Was für ein Abenteuer Embrace doch sein wird!

KAPITEL 16

Grandmas letzter Atemzug

LETZTES JAHR WAR ICH IN MELBOURNE, als ich einen Anruf von Mum erhielt. Sie sagte mir, dass Grandma eine Lungenentzündung hatte und wahrscheinlich nur noch 24 bis 36 Stunden zu leben hatte. Grandma war 89 Jahre alt und die Mutter meines Dads. Sie hatte die letzten drei Jahre in einem Pflegeheim gelebt und obwohl ihre gesundheitliche Verfassung aufgrund ihres Alters stetig nachließ, glaubte ich fast, sie werde ewig leben. Sie war so eine starke Frau, aber auch wenn sie an der Oberfläche ziemlich hart wirkte, war sie darunter wie ein Marshmallow mit einem besonders weichen Herz für mich.

Ich liebte Grandma, wir waren immer sehr eng verbunden. Ich erinnere mich, wie ich als Kind bei ihr übernachtete. Wir aßen Lachssandwiches mit großen Mengen Essig und Pfeffer und sie ließ mich ihr Make-up auflegen und ihren Schmuck anprobieren. Ich liebte unsere gemeinsamen Erlebnisse. Als ich diesen Anruf bekam, fühlte ich mich so unglaublich traurig, dass ihre Zeit gekommen war und ich war noch nicht bereit, ade zu sagen. Ich rief bei den Fluglinien an, sicherte mir einen Platz in der nächstmöglichen Maschine und als ich am Flughafen in der Schlange zum Einsteigen stand, liefen mir die Tränen übers Gesicht. Ich hatte mich nicht mehr unter Kontrolle – ich wollte eine Gelegenheit, mich von ihr zu verabschieden, und ich wollte bei ihr sein, wenn sie ging, aber ich wusste nicht, ob ich die Chance dazu haben würde.

Als wir in Adelaide ankamen, rannte ich an den Anfang der Taxischlange und rief: „Meine Großmutter liegt im Sterben, ich brauche ein Taxi!" Hinten im Taxi saß ich schwer atmend und dachte die ganze Zeit: „Was ist, wenn ich nur wenige Minuten zu spät komme?", „Was ist, wenn ich mich nicht mehr von ihr verabschieden kann?" und „Versucht sie, durchzuhalten, um sich von mir zu verabschieden?".

Dad wartete vor dem Krankenhaus auf mich und nahm mich fest in den Arm und da fing ich wirklich an zu schluchzen. Ich mag es nicht, vor meiner Familie von Rührung übermannt zu werden, ich scherze lieber herum, als emotional zu werden.

Dad führte mich zu Grandmas Zimmer, ich ging hinein und hörte sie atmen – sehr laut, als kämpfe sie um jeden Atemzug. Ich nahm ihre Hand und flüsterte ihr ins Ohr, dass ich da war und dass ich sie liebte.

Durch die ganze Nacht hindurch wechselten Mum, Dad und ich uns damit ab, Grandmas Hand zu halten und sie zu beobachten. Mum und ich analysierten jede Veränderung in ihrem Atemrhythmus und versuchten, „den Moment" vorherzusagen. Sie überlebte die Nacht, was das Krankenhauspersonal überraschte. Ich gebe zu, dass auch ich immer wieder in der Nacht gedacht habe, sie nähme den letzten Atemzug, und ihr dann ins Ohr flüsterte: „Grandma, ich liebe dich, du kannst jetzt gehen, geh nur zu Jason, Keith und George."

Die letzten 20 Jahre in Grandmas Leben waren schwierig gewesen. Die Verluste ihres Sohnes und ihres Enkels, die beide unter jeweils so tragischen und vermeidbaren Umständen starben, hatten ihr schwere Lasten aufgebürdet, auch wenn sie es sich nicht anmerken lassen wollte.

Die Krankenschwestern hatten ihr nachts Antibiotika gegeben und am nächsten Tag beantwortete Grandma mein Händehalten mit einem Druck, öffnete schließlich die Augen und sah uns reihum an. Ich verbrachte die nächsten Tage im Krankenhaus und ging nur kurz nach Hause, um zu duschen und mich umzuziehen. Eine Woche später zeigte Grandma zwar keine Zeichen der Besserung, aber ihr Zustand war stabil. Sie aß oder trank nicht, sie lag im Sterben, es war unvermeidlich, aber wir waren uns einig, dass der beste Ort für sie im Pflegeheim war, in der Abteilung für schwere Pflegefälle.

Ich war seit meiner Rückkehr aus Melbourne beinahe jede Minute an Grandmas Seite gewesen. Selbst wenn ich in die Krankenhaus-Cafeteria ging, rannte ich hin und her aus Furcht, ihren letzten Moment zu verpassen. Es war mir so wichtig, für sie da zu sein, so wie sie mein Leben lang für mich dagewesen war. Als sie zurück ins Pflegeheim kam, konnte ich sie am Freitag und am Samstag nicht sehen. Höhere Umstände hinderten mich daran, hauptsächlich weil meine Kinder krank wurden, und ich war unglaublich besorgt. Am Sonntagmorgen wachte ich früh auf, zog mich an und eilte zum Pflegeheim. Ich hatte einiges auf meinem Laptop zu tun, also sagte ich zu Mat, dass ich den Tag über dort arbeiten würde, damit ich bei Grandma sein konnte.

Für Grandma machte es keinen Unterschied, was ich tat, während ich in diesem Zimmer saß, sie hatte vor fast einer Woche das Bewusstsein verloren. Ihr Körper wirkte leblos, mit Ausnahme eines gelegentlichen, sehr langsamen Ein- und Ausatmens. Ich saß neben ihr und begann zu weinen. Grandma hatte mehr als eine Woche nichts gegessen, sie war so ausgemergelt. Ihr Leben lang war sie eine starke und robust aussehende Frau gewesen und jetzt war sie nichts als Haut und Knochen, und sah, wie sie so ohne Zähne im Bett lag, sehr zerbrechlich aus. Sie sah gar nicht aus wie meine Großmutter. Wieder sagte ich ihr, dass ich sie liebte und dass sie loslassen sollte.

Ich saß so eine Weile da, bevor ich mit einer Schwester darüber sprach, wie lange sie wohl noch zu leben hätte. Die Schwester kam herein und sagte, sie glaube nicht, dass es heute passieren würde, Grandma hatte noch Farbe und ihr Atem kam noch regelmäßig.

Ich war seit etwa einer Stunde da, als Dad hereinkam. Er setzte sich auf eine Seite von Grandma und ich auf die andere. Er sagte, ich könne nach Hause gehen und dass er den Nachmittag über bei ihr bleiben werde. Aber ich wollte bleiben. Wir redeten, wir hielten Grandmas Hände und ich fühlte gelegentlich ihre Füße – in der Hoffnung, dass sie sich kalt anfühlten, denn ich wusste, dass es ein Zeichen für den sich nähernden Tod war. Ich wollte für Grandma nicht, dass sie leblos in diesem Bett liegen musste, ich wollte, dass sie ging. Ich wollte, dass sie frei war.

Dad schlug mir noch einmal vor, nach Hause zu gehen, aber ich wollte nicht. Ich spürte einfach, dass ich da sein musste. Also holte ich meinen Laptop hervor und versuchte, etwas zu schreiben. Ich tippte etwa zehn Minuten, als ich bemerkte, dass der Abstand zwischen Grandmas Atemzügen größer wurde. Ich sah Dad an, er hatte es auch bemerkt. Ich fühlte wieder ihre Füße. Waren sie kalt? Es war schwer zu sagen. Dad und ich schauten ihr prüfend ins Gesicht. Ihre Hände fühlten sich kalt an. Ich rannte, um eine Schwester zu holen, damit sie es kontrollierte. Die Schwester kam und ich sagte ihr, dass ich glaubte, Grandma würde gleich gehen. Dad, die Schwester und ich beobachteten sie. Sie hatte seit etwa zehn Sekunden nicht geatmet, war es das? Und dann nahm sie einen Atemzug. Die Schwester fühlte ihre Füße und Hände und wies uns darauf hin, dass sie die Farbe verloren hatten. Wir sahen sie noch einen Atemzug nehmen, wir warteten und warteten.

Nichts. Das war ihr letzter Atemzug. Grandma war gestorben. Ich umarmte Dad, wir beide weinten und Dad sagte: „Sie ist jetzt an einem besseren Ort, sie hat keine Schmerzen."

Mum kam etwa zehn Minuten später und war sehr unglücklich, dass sie in Grandmas letzten Augenblicken nicht dagewesen war. Wie ich war auch Mum jeden Moment im Krankenhaus gewesen, hatte ihre Hand gehalten und ihre Liebe und Fürsorge gezeigt. Ich war wirklich traurig für sie und fühlte mich etwas schuldbewusst, dass ich dabei gewesen war und sie nicht.

Wir saßen noch etwa zehn Minuten in dem Zimmer. Wir saßen einfach da und betrachteten Grandma. Während Mum und Dad dann ihre Habseligkeiten zusammenpackten, stutzte ich Grandmas Augenbrauen. Das klingt vielleicht etwas seltsam, aber über die Jahre hatte Grandma mich manchmal gebeten, wenn ich sie im Pflegeheim besuchte, ihr die buschigen Augenbrauen zu zupfen. Deshalb dachte ich, dass ich sie ihr zum Abschied ein letztes Mal zupfen sollte.

Ich hatte noch nie jemanden sterben sehen. Im physischen Sinne ist es wenig bemerkenswert, in einer Minute atmet jemand und in der nächsten nicht mehr. Aber auf spiritueller Ebene ist es zugleich atemberaubend und herzzerreißend. Die Ehre, Grandma fortgehen zu sehen, bestätigte auch meine Überzeugung, dass es ein Leben nach dem Tode gibt und dass Grandma trotz ihrer Bewusstlosigkeit spüren konnte, dass ich da war. Ich glaube auch, dass sie auf mich gewartet hatte, und dass ich meinerseits wusste, dass dieser Tag ihr letzter sein würde und deshalb auch spürte, dass ich unbedingt bleiben musste.

Wenn Grandma bei ihrem letzten Atemzug denken konnte, frage ich mich, welcher Gedanke das wohl war? Ich frage mich dasselbe oft auch bei Jason. Als er dieses letzte Mal das Heroin in seine Venen spritzte, während er auf einer Bank in einem Park saß, was war da sein letzter Gedanke? Woran dachte er? Woran denken die Leute?

Da ich einige erstaunliche Bücher über das Sterben gelesen und mit einer Reihe von Leuten während ihrer letzten Lebenstage gesprochen habe, weiß ich, dass zu dem häufigsten Bedauern auf dem Sterbebett zählt, nicht das Leben gelebt zu haben, das man selbst gerne gehabt hätte, sondern ein Leben, wie es andere von einem erwartet haben. Finden Sie es nicht traurig, dass die sterbende Person und ihre Angehörigen in diesen letzten Momenten Bedauern empfinden? Es bestätigt nur den Punkt, über den ich ständig rede, nämlich dass man genau die Person sein sollte, die zu sein man bestimmt ist, und nur die Dinge tun muss, die man SELBST tun will.

So viele Frauen verbringen enorme Anteile ihres Lebens damit, sich in Gedanken über ihren Körper aufzufressen und unzufrieden mit ihm zu sein. Wenn ich Seminare abhalte, frage ich Frauen oft: „Woran werden Sie denken, wenn Sie Ihren letzten Atemzug tun?" Wissen Sie, welche Antworten ich noch nie gehört habe? Ich habe nie jemanden sagen hören: „Meine Zellulitis", „Meine fetten Oberschenkel", „Meinen schwabbeligen Hintern", „Meine großen Ohren", „Meine Krampfadern" oder „Meine Schwangerschaftsstreifen". NIEMANDEN. NIEMALS.

Warum also verschwenden wir unser Leben damit, über Dinge nachzudenken, die uns offensichtlich nicht so wichtig sind? Haben Sie je daran gedacht, woran Sie dann denken werden? Es ist keine Sache, über die man gern nachdenkt. Schließlich kann es einen etwas verunsichern, an seinen letzten Atemzug auf Erden zu denken. Aber wenn ich Menschen ermutigt habe, über diese Frage nachzudenken, haben sie oft eine Art Erleuchtung, die der Beginn eines besseren Lebens mit etwas mehr Blick für den größeren Zusammenhang und mehr Dankbarkeit ist.

Wenn ich schnell zu meinem eigenen letzten Atemzug vorspule und mich frage, woran ich denken werde, kann ich mir vorstellen, dass der Moment mit Gedanken an meine Kinder, Mat, meine Familie, meine Freunde, meine „prickelnden" Erlebnisse, Momente des Lachens, die Geburt meiner Kinder und all die Freude und schönen Augenblicke gefüllt sein wird, die ich in meinem Leben erlebt habe. In diesem Wissen versuche ich jeden Tag, in diesem „Raum" in meinem Kopf zu leben. Ich bin sicher, dass es meine engsten Angehörigen etwas irremacht, ich weiß, dass es meine Mum und Mat zum Knirschen bringt! Sie sagen oft etwas wie: „Mach dir keine Gedanken um …" (Hier einsetzen, was immer gerade passiert ist, Beule im Auto, Riss im Kleid, kaputtes Glas usw.) Ich mache mir Gedanken und doch wieder nicht – wenn Sie verstehen, was ich meine.

Nur weil ich versuche, dieses Denken anzuwenden, bin ich allerdings nicht immun dagegen, von Zeit zu Zeit frustriert darüber zu sein, wie die Dinge laufen. Gerade heute Morgen habe ich den Bettbezug falsch herum aufgezogen und es erst gemerkt, als ich das ganze Bett bereits gemacht hatte. Nachdem ich einen tiefen Seufzer ausgestoßen hatte, korrigierte ich mein inneres Denken schnell und sagte mir: „Hey, wenigstens hast du ein Bett, das du falsch herum beziehen kannst!"

Seite an Seite mit dem Tod durchs Leben zu gehen, hat es mir ermöglicht, ein reicheres und erfüllteres Leben zu führen. Woran werden Sie denken, wenn Sie Ihren letzten Atemzug tun?

KAPITEL 17

Mutterfreuden

MEIN PRIVATLEBEN IST ... hmmm, wie soll ich es ausdrücken ... VERRÜCKT! Wie die meisten Familien scheinen wir fünf immer tausend Dinge gleichzeitig um die Ohren zu haben. Als die Kinder kleiner waren, sagten die Leute mir immer: „Warte, bis sie älter werden, dann wird es hektischer!" Damals grinste ich spöttisch zurück: „Machst du Witze? Ich habe drei Kinder unter drei Jahren – SCHAU MICH MAL AN!!! SCHAU *MICH* AN!!!" Aber nun, da die Kids jetzt bald acht, sechs und fünf Jahre alt sind, verstehe ich langsam, was die Leute meinten.

Diese ersten drei Jahre waren ein Nebel endlosen Stillens, Windelwechselns, Toiletten-Trainings und so zu tun, als fände man es wirklich toll, im Stuhlkreis zu sitzen und Kinderreime zu singen. Verstehen Sie mich bitte nicht falsch, ich genoss die meisten Kinderaktivitäten über die Jahre, ehrlich, aber diese Stuhlkreise beim Kinderturnen machten mich wirklich fertig, hauptsächlich deshalb, weil es eine der wenigen Sachen war, die ich mit allen dreien gemacht habe.

Ich war oft die Mutter, der die anderen Mütter auf den Rücken klopften und sagten: „Oh, wow, du hast echt alle Hände voll zu tun." Tatsächlich sagten das oft völlig fremde Menschen zu mir, wenn ich mit allen drei Kindern draußen unterwegs war. Erst letzte Woche war ich im Supermarkt und ein Mann etwa in meinem Alter wandte sich genau mit diesen Worte an mich. Ich antwortete: „Ach, das ist noch gar nichts. Die anderen drei sind im Auto." Ihm fiel die Kinnlade runter. „Das war ein Witz", sagte ich. Dann gab es diese peinliche Stille, bevor ich hinzufügte: „Gut, genießen Sie Ihren Einkauf." Ungeschickte menschliche Wesen nehmen Verbindung auf – immer wieder lustig! So ähnlich, wie wenn man jemandem die Wange küssen will, der einen dann aber umarmt, sodass man ihn auf den Hals küsst. Ich hasse diese Momente.

Nur falls wir uns mal sehen, ich küsse erst auf die Wange und dann kommt die dicke Umarmung – okay?

Wo wir gerade von peinlichen Momenten mit den Kindern reden, als Cruz etwa zwei Jahre alt war, beschloss ich mit ihm zu „Music Time" zu gehen – ein Tanz- und Singkurs für Kleinkinder. Wir gingen genau einmal hin und dann nie wieder, die Blamage war einfach zu groß. Mein Schätzchen Cruz war ein Beißer. Wenn jemand ihm dumm kam oder er frustriert war, dann biss er einfach zu. Es war zum Glück nur eine Phase, aber – von mir unbemerkt – musste seine Vorliebe fürs Beißen an dem Tag den Höhepunkt erreicht haben, als wir in den „Music-Time"-Kurs einstiegen. Es waren noch fünf andere Mütter anwesend und wir machten diese vorhersehbare Vorstellrunde, wer wir waren und wie unsere Kinder hießen, bevor wir mit dieser sich etwas unangenehm anfühlenden Sache, die das Singen in Kleingruppen nun mal ist, begannen. In einer großen Gruppe fällt singen leicht, aber wenn man nur zu sechst ist, ist es wirklich schwer, die richtige Lautstärke zu treffen. Ich weiß nie, ob ich zu leise singe und deshalb uninteressiert wirke, oder zu laut und deshalb die Eitelkeit der Lehrerin verletze. Diese Gruppen-Aktivitäten sind schon keine leichte Sache. Der Gesang war tatsächlich auch etwas larifari, Cruz und ich waren ungeduldig, wir wollten zu den Trommeln und Maracas übergehen, aber erst mussten wir noch von Schafen, Schlafen und Sachen singen, die den Berg runterfallen. Ich weiß nicht, ob es Cruz' Frustration war, oder ob er meine Verlegenheit über diese ganze Veranstaltung spürte, aber aus dem nichts schielte Cruz zu dem Mädchen neben sich hinüber, schnellte vor, und biss ihr in den Arm. Ich entschuldigte mich dutzende Male bei der Mutter, die sehr freundlich und zum Glück voller Verständnis war. Wenige Minuten später, als wir auf unserem Schmetterlingsabenteuer im Kreis herumliefen, biss Cruz ein anderes kleines Mädchen. SCHEISSE, es gab keinen Weg, das wiederholte Beißen wieder ungeschehen zu machen. Und wenn ich glaubte, das sei bereits schlimm – es passierte noch ein drittes Mal. Ich war den Tränen nahe, ich fühlte mich schrecklich. Wer selbst ein bissiges Kind hat, wird es mir bestätigen – es ist besser zu ertragen, wenn das eigene Kind gebissen wird, als wenn es beißt. Es ist einfach zu viel Schuld damit verbunden, der Erziehungsberechtigte des Beißers zu sein.

Ich musste Cruz für den Rest des Kurses in Quarantäne nehmen. Ich musste ihn festhalten und sicherstellen, dass seine kleinen Beißerchen keinem anderen Kind zu nahe kamen. Das Ende der Stunde nahte, ich wollte, verdammt noch mal, einfach raus hier. Wir standen unter strikter Beobachtung und ich fühlte mich wie die schlechteste Mutter der Welt. Am Ende der Stunde saßen wir im Stuhlkreis, Cruz saß direkt neben mir, und ich schwöre, ich drehte nur für einen

Sekundenbruchteil meinen Kopf in die andere Richtung und – wie ein japanischer Jiu-Jitsu-Kämpfer – sprang Cruz in einer einzigen blitzschnellen Bewegung auf ein anderes Mädchen und biss zu, bevor ich mich auf ihn stürzen und ihn herunterzerren konnte. Ich meine es ernst, diese Bewegung war wirklich wie aus der Wettkampfarena für gemischte Kampfsportarten. Und das Schlimmste war, diesmal hatte er so zugebissen, dass Blut floss. Ich stammelte unzählige Entschuldigungen, sagte zu allen anderen Müttern „Sorry und auf Wiedersehen" und ging. Und kehrte nie wieder zurück.

Cruz' Beißphase währte nur kurz, aber ich behaupte, er brachte so viele Bisse darin unter wie andere Kinder, bei denen die Phase dreimal solange dauert. Das Verrückte an Cruz ist, dass man ihn für einen Engel halten könnte, wenn man ihn nur sieht. Er hat große, tiefblaue Augen, und wenn ich ihn anschaue, denke ich immer, ich könnte in sie hineinfallen. Er ist einfach göttlich ... Außer an jenem Tag bei Music Time.

Drei Kinder unter dreieinhalb zu haben, mag eine Herausforderung sein, aber es hat auch seine Vorteile. Weil sie nahezu im selben Alter sind, mögen sie oft dieselben Sachen. Die Investition in eine Jahreskarte für den Zoo von Adelaide hat sich mehr als ausgezahlt. Ich ging mindestens einmal in der Woche in den Zoo, selbst wenn wir nur eine halbe Stunde Zeit zur Verfügung hatten.

Ich bin wirklich gerne Mutter und ich vergöttere meine Kinder, aber wie alle Eltern wissen, ist es oft nicht leicht. Wir treffen nicht immer die richtigen Entscheidungen oder sagen und tun die richtigen Dinge. Aber die Welt, in der wir leben, wird von vielen oft als voll von Einhörnern, Regenbögen und entkoffeiniertem Mocha-Soja-Latte dargestellt. Wenn ich noch eine Promi-Mutter sehe, die superschlank, ohne Augenringe und mit perfekt sitzendem Haar auf einem Zeitschriftencover verkündet, Mutterschaft sei „Glückseligkeit", dann schreie ich!

Ich glaube nicht, dass ich JEMALS eine meiner Freundinnen Mutterschaft als Glückseligkeit habe beschreiben hören – denn das ist sie einfach nicht! Es ist eine der besten Sachen, die ich je getan habe und ich knutsche meine Kinder den lieben langen Tag und sage ihnen, dass ich sie so sehr liebe, dass mein Herz überquillt, aber die meiste Zeit ist Muttersein einfach harte, harte Arbeit.

Und als sei Muttersein nicht schon schwer genug, scheinen wir Mütter junger Kinder auch noch viel zu sehr mit Schuldgefühlen kämpfen zu müssen. Ich war keine Ausnahme, bis ich meine Herangehensweise Anfang dieses Jahres zu ändern begann und es sich so positiv auf mein Leben ausgewirkt hat. Tschüss

OBEN: Ich mache Werbung für das Body Image Movement.
UNTEN (KLEIN): „Forget the Rules" – „Vergiss die Regeln"

OBEN: Ich treffe Journalistin Mia Freedman in den Redaktionsräumen von *Mamamia*.

UNTEN LINKS: Plus-Size-Model Stefania Ferrario und ich nach dem Embrace-Dreh in Rundle Mall, Adelaide.

UNTEN RECHTS: Für den Dokumentarfilm spreche ich mit Harnaam Kaur in London.

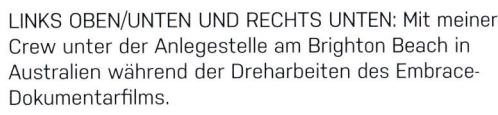

LINKS OBEN/UNTEN UND RECHTS UNTEN: Mit meiner Crew unter der Anlegestelle am Brighton Beach in Australien während der Dreharbeiten des Embrace-Dokumentarfilms.

RECHTS OBEN: Hier stelle ich für die Kameras eine Radfahrszene mit Freunden nach.

Nora Tschirner, Executive Producer des Embrace-Dokumentarfilms, und ich bei der Verleihung des österreichischen Film- und Fernsehpreises „Romy".

Meine Zeit mit Nora Tschirner während meines Aufenthalts in Deutschland für die Film-Premiere von Embrace.

Wir hatten eine tolle Zeit!

Schuldgefühl, sagte ich, du nervst und ich will und brauche dich nie wieder in meinem Leben! Mit dem Stress, den ich habe – 2012 und 2013 habe ich fast rund um die Uhr gearbeitet, um das Body Image Movement aufzubauen und in Gang zu setzen – liefen die Dinge nicht gerade wie im Uhrwerk bei uns zu Hause. Die Leute sagten mir oft: „Ich weiß nicht, wie du das schaffst ..." Meistens hätte ich gern geantwortet: „Gar nicht, heute zum Beispiel sind X, Y und Z schiefgegangen."

Ich war sicher, die schlechteste Mutter der Welt zu sein, als ich zu Cruz' Halbjahresende-Show letztes Jahr um 11.30 Uhr am Kindergarten ankam. Die Show hatte bereits eine halbe Stunde vorher angefangen. Alle anderen Eltern waren mit ihren Kameras und Videokameras da, einige Großeltern ebenfalls, und ich hatte das Konzert verpasst. Was mich noch mehr mit Schuldgefühl erfüllte, war, dass ich Cruz anlog. Als er mich fragte, warum ich nicht beim Konzert gewesen war, antwortete ich: „Aber Schatz, ich war da, ich stand nur ganz hinten, hast du mich denn nicht gesehen?" Zum Glück konnte ich mein Alibi etwas untermauern. Als ich zur Kindergartentüre kam, zischte ich einer Freundin zu: „Sag mir den Namen von einem Song, den sie gesungen haben!" Sie antwortete: „Das Piratenlied." Als Cruz mich also mit seinen fantastischen blauen Augen ansah, schmolz mein Herz fast, als ich sagte: „Du warst ganz toll beim Piratenlied, das hat mir am besten gefallen."

Ich hackte noch lange nach diesem Tag auf mir selbst herum und fühlte mich so unglaublich schuldig. Welche Sorte Mutter verpasst das Kindergartenkonzert ihres Kindes? Welche Sorte Mutter muss die Wäsche dreimal hintereinander waschen, weil sie zweimal im Wäschekorb getrocknet ist, bevor sie sie aufgehängt hat? Welche Sorte Mutter vergisst den Schwimmbeutel mit in die Schule zu bringen, wenn Schwimmwoche ist? Welche Sorte Mutter lässt ihre Kids auf iPads spielen, weil sie selbst gerade etwas Ruhe braucht?

Ich sag's Ihnen – eine verdammt normale Mutter!

Es ist nur so, dass wir oft denken, wir seien die Einzige, der etwas danebengeht, wir unterhalten uns schließlich nicht mit anderen Leuten über deren Fehler. Sie laufen bestimmt auch nicht durch die Schule und fragen andere Mütter, welchen Teil des Tages sie heute vermasselt haben. Wir gehen immer davon aus, dass das Leben aller anderen Leute reibungslos und intakt verläuft, während wir die Einzigen sind, die so gerade eben den Kopf über Wasser halten, um endlosen Ansprüchen gerecht zu werden.

Als ich mal vergessen hatte, die Badesachen für den Schwimmunterricht in den Schulranzen zu packen, fiel es mir erst auf, als wir an der Schule ankamen.

Ich raste also zurück nach Hause, schnappte mir ein Paar Bermudas und fuhr zurück zu Cruz' Klassenraum. Als ich der Lehrerin die Badehose gab, meinte sie trocken: „Machen Sie sich keine Sorgen, hier sind noch fünf andere Kinder, die ihre Badehosen nicht dabeihaben!" Woohoo! Halleluja! Ich bin nicht allein! Ich reckte die Faust in die Luft und fragte die verwunderte Lehrerin: „Es gibt also noch andere Mütter da draußen, die nur einen durchschnittlichen Job machen, wenn sie hundert Sachen gleichzeitig jonglieren?!" Also raste ich wieder nach Hause, durchkämmte die sehr unordentlichen Schubladen meiner Kids (die dringend mal aussortiert werden müssten), suchte fünf Badehosen heraus und fuhr zurück zur Schule, wo ich mit einem Rockstar-Blick zurück in den Klassenraum stürmte, um den Tag für fünf Kinder zu retten, deren Mütter noch nicht bemerkt hatten, dass ihren Sprösslingen das Schwimmzeug fehlte.

Ha, was für ein Triumphgefühl! Und wo ist jetzt meine „Mutter des Jahres"-Medaille? Aber natürlich hatte ich keine Zeit, sie entgegenzunehmen, denn als ich auf die Uhr sah, stellte ich fest, dass ich spät dran war für Mikaelas Schwimmkurs! Verdammt! Mutti-Fehler! Dieses Elternsein ist eine emotionale Achterbahnfahrt, ich fühle mich den ganzen Tag zwischen Hochs und Tiefs auf- und abfahren. Es ist aber tröstlich zu wissen, dass ich nicht allein bin. Dass andere dieselben Fehlleistungen abliefern wie ich, fünf Elternpaare, die ohne Schwimmsachen das Haus verlassen hatten, war der Beweis.

Ich glaube, eine andere wenig hilfreiche Sache, die wir Eltern regelmäßig tun, sind unvorteilhafte Vergleiche mit anderen zu ziehen. Wie Autor Steve Furtick einmal sagte: „Der Grund, warum wir mit Unsicherheit kämpfen, ist, dass wir unser Chaos hinter den Kulissen mit dem Zusammenschnitt der besten Szenen anderer Leute vergleichen." Wie wahr ist das denn bitte?! Wir überschätzen und überbewerten oft, was jemand anders hat und tut – und das ist für das eigene Wohlbefinden gar nicht gut. Stellen wir uns einmal vor, eine Mutter und ein Vater hätten an dem Abend, als ich mir in die Unterhose gemacht habe, aus dem Fenster geschaut und mich gesehen. Sie hätten gesehen, wie ich die Straße heruntergerannt wäre, mit meinem Neugeborenen in dem Kinderwagen, mit glattgekämmten Haaren und den Schuhen mit dem Tiermuster – ich bin sicher, sie hätten geglaubt, ich sei im siebenten Mutti-Himmel, gutaussehend und mit der Energie, am Samstagabend die Straße hinunter zu rennen! So kann man sich täuschen!

Man weiß einfach niemals, was hinter geschlossenen Türen passiert! Ein weiteres Beispiel: In meiner Straße lebt eine Frau, die ich jahrelang in der Rolle der

„perfekten Mutti" habe glänzen sehen. Sie und ihre Kinder sind immer wie aus dem Ei gepellt, sie geht oft mit ihnen in den Park oder veranstaltet Teepartys im Vorgarten – ehrlich, man könnte die Frau für eine Heilige halten. Lange Zeit verglich ich ihr Leben mit meinem und oft merkte ich, dass ich meine elterlichen Fähigkeiten am Maßstab der ihren bewertete. Ich war die Mutti mit den unter einem Haarband verborgenen leicht fettigen Haaren, die ständig mit ihren Kindern im Schlepptau wie ein kopfloses zerzaustes Huhn herumlief. Ich tat zwar mein Bestes, aber verglichen mit ihr hielt ich mich für eine Versagerin.

Dann gingen wir eines Tages eine Runde um den Block spazieren – Cruz und Mikaela im Doppel-Kinderwagen, Oliver auf meinem Rücken und Ammo, unser Schnauzer, an der Leine. Ich war kein erhebender Anblick! Als wir an ihrem Haus vorbeigingen hörte ich, wie sie gerade außer sich geriet und ihre Kleine anging, sie fluchte sogar. Ich hielt unter dem Vorwand, Ammo pinkeln zu lassen, aber in Wirklichkeit stand ich nur ganz ehrfürchtig da und wollte nicht verpassen, wie die perfekte Mutter die Fassung verlor! Fist bump und high five, die Heilige ist keine Heilige und ich bin zurück im Spiel!

Aber welches Spiel? Mutterschaft ist kein Wettbewerb, aber exakt so fühlte es sich in diesen frühen Tagen an, als ich mich oft mit anderen verglich und im Ergebnis immer fand, dass ich meine eigenen Erwartungen nicht erfüllte.

Seither habe ich mit Freuden gelernt, einen Scheißdreck darauf zu geben, was andere Leute über meine Leistung als Mutter oder über mich denken. Ich weiß, dass ich eine gute Person bin, dass ich meine Kinder zutiefst liebe – und das ist alles, was zählt. Ich versuche, immer mein Bestes zu geben – unter meinen ganz speziellen persönlichen Rahmenbedingungen. Ich habe gelernt, dass jemand nicht besser oder glücklicher ist als ich, nur weil er oder sie etwas hat, was ich nicht habe. Schließlich sind wir alle verschieden und es sind die Unterschiede, die uns einzigartig machen.

„Gleich" und „Mütter" gehören nicht in denselben Satz. Es gibt kein „gleich" bei Müttern, jede von uns ist ein Unikat, von keiner von uns laufen zwei Exemplare auf der Erde herum! Als Hommage an Mütter überall sende ich Ihnen allen eine Cyber-Trophäe – Sie haben sie verdient!

KAPITEL 18

Das kleine Einmaleins der Selbsthilfe

BEIM SCHREIBEN DIESES BUCHES war es meine vorrangige Absicht, den Tonfall der Ratgeberliteratur zur Selbsthilfe auf alle Fälle zu vermeiden. Aber da ich gerade eine große Gruppe von BIM-Followerinnen gefragt habe, was sie denn gern lesen würden, wenn ich „hypothetisch" ein Buch schriebe, antworteten fast alle dasselbe: Sag uns, wie du deinen Körper lieben gelernt hast. Also werde ich gerne meine Top-Ten-Ansätze verraten und Ihnen eine Liste der wichtigsten „Dinge" geben, die ich tue, um mit mir und meinem Körper im Reinen zu sein.

LACHEN SIE!
Eines Tages telefonierte ich mit meiner Freundin Karen und wir unterhielten uns über unsere Körper. Ich erwähnte, dass ich meine Brüste anheben konnte wie ein benutztes Papiertuch, da antwortete sie: „Nun, meine hängen mir bis zu den Knien runter, im Winter könnte ich sie mir um den Hals wickeln und als Schal benutzen." Wir platzten beide fast vor Lachen, es war so herrlich, uns ein wenig über unsere Körper und darüber, wie sie sich über die Jahre verändert hatten, zu amüsieren. Viele Leute gehen etwas zu ernst an das Leben heran, ab und zu ist es gesund zu lachen, besonders auf eigene Kosten!

GEBEN SIE IHR GELD KLUG AUS UND ERHALTEN SIE EINEN GEGENWERT DAFÜR
Schauen Sie sich die Dinge an, wie sie wirklich sind. Nur unter uns Mädels: Den Firmen, die Augencremes verkaufen, sind die Falten an Ihren Augen völlig egal.

Sie wollen sich Ihr Geld in die Tasche stecken, Ende der Geschichte. Die Firmen, die „Feminine Fresh"-Frischetücher für Ihre Vagina verkaufen, wollen auch nur Ihr Geld. Und Ihrer Vagina geht es besser, wenn sie nicht mit einem chemiegetränkten Lappen vollgeschmiert wird.

Frauen geben eine Menge Geld für Pflegeprodukte aus, soviel steht fest, und ich habe das auch einmal gemacht. Aber als ich anfing, meinen Körper als Hilfsmittel und nicht mehr als Schmuckstück zu behandeln, änderten sich meine Prioritäten, und das Geld, das ich bisher in „Schönheit" investiert hatte, wurde stattdessen für Gesundheitsprodukte und in Bildungsangebote gesteckt, die meine Seele und meinen Geist fütterten. Ich verspreche Ihnen, das Geld, das Sie in Massagen, Yogastunden, Tanzkurse, Aromatherapie-Öle und gute Musik investieren, wird Ihnen mehr Rendite bringen als eine Wundercreme, die Sie auf Ihre Haut schmieren!

LAUFEN SIE NACKT HERUM

Ziehen Sie sich aus! Ich laufe im Haus so oft es geht nackt herum – wenn das Wetter es zulässt. Ich bin zwar keine Nudistin im eigentlichen Sinne (ich kenne allerdings welche, die sehr von diesem Lebensstil überzeugt sind), aber ich liebe das Gefühl von Freiheit und Befreiung, das vom Eins-Sein mit meinem nackten Körper kommt. Ich glaube, es tut auch meinen Kindern gut zu sehen, dass ich mich in meinem Körper wohlfühle, und es gibt ihnen die Gelegenheit, Fragen nach dem Unterschied zwischen ihren Körpern und meinem zu stellen. Sie stellen Fragen wie: „Mummy, warum ist dein Bauch so groß?", und ich antworte: „Das liegt daran, dass ihr da drin gewachsen seid und Mami soooo weit ausgedehnt habt!" (Dabei mit einer ausgreifenden Handbewegung zeigen, wie groß der Bauch damals war!) Sie lieben Geschichten darüber, wie sie in meinem Bauch waren.

Ich erhalte auch oft Fragen über meine Vagina. „Mum, warum hast du da Haare?", worauf ich antworte: „Nun mein Schatz, wenn du ein Teenager wirst, fängt dein Körper an, sich zu verändern und erwachsen zu werden, und Erwachsene haben Haare, manche mehr als andere, Haare unter den Armen und an den Beinen, es gehört einfach zum Menschen dazu!"

Wenn Sie normalerweise nicht nackt im Haus herumlaufen, probieren Sie mal, nackt Wäsche aufzuhängen. Machen Sie es einfach, es wird sicher der langweiligen Routine etwas „Prickeln" verleihen!

PFLEGEN SIE IHREN BEKANNTENKREIS WIE EINEN GARTEN

Viele Leute sind schon in mein Leben gekommen und haben es auch wieder verlassen. Es ist einfach so, dass unterschiedliche Leute einen zu unterschiedlichen Zeiten im Leben bereichern, und aus unterschiedlichen Gründen. Was ich in den letzten Jahren sehr bewusst getan habe war, die „schlechten Pflanzen" aus meinem Freundschaftsgarten auszujäten. Ich bin sicher, dass auch Ihnen ein Bekannter oder zwei einfallen, die sich Ihnen gegenüber negativ verhalten haben oder eine neue Aktivität nicht guthießen, die immer einen Kommentar auf Lager haben oder die Augen verdrehen. Es klingt wirklich hart, aber wenn es keinen guten Grund gibt, diese Leute in seinem Leben zu behalten, sollte man sie daraus streichen. Negativität erzeugt Negativität und wenn man eine positive Veränderung anstrebt, ist das Letzte, was man braucht jemand, der nicht von ganzem Herzen auf Ihrer Seite steht.

In den letzten Jahren habe ich mich darauf konzentriert, meine Zeit in die Pflege von Freundschaften zu investieren, die auf einer Verbindung, Zuneigung und Bewunderung basierten, und das Leben war nie schöner und mein Garten wächst und gedeiht.

GLAUBEN SIE AN SICH SELBST

Was mich die längste Zeit davon abgehalten hat, meinen Körper und meine Persönlichkeit so zu lieben, wie ich bin, war der Mangel an Glauben an mich selbst. In dem Moment, in dem ich ein Stückchen Selbstvertrauen fand, fand ich Hoffnung. Als ich daran glaubte, mich verändern zu können, fühlte ich Hoffnung für meine Zukunft. Wie aber kam ich an diesen Punkt des Selbstvertrauens, fragen Sie? Es passierte nicht wie ein Blitzschlag und gewiss auch nicht über Nacht, es fing langsam an und ich baute es über die Zeit auf, wie einen Muskel. Ich denke, dass ich genug von mir und meinen inneren Zwiegesprächen mitgeteilt habe, damit Sie erkennen können, wie schlimm meine Körperbildprobleme waren. Und jetzt sehen Sie, dass ich da bin, wo ich heute stehe. Ich hoffe, dass Sie auf die eine oder andere Art Mut aus meiner Geschichte schöpfen können und Sie sollen wissen, dass Sie mit Ihrem Kampf nicht allein dastehen, wir haben alle unsere ganz eigenen Probleme in unseren Leben, aber wir haben auch die Macht, große Veränderungen zu bewirken.

SCHEISS DRAUF, MACH'S EINFACH!

Ich werde garantiert von meiner Mutter einige Bemerkungen zu der Wortwahl in diesem Buch ernten, aber man kann nicht besser ausdrücken, was wir gelegentlich tun müssen, um eine Sache erledigt zu bekommen. Manchmal müssen wir eben „Scheiß drauf!" sagen und es einfach tun. Angst vor Fehlschlägen hält einen auf, die Stimme im Kopf, die einem sagt: „Du schaffst keinen 5-km-Lauf" oder „Du wirst diesen Job nicht bekommen", aber Sie können. Sie können und Sie werden! Ich kann nicht zählen, wie oft jemand zu mir sagte: „Das wird nie passieren" oder „Glaubst du wirklich, du kannst das?". Mangelnder Glaube oder fehlende Einsicht dürfen Sie nicht zurückhalten, Sie können mehr als Sie selbst wissen. Ich gebe Ihnen allerdings einen Ratschlag, wenn Sie lernen möchten, darauf zu scheißen und einfach zu machen: Bauen Sie Ihre eigene Belastbarkeit langsam auf. Gehen Sie nicht sofort zu hart ran. Versuchen Sie nicht, aus dem Stand einen Marathon zu laufen, fangen Sie mit kleinen Herausforderungen an, erzielen Sie erst einmal einige gute Ergebnisse, bilden Sie eine Grundlage der Stärke und Sie werden schon bald ans Ziel kommen.

DIE ZEIT LÄUFT IHNEN DAVON, SIE STERBEN IRGENDWANN – GEBEN SIE GAS!

Ich will Sie nicht verunsichern, aber solange wir leben, sind wir nur einen Schritt weit vom Tod entfernt, also verschwenden Sie Ihr Leben nicht – gehen Sie raus und leben Sie es. Ich liebe das Leben und ich schätze, wenn mein Auftritt hier auf Erden vorbei ist, werde ich es hart finden zu gehen. Wenn man das Leben wie das Geschenk behandelt, das es ist, ist es die schönste Erfahrung, die man sich denken kann, und man will, dass es nie endet! Als ich Christchurch verließ, nachdem Jason gestorben war, fiel es mir mit am schwersten, ein Leben hinter mir zu lassen, das ich geliebt habe. Aber kaum hatte ich es getan, schien es mir, als sei das Kapitel abgeschlossen. Wofür ich aber am dankbarsten war, als ich „meinen Traum lebte" (mein Leben, mein Apartment, chinesisches Essen zum Mitnehmen und die weltgrößte Karaoke-Maschine): Ich WUSSTE, dass ich den Traum lebte und keine Sekunde davon wurde verschwendet oder als selbstverständlich angesehen.

So morbide wie es klingt: Sich seiner eigenen Sterblichkeit voll bewusst zu sein, kann das Leben bereichern! Wenn der Einkaufswagen eine Delle in Ihr Auto macht, wenn Sie im Stau landen oder wenn Ihr Pfannkuchen beim Wenden an der Decke kleben bleibt – erinnern Sie sich daran, was im Leben zählt und vor allem, was nicht zählt!

JIMMY WHO?

Ich war letzten Monat in einem Hotelzimmer und der Fernseher lief. Ich schaue zu Hause nicht viel fern, höchstens eine halbe Stunde am Tag und deshalb genieße ich auf geschäftlichen Reisen nichts mehr, als das Hotelfrühstück im Bett zu mir zu nehmen und Frühstücksfernsehen zu schauen. Und da tauchte dieser Moderator auf und redete von Mode – also von „Trends" und was man in dieser Saison tragen „muss". Es war einfach ein lächerlicher Gedanke, dass jemand anderes mir erzählt, was ich anziehen sollte, damit ich „dazupasse" und in dieser Saison mit der Mode gehe. Wir sind doch keine Schafe! Warum werden wir so in den Modepferch getrieben? Vor allem aber, WIESO folgen intelligente, witzige, clevere und schlaue Leute diesem Anführer und lassen das mit sich machen?

Damit wir uns nicht falsch verstehen, ich ziehe gern unterschiedliche Sachen an, ich drücke mich tatsächlich gern mit meiner Kleidung aus und trage leuchtende Farben, aber nicht, weil es mir jemand gesagt hat, sondern weil ich es mir so ausgesucht habe! Ich verstehe schon, dass wir uns als junge Menschen, wenn wir unsere Identität entwickeln, oft zu bestimmten Marken und Arten von Kleidung hingezogen fühlen, damit wir „dazugehören", aber warum „folgen" Frauen solchen Dingen immer noch in Scharen?

Ich kannte mal eine Frau, die war mehr als versessen darauf, ein Paar Jimmy-Choo-Schuhe zu besitzen. Woran ich Anstoß nahm, war nicht, dass sie das wollte, sondern dass sie noch nie zuvor Jimmy-Choo-Schuhe getragen hatte. Wie konnte sie etwas tragen wollen, das sie noch nie anhatte? Wenn jemand Jimmy-Choo-Schuhe liebt, weil er eine Menge Geld hat und mag, wie sie aussehen und sich anfühlen – na los! Aber sie sich zu wünschen, weil man dazu angehalten wird oder weil alle anderen dazu angehalten werden, ist das nicht eine Einstellung, die an das Verhalten von Schafen erinnert?

Mir persönlich ist es total egal, ob die Sohle meines Schuhs rot ist oder ob mein Hemd ein aufgesticktes Pferd hat. Was ich mag, mag ich, weil es mir gefällt! Das bedeutet, dass man in meiner Garderobe Marken-Kleidungsstücke finden kann, aber ich habe sie mir gekauft, weil ich mochte, wie dieses Kleidungsstück an mir aussah, und nicht wegen der Bedeutung des Labels.

Es gibt nichts Befreienderes, als genau der zu sein, der man selbst ist. Ich bin so froh, dass ich aus dem Schafswaggon ausgestiegen bin. Es ist eine große Freude, die man erfährt, wenn man ganz sein authentisches Selbst ist.

GRÜNE SMOOTHIES

Es wäre einfach nicht richtig, ein ganzes Buch zu schreiben und grüne Smoothies nicht zu erwähnen, schließlich bin ich ziemlich süchtig danach! Schon als Kind hatte ich eine Aversion gegen Gemüse, ich mag einfach den Geschmack nicht. Nicht den von Blumenkohl oder von Brokkoli, ganz bestimmt nicht den von Erbsen und einen dicken Daumen nach unten für Rosenkohl. Als ich mich selbst 2012 und 2013 sehr stark unter Druck setzte (zwei Jobs, drei Kinder), wurde ich ständig krank und fühlte mich am Ende meiner Kräfte, bis … ich einen grünen Smoothie probierte! Ich hatte jahrelang Gesundheitsgurus diese Smoothies predigen hören und hatte immer gedacht: „Bäh, niemals!" Dann probierte ich eines Tages einen und die Gurus hatten recht und ich Unrecht, und das Beste an ihnen ist, dass man alle Sorten Gemüse hineintun kann und der Geschmack von dem von Obst überdeckt wird.

Grüne Smoothies helfen mir wirklich, meine Energie hochzuhalten und Infektionen und andere Krankheiten fernzuhalten. Auf meiner Webseite ist ein einfaches Rezept, lesen Sie es und fangen Sie an, täglich einen zu trinken.

GESTALTEN UND LEBEN SIE DAS LEBEN, DAS SIE WOLLEN

Letzten Monat unterhielt ich mich mit einer Freundin und sie sagte zu mir: „Ich möchte nicht mehr Ärztin sein, es stresst mich total, ich werde krank davon, kranke Leute zu sehen. Ich würde lieber in einem Café arbeiten." Also fragte ich, was sie davon abhielt. Ihre Antwort: „Ich habe acht Jahre studiert, um Ärztin zu werden, also hätte ich diese ganze Zeit verschwendet, wenn ich jetzt etwas anderes machen würde." Ich sagte zu ihr: „Wenn du nicht glücklich damit bist, was du tust, dann kann ich dir sagen, welche Zeit du verschwendest, nämlich die in deiner Zukunft." Sie schwieg einen Moment und dann nannte sie mir eine ganze Reihe von Gründen, warum sie nicht den Beruf wechseln konnte. Der Dialog verlief etwa so:

Sie: „Was würden die Leute denken, wenn ich tatsächlich in einem Café arbeiten würde?"

Ich: „Wen kümmert's?"

Sie: „Was, wenn es mir nicht gefällt?"

Ich: „Das wirst du erst wissen, wenn du es ausprobiert hast."

Sie: „Meine Eltern würden mich für verrückt halten!"

Ich: „Es ist dein Leben, nicht ihres."

So ging es eine Weile hin und her, wir diskutierten einzelne Aspekte der Frage und schließlich kam sie zu dem Schluss, dass sie, wenn sie wollte, in einem Café arbeiten konnte. Absolut nichts konnte sie daran hindern. Aber eigentlich war in einem Café arbeiten nicht das, was sie tun wollte. Was sie wirklich wollte, waren kürzere Arbeitszeiten, weniger Stress und mehr Zeit für sich. Also knobelten wir einige Strategien aus, mit denen sie das erreichen konnte, ohne den Beruf wechseln zu müssen. Was mir auffiel, als wir diese Unterhaltung führten, war der Schimmer der Aufregung in ihren Augen darüber, dass sie, wenn sie es wollte, ihr Arbeitsleben verändern konnte. Sie konnte tatsächlich tun, was sie wollte. Ihr Gesicht aufleuchten zu sehen war aufregend. Es war fast, als sei ein Schalter umgelegt worden. Sie verstand jetzt, dass ihr Leben von ihr selbst gestaltet wurde, dass sie die Kontrolle darüber hatte und die Entscheidungen treffen konnte und sich nicht an gesellschaftliche Konventionen und Zwänge halten musste. Das führt mich zu meinem nächsten Tipp …

BRECHEN SIE REGELN

Ja, bitte, brechen Sie die Regeln, denn Sie können es! Nur weil Sie etwas immer auf eine bestimmte Art gemacht haben, ist es nicht unbedingt die richtige oder die einzige Art. Ich breche die Regeln gern beim Essen. „Gegessen wird am Tisch und mit Messer und Gabel" – laaangweilig! Ich werfe das Essen gern auf eine große Platte und setze mich zum Essen mit den Kindern auf den Rasen hinterm Haus, oder wir essen indisches Essen mit den Fingern, für eine kulturelle Erfahrung, die die Kinder nicht so schnell vergessen!

Essen ist ein relativ „sicheres" Feld zum Regelbrechen, es gibt „wildere" und „leichtsinnigere" Aktivitäten, die man sich dafür aussuchen kann. Wie durch den Regen zu laufen – es macht so viel Spaß, durch den Regen zu laufen. Für mich ist daran ein bisschen störend, dass ich Brillenträgerin bin, aber jedes Mal, wenn ich durch Regen gelaufen bin, war es ein Riesenvergnügen. Und wenn Sie an eine matschige Stelle kommen, laufen Sie durch und spritzen Sie sich den Schlamm auf die Beine. Man sieht dann zwar aus, als hätte man Fußball gespielt, aber es macht einen irren Spaß!

HABEN SIE SPASS!

Als ich etwa 18 Jahre alt war, verkleidete ich mich zusammen mit einigen Freundinnen als Spice Girls und wir zogen so durch die Stadt. Es war der totale Brüller!

Wir klapperten nacheinander alle Clubs und Discos ab und wurden überall mit Gejohle empfangen, sobald wir zur Tür hereinkamen. Ein Club hatte eine Bühne und als dann „zufällig" ein Spice-Girls-Song gespielt wurde, sprangen wir auf die Bühne und lieferten unsere beste Playback-Version ab. Es war mehr als spaßig und eine meiner Lieblingserinnerungen aus meiner Teenagerzeit. Aber irgendwo in meinen Zwanzigern, zwischen Karriereleiter und Kinderkriegen, verlegte ich meinen Sinn für Spaß.

Eines Tages stritten Mat und ich und er sagte zu mir: „Man konnte mal so viel Spaß mit dir haben!" Auuuutsch! Das saß, denn es stimmte, man konnte mal viel Spaß mit mir haben. Und was mache ich deshalb jetzt? Es klingt vielleicht etwas verrückt, aber ich plane die Spaßaktivitäten in meine Woche ein. Es mag nichts Abenteuerliches oder Wildes sein, aber es ist ein Moment in meiner Woche, in dem ich meinen Sinn für Spaß und Humor wieder fühlen kann. Ich mache Sachen wie auf einen Berg klettern, an einem kalten Tag schwimmen gehen, oder meinen Sitzsack in den Park mitnehmen und unter einem Baum in der Sonne liegen, oder die Musik im Wohnzimmer aufdrehen und eine Stunde dazu abtanzen, als wäre ich in einem Club.

Niemand hat je bedauert, dass er unter der Woche mehr Spaß hatte – probieren Sie es!

SCHUBSEN SIE SICH SELBST AUS DER KOMFORTZONE

Vor einigen Monaten fragte Oliver mich, ob er dieses Jahr im Fußball-Schulteam mitmachen durfte. „Na klar, darfst du!", sagte ich lächelnd, dachte aber innerlich: „OH NEIN! Es gibt kein Zurück, meine Wochenenden ohne Termine und mit nichts als Erholung sind offiziell Vergangenheit." Als die Saison näherkam, merkte ich, dass keine Nachrichten, Spielpläne oder dergleichen von der Schule kamen und ich fragte Oliver, was mit dem Fußballteam los war. Ollie schaute zu mir hoch und sagte voller Enttäuschung: „Es gibt keinen Trainer, ich weiß nicht, ob wir spielen können. Niemand wollte den Trainer machen." Ohne groß nachzudenken öffnete ich meinen Mund und die Worte „Schatz, ich werde euer Trainer" kamen daraus hervor. Kaum hatte ich das gesagt, dachte ich: „Was zum verfluchten Henker habe ich da gerade gesagt?", aber es war zu spät, Ollies glänzende Augen glänzten noch mehr und er umarmte mich und rief: „Toll!"

Als ich später Mat erzählte, was passiert war, wies er darauf hin, dass ich nichts über Fußball wusste, was stimmte, denn außer wie man gegen einen Ball tritt, war ich planlos. „Ist schon okay", sagte ich ihm, „ich werde improvisieren." Als ich dann aber beim Training aufkreuzte und da zwölf achtjährige Jungs vor mir standen und mich als ihren Anführer anschauten, wusste ich, dass ich meine Komfortzone wirklich und wahrhaftig verlassen hatte. Es war aufregend, mich selbst so zu pushen und in unbekanntes Terrain vorzustoßen. Wenn jetzt jemand denkt: „Komm schon, Taryn, es ist doch bloß ein Fußballteam" – probieren Sie selbst mal, zwölf Achtjährige unter Ihre Fittiche zu nehmen und sie eine Stunde lang zu trainieren. Ich sag's Ihnen, diese Jungs zu coachen war nicht leicht. Ich hoffe in der Tat, dass ich zum Ende der Saison keine Tasse oder eine Schachtel Pralinen kriege, ich habe einen Pokal verdient, zum Teufel.

Eine der Sachen mit dem Fußball ist, dass man schnell einen Tritt gegens Schienbein kriegt. Zur ersten Trainingseinheit kamen die meisten Kids ohne Schienbeinschoner – auch Ollie. Schienbeinschoner? Was ist das? Danach wusste ich es, aber erst, nachdem fast jedes Kind einmal geheult hatte.

Irgendjemand hatte mir gesagt, dass eine U8-Fußballmannschaft zu trainieren in etwas vergleichbar damit sei, einen Sack Flöhe zu hüten. „Ich muss doch sehr bitten", dachte ich, „ich kann führen, das schaffe ich mit links." Natürlich rannten sie mich beim ersten Training völlig über den Haufen und die Regenwürmer auf dem Platz erhielten mehr Aufmerksamkeit als ich. Habe ich schon erwähnt, dass es nicht einfach war?

Und hier ist die Lehre daraus: Als Ollie erwähnte, dass es keinen Trainer gab, hätte ich mich einfach umdrehen und sagen können: „Oh, wie schade", und mich heimlich darüber freuen können, dass nicht noch eine weitere Wochenend-Aktivität in unser Leben eingeplant werden musste. Aber ich hätte diese wundervolle Gelegenheit verpasst, mich in der Arena des Unbekannten zu bewähren. Stattdessen schaue ich nicht nur zu, ich bin mittendrin auf dem Feld, mache etwas, das ich noch nie getan habe, und abgesehen von Tränen und der Ablenkung durch Regenwürmer, amüsiere ich mich königlich dabei.

MANCHMAL MUSS MAN EINFACH SAGEN „JA, ICH KANN FLIEGEN" UND ES AUF DEM WEG NACH UNTEN LERNEN!

Wenn Sie jetzt denken, was hat „sich als Spice Girls verkleiden", „im Wohnzimmer tanzen, als wäre es eine Disco" oder „ein Fußballteam trainieren" mit der Liebe zum eigenen Körper zu tun? Nun, es hat alles damit zu tun, denn es ist das Leben und ich lebe es mit großem Appetit!

Warum muss man warten, bis man eines Tages eine schlimme Diagnose mitgeteilt bekommt, oder einen plötzlichen Unfall oder eine Tragödie erlebt, um sich zu entscheiden, aufzuwachen und den Rosenduft wahrzunehmen. Gehen Sie raus und riechen Sie heute an den Rosen! Fangen Sie an, Dinge zu tun, die Sie noch nie getan haben, erlernen Sie eine neue Fähigkeit, tanzen Sie, als würde keiner zusehen ... oder tanzen Sie, WENN Ihnen jemand zusieht. Lassen Sie los, seien Sie frei, bereiten Sie Ihrem Körper von innen und außen Vergnügen, benutzen Sie ihn als Hilfsmittel, lieben Sie ihn für alles, was er tun kann! Na los, verspeisen Sie das Leben zum Frühstück. Machen Sie es, machen Sie es, machen Sie es! Und wenn Sie Worte des Zweifels in Ihrem eigenen Kopf hören, denken Sie an mich, wie ich auf Ihrer Schulter sitze und Ihnen ins Ohr flüstere: „Scheiß drauf, mach's einfach!"

Puh. Ich hoffe, das war jetzt weder eine Tirade noch zu sehr Ratgeber-artig, aber vor allem hoffe ich, dass diese Worte vom Papier gesprungen sind und ein kleines inneres Feuer in Ihnen entzündet haben. Viel Vergnügen!

KAPITEL 19

Mats Kapitel

WÄHREND ICH AN DIESEM BUCH SCHRIEB, meinte meine Freundin Martine, dass es schön wäre, auch Mats Seite der Geschichte zu hören. „Warum bittest du ihn nicht, ein Kapitel zu schreiben?", fragte sie. „Bestimmt nicht", sagte ich, „das wird nicht passieren, er ist zu zurückhaltend, er schreibt nicht gern und er möchte sich ganz bestimmt nicht mitteilen." Aber ich tat ihr den Gefallen und fragte Mat sofort per E-Mail, ob er vielleicht einige Fragen beantworten würde. Minuten später machte es „PING", die Antwort lautete: „Gute Idee", und einige Tage später landeten fast 4.000 Wörter auf meinen Tisch. UN-GLAUBLICH!

Die Fragen wurden von Emma Johnston zusammengestellt und nein, ich habe nichts geändert oder gekürzt, dies sind Mats Antworten, in seinen Worten, die seine Gefühle ausdrücken ... Ich bin geplättet, dankbar und wirklich stolz, dass er sich geöffnet hat – und vielleicht habe ich mich noch ein wenig mehr in ihn verliebt!

Wie fühlte es sich an, zu sehen, wie Taryn ihren Körper hasste (und zu wissen, dass Sie diesen Körper liebten)?

Zuerst hatte ich keine Ahnung, was da los war, sie behielt es am Anfang für sich. Taryn war total begeistert, schwanger zu sein, sie liebte ihren Bauch und hielt und streichelte ihn bei jeder Gelegenheit. Nach der Geburt fing ich aber an, eine Veränderung darin zu spüren, wie sie sich selbst wahrnahm. Das zeigte sich auf mehrere Weisen, aber das Erste, was mir auffiel war, dass sie sich aus der Gesellschaft zurückzog. Bis zu Olivers Geburt waren wir extrem gesellig, jedes Wochenende trafen wir uns mit Leuten und normalerweise stiegen Partys in unserem Haus – und wir feierten einige wilde Partys ... Und jetzt: Aus die Maus! Mit einem Baby im Haus war ein Wandel natürlich zu erwarten und ich denke, Taryn nutze dies

auch als Vorwand, um ihren Mangel an Begeisterung für Gesellschaft zu überde-
cken. Wenn wir dann doch ausgingen, erinnere ich mich lebhaft an ihren Kampf
mit dem Anziehen. Es war eine emotionale Achterbahnfahrt für sie, sie probierte
ein Kleid nach dem anderen und warf es beiseite, während sie immer frustrierter
über ihren After-Baby-Body wurde. Ich habe selbst einen Ordnungsfimmel, deswegen war das schon frustrierend für mich, den Kleiderberg auf dem Schlafzim-
merfußboden zu Gebirgsgröße wachsen zu sehen, und unterdessen tickte die Uhr
immer weiter, und nur um es noch schlimmer zu machen, bin ich auch noch gerne
pünktlich.

Taryn war sehr gerne Mutter und eine so gute, wie man es sich als Ehemann
nur wünschen kann. Man kann ihre Liebe zu ihren Kindern kaum beschreiben,
so tief und intensiv ist sie. Sie wäre für ihren neuen Jungen durchs Feuer gegangen und hätte Berge versetzt und Meere geteilt. Sie mochte die Verbindung durch
das Stillen und es gab ihr viel Freude und Befriedigung, das Kind zu versorgen.
Die blühende Liebe zu unserem Kind stand unglücklicherweise in starkem Kontrast zu einer schnell schwindenden Liebe zu sich selbst, die ich jetzt klar erkennen
konnte.

Taryn beschrieb sich selbst jetzt mit sehr verletzenden Worten, ihre neuen
Lieblingsadjektive, um von sich zu sprechen, lauteten „fett, hässlich und ekelhaft".
Ich bin nach außen hin kein sehr emotionaler Typ, aber plötzlich schlug meine
vorher immer so positive Frau wütend auf sich selbst ein und ich stand unter dem
Druck, ihr die Realität der Situation vor Augen führen zu müssen. Mist, Mann,
dachte ich, das übersteigt meine Fähigkeiten, wir haben gerade so viel am Bein
in unserem Leben, warum muss das jetzt auch noch passieren? Warum muss ich
mich zu all dem anderen auch noch darum kümmern? Nachdem ich es eine Weile
hatte schleifen lassen, versuchte ich zu tun, was ich konnte. Ich hielt sie im Arm,
während sie an meiner Schulter weinte, ich streichelte ihr den Rücken und sagte ihr, dass sie schön sei und dass mir die Veränderungen an ihrem Körper nichts
ausmachten. Ich sagte ihr, dass sie gerade unseren großartigen, schönen Sohn zur
Welt gebracht hatte und dass sie stolz sein sollte auf das, was sie vollbracht hatte
und sich über die Veränderungen ihres Körpers keine Sorgen machen sollte. Ich
meinte jedes einzelne Wort davon ehrlich, sie war meine Frau, ich liebte sie und
sie hatte mir gerade meinen Sohn und Erben geschenkt. Mir war es verdammt
noch mal egal, dass sie etwas mehr wog oder dort einige Dehnungsstreifen hatte,
wo mein Sohn neuen Monate getreten und gezappelt hatte, so feste er konnte.

Ich hatte Taryn wegen ihrer Persönlichkeit, ihres Humors, ihrer Lebenskraft, ihres Selbstvertrauens und ihres Lächelns geheiratet.

Ich versuchte aus ganzem Herzen und mit ganzer Kraft, ihr Selbstvertrauen wieder aufzubauen, aber es war klar, dass ich dabei jämmerlich scheiterte. Wie mir indes mit der Zeit klar wurde, fing ihre Ablehnung des eigenen Körpers an, die Charakterzüge, die sie zu der Person machten, die sie war, zu untergraben. Es waren nicht die Schwangerschaftsstreifen oder die Kilos zu viel, die unsere Ehe unter Druck brachten, es waren ihre Traurigkeit und das mangelnde Selbstbewusstsein.

Während all das passierte, wurde Oliver ein Jahr alt, und wir versuchten, ein zweites Kind zu bekommen. Ich denke, Taryns großer Wunsch nach einem zweiten Kind grenzte zumindest äußerlich ihren Drang ein, sich selbst mit emotionaler Folter zu quälen. Nachdem wir einige Monate „geübt" hatten, stellten wir zu unserer großen Freude fest, dass wir wieder ein Kind erwarteten. Bald begann Taryns Bauch zu wachsen und die große Liebe zum Baby-Bauch blühte wieder auf. Das war eine willkommene Unterbrechung der Körperhass-Angewohnheiten des vergangenen Jahres.

Wir waren überglücklich, unseren zweiten Sohn, Cruz, willkommen zu heißen. Ein noch engelsgleicheres Baby muss man erst einmal finden – mit riesigen durchdringenden blauen Augen und ganz langen und wunderschönen Wimpern drum herum. Naja, Sie wissen schon, ein gutaussehender Bursche jedenfalls!

Unser Leben, wie wir es gekannt hatten, änderte sich nochmals. Zwei Kinder zu handeln kann nicht viel schwerer sein als eins, richtig? Falsch!!! Vielleicht, weil wir die ganze Zeit so am Rande unserer Kräfte waren, schien Taryn nicht ganz so viel Zeit zu haben, vor dem Spiegel zu stehen und sich selbst zu sagen, wie grässlich sie aussah. Oder vielleicht tat sie's doch und ich hatte mich einfach schon mehr an die After-Baby-Taryn gewöhnt.

Ich denke, nachdem der ganze Rummel um Baby Nummer zwei etwas abgeflaut war und wir uns als vierköpfige Familie etwas eingelebt hatten, fing das Thema Schönheitsoperationen an, sich in die Unterhaltungen einzuschleichen. Wir waren große Fans der Fernsehsendung *DR 90210*, in der ein unglaublich gutaussehender Schönheitschirurg namens Dr. Ray – mit offensichtlichen Brustimplantaten – 20 Stunden am Tag damit verbringt, mit Plastic Fantastic und anderen künstlichen Implantaten und manchmal noch grausameren Prozeduren, wunderschöne Mädchen in noch wunderschönere Mädchen zu verwandeln. Ich erinnere mich, wie Taryn sagte, sie wolle nach Beverly Hills fahren und sich bei Dr. Ray einer Brustoperation und einer Bauchstraffung unterziehen. Sie fühlte sich, als kannte sie Dr. Ray und vertraute ihm. Naja, wir sahen ihn schließlich jeden Donnerstagabend, wir waren ja praktisch beste Freunde und er war ganz klar der richtige Mann für den Job … Reality-TV hat eine Menge angerichtet!

Ich hatte nicht wirklich viel nachgedacht über diese plastische Chirurgie, aber mir war klar, dass in Taryn die Überzeugung wuchs, ihr Körper sei „ruiniert" und könne nur auf diese Art gerettet werden. Ich lehnte den Gedanken nicht automatisch ab, aber ich hatte sicherlich meine Vorbehalte, besonders nachdem ich die Bauchstraffungsprozedur gesehen hatte – wenn Sie es nicht kennen, schauen Sie es sich einmal an, es dreht einem den Magen um.

Aber dieses ganze Gerede war schnell vom Tisch, weil das Leben noch eine kleine Überraschung für uns auf Lager hatte. Oliver war zwei und Cruz war gerade sechs Monate alt, als Taryn und ich abends in die Stadt ausgingen. Die Kids waren bei den Großeltern für die Nacht, Taryn hatte sich zurechtgemacht und schien sich recht wohl in ihrer Haut zu fühlen, und ich bin immer gern für einen lustigen Abend zu haben. Nun, eins führte zum anderen und ehe wir uns versahen, waren wir wieder zu Hause und fielen übereinander her wie in alten Zeiten! Ich erinnere mich noch genau an den Zeitpunkt, als das Thema Verhütung aufkam, ich war kurz davor … Sie wissen schon … und Taryn sagte: „Es ist schon OK, ich habe meine Tage noch nicht wieder und ich stille noch, also mach schon!" Damit gab ich mich zufrieden!

Einige Wochen später, erinnere ich mich, sagte Taryn mir, sie glaube schwanger zu sein, worauf ich antwortete: „Das ist doch nicht möglich, du hast deine Regel noch nicht gehabt und du stillst noch!" Und dabei erinnerte ich mich, dass ich genau diese Worte schon einmal irgendwo gehört hatte! Dann zeigte mir Taryn den Schwangerschaftstest, den sie gemacht hatte. Sie sagte mir, da sei eine blaue Linie genau da, wo die blaue Linie sein sollte, sie war sich sicher. Ich aber konnte das nicht in meinen Kopf kriegen und bewaffnet mit dem Wissen, dass Taryn ihre Regel noch nicht bekommen hatte und noch stillte, bestand ich darauf, dass sie nicht schwanger sein könne. Am nächsten Tag machte Taryn also noch einen Test und auch diesmal war ich wieder mit einer blauen Linie an der Stelle konfrontiert, an der eine blaue Linie sein sollte. Und so oft ich auch die Gebrauchsanweisung durchlas oder versuchte, die Linie zu ignorieren, waren zwei Dinge nicht zu leugnen: 1. Da war diese Linie und 2. Taryn war schwanger!

Ich werde Sie nicht mit den Details langweilen, Sie kennen es ja schon, der Bauch wuchs und Taryn liebte es! Ich aber kämpfte etwas mit den Folgen meiner Tat. Wir mussten bald mit drei Kindern unter dreieinhalb Jahren zurechtkommen. Ich bin normalerweise ein positiv denkender Mensch und nehme die meisten Dinge, wie sie kommen, aber das war ein ganz anderes Spiel! Ich hatte beruflich sehr viel zu tun und war regelmäßig auf Geschäftsreise im Ausland, und dazu kamen noch die Ansprüche meiner Frau und zwei sehr kleiner Kinder. Wie zur Hölle sollte ich noch mit einem weiteren Baby obendrein zurechtkommen!

Durch die ganze Schwangerschaft hindurch war sich Taryn sicher, dass wir ein Mädchen bekommen würden. Ich wünschte mir über alles ein Mädchen, aber ich war trotzdem überzeugt, es würde wieder ein Junge werden. Ich war total begeistert, dass ich diesmal Unrecht hatte, als Taryn ein entzückendes Mädchen zur Welt brachte, das wir Mikaela Rae nannten.

Einige Monate nach Mikaelas Geburt ließ ich mich beim Urologen sterilisieren. Ich wusste jetzt, dass ich mir nicht trauen konnte, und mit drei Kindern unter vier Jahren war der Gedanke an ein weiteres furchteinflößend. Ich entschied, dass ich als großer Mann, der ich war, keine Vollnarkose für die Prozedur brauchte. Mann, was lag ich damit daneben. Ich lag da, mit heruntergelassener Hose auf dem OP-Tisch, vor der Welt freigelegt, und dann kam da so ein Riesenkerl mit Vollbart und weißen Gummistiefeln rein. Ich dachte noch: „Braucht der wirklich Gummistiefel dazu? Ich meine, was zum Teufel hat der mit mir vor?!" Unglücklicherweise sollte ich hellwach sein, um es herauszufinden! Und als ob das nicht schon genug wäre, kamen, um der anstehenden Verletzung auch noch die Kränkung hinzuzufügen, ganz zufällig noch vier ausschließlich weibliche Hilfskräfte dazu!

Jungs, wenn ihr da unten was machen lassen wollt und glaubt, lokale Betäubung sei gut genug, vergesst es, lasst euch komplett ausknocken und spart euch den Schmerz – und vor allem die Peinlichkeit.

Wahrscheinlich denken Sie sich schon, wozu erzählt er das jetzt? Nun, der Anfang war gemacht, es war sozusagen Zeit, die Sachen in Ordnung bringen zu lassen, und ich hatte einen Präzedenzfall geschaffen, ohne es zu ahnen. Das Thema Operationen war wieder auf dem Tisch. Wie ich schon erwähnte, war ich ziemlich besorgt, dass Taryn diesen Weg einschlagen wollte, aber ich wusste, dass sie verzweifelt unglücklich mit ihrem Körper war und es eine sehr negative Wirkung auf ihr Selbstwertgefühl hatte. Also ermunterte ich sie – und schon gingen wir zusammen zum Chirurgen. Er war sehr sachlich, was die Eingriffe anging, die nötig waren, um Taryns Körper „hinzukriegen". Ich erinnere mich, wie er davon redete, die Brustwarzen auszuschneiden, die überschüssige Haut zu entfernen und die Brustwarzen wieder anzunähen. Ich bin da ein klein wenig empfindlich, wenn über solche Sachen geredet wird, besonders wenn es sich auf die Frau bezieht, die ich liebe. Dann redete er über die Bauchstraffung – wie ich schon erwähnte ein ziemlich fieses Thema. Vor dem Termin war ich bereits besorgt gewesen, dass sie den Eingriff vornehmen lassen wollte, jetzt war ich um einiges mehr besorgt! Ich konnte wirklich nicht verstehen, warum Taryn das wollte. Mich kümmerten ihre Schwangerschaftsstreifen oder Brüste oder Bauch nicht, also was kümmerte es sie und warum war es ihr so wichtig, das machen zu lassen?

Taryn war wild entschlossen, dass das der Weg war, den sie gehen wollte. Ich merkte jetzt, wie wichtig es ihr war, und aus ganz egoistischen Motiven wollte ich meine alte Taz wiederhaben. Es wäre gelogen, wenn ich sagte, dass ich sie in den letzten Jahren nicht vermisst hätte! Ich wollte wirklich nicht, dass sie sich diesen potenziell lebensgefährdenden Prozeduren unterzog und dazu noch im Namen der Eitelkeit, aber mir wurde klar, dass sie ihr künftiges Lebensglück damit verknüpfte und wer war ich, sie dann aufzuhalten?

Wie fühlten Sie sich, wenn Sie allein zu Einladungen gehen mussten?
Wo soll ich anfangen ... Wütend, frustriert, allein, traurig und unglücklich, Sie verstehen schon! Es war nicht leicht, sich meine einst so extrovertierte und gesellige Frau in eine so dunkle und unglückliche Ecke zurückziehen zu sehen. Wir hatten uns so darauf gefreut, eine Familie zu gründen, und um ehrlich zu sein, war Taryns Selbsthass eine sehr starke Belastung für unsere Ehe und nahm dem ganzen Abenteuer einen Teil des Glanzes. Das Leben verläuft linear und mein Lieblingsspruch lautet: „Man lebt und lernt nie aus." Ich habe während dieses Prozesses so viel gelernt und ich muss sagen, dass es nicht immer einfach war, aber ich weiß jetzt, warum es Taryn so ging.

Ich bin mehr als glücklich, dass sie die Schönheitsoperation nicht durchgezogen hat. Ich habe mich nie wohl damit gefühlt, und dass sie mit sich selbst ins Reine gekommen ist, war eine sehr mutige und inspirierende Art, es zu tun. Und das haben wir dem wunderbarsten, liebenswürdigsten kleinen Mädchen zu verdanken, Gott segne dich, Mikaela. Du warst und bist immer noch der größte Segen, den ein Paar je bekommen kann!

Was dachten Sie über Taryns Körper während und nach der Schwangerschaft und als sie für den Fitnesswettbewerb auf der Bühne stand?

Ich liebte ihn während der Schwangerschaft, nach der Schwangerschaft und als sie beim Wettbewerb auf der Bühne stand! Sie denken wahrscheinlich: „Genau Mat, erzähl uns keinen Mist und sag die Wahrheit, Junge." Aber glaubt's oder nicht, das ist die Wahrheit. Ich habe sie wegen ihrer Persönlichkeit geheiratet und nicht wegen ihres Aussehens. Ja, ich weiß, das ist leicht zu sagen, weil sie toll aussieht. Nun, ob wir es wollen oder nicht, wir werden alle älter und unsere Körper verändern sich. Ich weiß, die großen Kosmetik-, Mode- und Parfümfirmen wollen nicht, dass Sie das hinnehmen, weil sie so eine Menge Geld an Ihnen verdienen können, aber sorry, es ist die Wahrheit, und je eher wir sie akzeptieren, desto glücklicher werden wir sein!

Taryns Körper veränderte sich von schwanger zum normalen Frauenkörper nach der Geburt bis zur dünnen Modelfigur, auf deren Hintern man eine Kokosnuss hätte knacken können (ich habe es zwar nicht versucht, aber ich denke, es wäre gegangen) und wieder zurück. Für mich ist Taryn viel mehr als die Summe ihrer Körperteile! Sie ist liebevoll, loyal, launisch, fürsorglich, mutig, laut, eine wunderbare Mutter, eine sehr gute Tischtennisspielerin, kann einen Fußball besser treten als die meisten Männer, ist zielstrebig, nervig, redet zu viel und ist bereit, die unüberwindlichsten Aufgaben mit unerhörter und unglaublicher Zuversicht, Überzeugung und Kraft anzugehen. Sie ist die Liebe meines Lebens, meine Frau und die Mutter meiner drei wunderbaren Kinder. Sie darüber zu definieren, wie sie zufällig an einem beliebigen Tag aussieht, wäre ungerecht und deshalb … tue ich es einfach nicht!

War es schwer, Taryns Entscheidung für die Operation zu akzeptieren, obwohl Sie grundsätzlich nicht damit einverstanden waren?

Ich habe den Punkt ja bereits erwähnt und ja, es war sehr schwer! Viele Leute halten Schönheitsoperationen heutzutage für normal und lassen sie genauso unbekümmert machen, als würden sie zum Friseur gehen. Wir sind völlig dagegen desensibilisiert, dass sie einen einschläfern und aufschneiden und Fremdkörper in den Körper stopfen. Sie schneiden Stücke von der Haut weg und nähen sie wieder zusammen und werfen die unerwünschten Stücke in die Tonne. Es sind Operationen und alles Mögliche kann dabei schiefgehen. Ich habe nichts dagegen, wenn die Leute es machen lassen, nachdem sie sich ausgiebig informiert und Vor- und

Nachteile sorgfältig abgewogen haben. Aber Taryn ist meine Frau und ich möchte nicht, dass irgendwer sie aufschneidet und sie ihren Kindern wegnimmt, außer es ist unbedingt erforderlich – und hier hatte ich definitiv das Gefühl, dass es das nicht war!

Wie fühlten Sie sich, als Taryn sich nicht operieren ließ?
Happy!!!

Was war Ihre Reaktion auf die Vorher-Nachher-Fotos?
Ich bin sicher, Taryn hat irgendwo erwähnt, dass ich ein eher reservierter Mensch bin. Deshalb war ich ziemlich schockiert, als sie dieses Bild auf Facebook postete! Ich meine, wenn Sie eine kleine Umfrage unter Männern machten, ob es ihnen gefallen würde, wenn ihre Frau ein Nacktbild (wenn auch ein geschmackvolles) von sich auf Facebook stellte, ich denke, die Mehrheit wäre auf meiner Seite. Was zum Teufel?!! Taryn hält es für normal, allen alles mitzuteilen. Ich versuche den Standpunkt zu vertreten, dass es das nicht ist. Haben Sie sich schon einmal mit einem Sturkopf gestritten? Na, dann verstehen Sie mein Dilemma.

Ich bin leider auch nicht der Geschickteste darin, über meine Gefühle zu sprechen ... Hm, sagen wir's so: Sie hätte mich vorher nach meiner Meinung dazu fragen können. Ich gebe zu, es ist ihr Körper, aber sie hat auch eine Verantwortung gegenüber ihrer Familie, und in meinen Augen hätte es eine negative Wirkung für sie selbst haben können und dadurch auch indirekt auf mich und auf den Rest der Familie. Meine Sorge war berechtigt, aber zum Glück wirkte sich das dann ganz anders aus, und zwar sehr positiv! Ich meine damit, dass Taryn von einer ganzen Menge Losern mit schrecklichen Kommentaren befeuert wurde. Zuerst war ich sehr wütend darüber und wollte sie ausfindig machen und vermöbeln! Aber ich merkte sehr schnell, dass diese Typen einfach Hater waren und Hater werden immer für Unruhe sorgen, also ignoriere ich sie jetzt einfach und achte stattdessen auf die positiven und bedeutsamen Sachen, die die Leute zu sagen haben.

Welche Opfer haben Sie und Ihre Familie aus Ihrer Sicht für das Body Image Movement gebracht, und wie haben Sie sich, angesichts dieser Opfer, eine positive Einstellung bewahrt?
Nun, es war bestimmt kein Zuckerschlecken. Taryn hat sich diese unglaubliche Mammutaufgabe aufgeladen, eine globale Veränderung hinsichtlich der negativen

Körperwahrnehmung zu bewirken. Es ist eine lohnende Aufgabe und es ist eine überfällige Veränderung, wenn ich also sauer bin, dass ich sie lange nicht gesehen habe, weil sie Tag für Tag bis spät abends im Büro bleibt, dann erinnere ich mich selbst daran. Taryn hatte ein erfolgreiches Fotostudio aufgebaut, das sie für die Entwicklung des Body Image Movement aufgegeben hat. Ich stand hinter dieser Entscheidung, aber sie hatte natürlich finanzielle Folgen für uns. Taryn hat unglaublich viel für wenig oder kein Geld gearbeitet, um das BIM zu dem zu machen, was es heute ist. Ich war die Stütze und der Resonanzboden, den Taryn brauchte, und werde das auch in Zukunft weiter sein. Es gibt noch viel zu tun!

Was war Ihre anfängliche Reaktion auf Taryns Teilnahme beim Sydney Skinny? Und was denken Sie jetzt darüber?

Am Anfang war ich skeptisch und mochte den Gedanken nicht! Irgendein Kerl ruft Taryn aus heiterem Himmel an und fragt, ob sie zum Nacktschwimmen vorbeikommt – ja, netter Versuch, Kumpel … Das wird nicht passieren, Sonnenschein! Am Ende gelingt es Taryn immer, mich auf den Boden der Tatsachen zu holen und sie überzeugte mich schließlich, dass es ein Event mit weit mehr spiritueller Bedeutung ist, als ich anfangs gedacht hatte. Ich freundete mich mit dem Gedanken an, als ich den Zweck der Sache sah. Und so fing sie an, mich kleinzukriegen – und oft ist es einfach leichter, ihr nachzugeben als Widerstand zu leisten. Wenn ich mich richtig erinnere, gab den letzten Ausschlag, dass sie mir „gestattete", auf ein weiteres meiner Langstrecken-Fahrradabenteuer zu gehen und außerdem eine Woche freizunehmen für das Etappenrennen „Tour Down Under". Kurz gesagt, wie die meisten Leute bin auch ich käuflich!

Taryn hat nicht aufgehört, vom letzten Sydney Skinny zu schwärmen, und nachdem ich einige Videos davon gesehen habe, verstehe ich auch, warum. Sie versucht sogar, mich dazu zu bringen, beim nächsten Mal mitzumachen. Ich habe zwar einen fantastischen Körper [sagt er verlegen], aber ich ziehe es vor, ihn mit einer dünnen Lycrahülle zu schmücken, zumindest in der Öffentlichkeit!

Wie schwer war es, die negativen Kommentare über Taryn zu lesen?

Am Anfang war es sehr schwer. Niemand mag es, wenn Leute schlecht über die eigene Familie sprechen, schon gar nicht über die Person, die man liebt. Ich meine, wenn mir jemand irgendetwas von diesem Mist über Taryn ins Gesicht sagen würde, würde ich wie Donkey Kong über ihn herfallen! Schauen Sie sich Ihren Mann an und sagen Sie mir, er würde anders reagieren … Sag ich doch! Taryn konnte nicht verstehen, warum ich mich über den Mist so aufregte, sie fragte: „Was regst du dich so auf? Sie reden doch nicht von dir, oder?" Ich musste sie daran erinnern, dass ich ihr Mann war und sie liebte, und dass es in meiner Natur lag, sie beschützen zu wollen.

Schließlich wurde ich, wie das immer so ist, bis zu einem gewissen Grad immun gegen diese Dinge. Es hat keinen Zweck, auf die fiesen und negativen Kommentare zu reagieren, denn wenn man es tut, gibt man „denen", was sie wollen. Ich denke oft darüber nach, weil ich nicht in meinen Kopf kriege, warum manche Leute sich anonym an die Tastatur setzen und Hass versprühen. Warum macht jemand das? Welche Befriedigung gibt es ihnen, gute Menschen zu beschimpfen und runterzumachen, die sie nie getroffen haben? Da stelle ich ganz schön große Fragen, was?! Letzten Endes muss man das Schlechte mit dem Guten nehmen, zum Glück war die große Mehrheit des Echos überwältigend positiv und soweit es mich betrifft, können die Trolle mich alle mal kreuzweise!

Wie war es, sich Taryn mit der Welt teilen zu müssen?
Zuerst war es eine Belastung, aber wie bei den meisten Dingen im Leben findet man eine Einstellung dazu, die passt und dann zieht man es halt durch. Das Schwierigste für mich war ihre Besessenheit, auch intime Details aus ihrem und unserem Leben mitzuteilen. Ich bin sicher, dass Mädels beim Kaffeeklatsch alles Mögliche ausplaudern, aber ich muss damit zurechtkommen, dass Taryn es gleich der ganzen Öffentlichkeit preisgibt. Zwar ist mir im Grunde egal, was die Leute von mir denken, aber ich habe mir schon Sorgen gemacht, wie Familie und Freunde mit dieser Indiskretion umgehen. Es hat mich sehr beruhigt, dass ich feststellen konnte, dass die Leute, die mir wichtig sind, Taryns Anliegen auch zu ihrem eigenen gemacht haben und nichts als Unterstützung dafür zeigen. Es kam ein bisschen aus dem Hinterhalt, als Taryn mich fragte, ob ich einen Beitrag zu ihrem Buch schreiben könnte. Sie dachte, es sei für die Leser toll, meine Sicht auf die Dinge zu erfahren. Ich war erst etwas zögerlich, aber dann dachte ich, warum nicht! Also verlasse ich hier wirklich meine Komfortzone und verrate einige sehr private Dinge über mich. Ich schätze, Taryns Bereitschaft sich mitzuteilen färbt auf mich ab, ich werde nie so ein offenes Buch sein wie Taryn, aber ich habe es doch genossen, mich ein Stück weit locker zu machen.

Wie wichtig ist Ihnen persönlich das Body Image Movement?

Es ist mir sehr wichtig! Ich bin seit Tag eins dabei und habe das hier mit Taryn auf jedem Schritt des Weges miterlebt. Wir haben drei Kinder und ich möchte sie nicht dem Druck eines unrealistischen Ideals ausgesetzt sehen, bloß weil es Leute gibt, die davon profitieren. Ich habe aus nächster Nähe sehen können, welche Wirkung ein negatives Körperbild auf eine Person und ihre Umgebung haben kann. Taryn hat sich entschlossen, zu lieben, wer sie ist, statt ihre Zeit und Energie zu verschwenden, indem sie sich selbst hasst. Diese Entscheidung können andere auch treffen. Wenn wir dazu beitragen können, dass die Leute die Art, wie sie sich selbst sehen, von negativ zu positiv verändern, dann, so denke ich, haben wir einen wertvollen Beitrag zur Gesellschaft geleistet. Und das ist doch am Ende des Tages eine ziemlich coole Sache, stimmt's?

KAPITEL 20

Briefe an Taryn

VON DEM MOMENT AN, als ich das Body Image Movement startete, habe ich tausende Briefe, E-Mails und Nachrichten von Leuten erhalten, die mir ihre eigene Geschichte mitteilen wollten.

Ich danke allen von Herzen dafür, dass sie sich bei mir gemeldet und an mich und die Bewegung geglaubt haben. Im Folgenden möchte ich eine Auswahl der Briefe vorstellen, die ich erhielt.

Ich habe zum ersten Mal seit Jahren wieder Badesachen angezogen und bin zum ersten Mal mit meiner Tochter schwimmen gegangen. Sie ist viereinhalb und sie war total aufgeregt, weil wie nie zuvor schwimmen waren. Ich sehe zwar noch genauso aus wie in den Jahren davor, aber ich habe verstanden, dass mich das, was ich über mich selbst denke, zu dem macht, was ich bin – und meine Kinder mussten auf zu viel verzichten. Meine Wahrnehmung hat sich definitiv verändert und ich schäme mich nicht mehr dafür, wie ich aussehe!
Deb Saunders

Mit einem kleinwüchsigen Vater und der Notwendigkeit, sich glutenfrei ernähren zu müssen (wodurch sie zu viele stark verarbeitete andere Getreidearten isst), hat meine sechsjährige Tochter von Natur aus einen etwas gedrungeneren Körper als die meisten ihrer Freundinnen. Durch die üblichen Wachstumsphasen hindurch habe ich mir nie zu sehr Sorgen darüber gemacht, denn sie ist noch in einem gesunden Bereich. Sie selbst hat allerdings oft Bemerkungen gemacht, dass sie „fett" sei, weil andere, ältere Mädchen sie im Vergleich zu ihren eigenen Körpern darauf hinwiesen. Da ich BIM von Beginn an bei Facebook gefolgt bin, habe ich viel darüber gelernt, wie ich mit ihr über die Tatsache reden muss, dass wir einen starken, gesunden Körper brauchen, der uns durchs Leben trägt, und nicht nur dünn sein

und gut aussehen müssen. Wir haben mehr darauf geachtet, wie sie sich fühlt, auf ihre Gesundheit und wozu ihr Körper fähig ist. Danke für Ihre guten Ratschläge, sie haben unsere Familien-Gespräche darüber, wie man liebt, was man hat, bereichert. x
Samantha Griffiths

Sie haben es endlich geschafft, zu mir durchzudringen! Sie waren ein Fitness-Modell und hatten dann beschlossen, einfach nur sie selbst zu sein. Und obwohl Sie wussten, wie es sich anfühlt, einen „perfekten" Körper zu haben, war es Ihnen egal, Sie wollten sich einfach so lieben, wie Sie waren. Da dachte ich mir, wenn Sie es können, warum nicht auch ich?!
Jennifer Cullis-Mitchell

Nachdem ich mit Mitte 30 ein Kind bekommen hatte, verletzte ich mich sehr schwer am Rücken und legte etliche Extrakilos zu (was ich vorher nie getan hatte). BIM bewies mir, dass es WIRKLICH nicht um diese zusätzlichen Kilos geht – es geht darum, seinen Körper in jedem Stadium zu lieben. Mein Körper wird wieder stark – ich weiß, ich werde nie wieder im Bikini so aussehen wie früher, aber ich weiß, dass ich Badesachen anziehen, mit meiner Tochter in den Pool gehen und es lieben werde! Verbreiten Sie die Botschaft weiter – ich kenne eine Menge Leute, die einen Weckruf gebrauchen könnten, dass dein Äußeres nur genau das ist ... deine äußere Hülle.
Ellie Humphris

BIM ist eine Inspiration für so viele Frauen. Ich sehe jetzt mit Stolz auf meinen Kaiserschnitt-Bauch und auf meine Stillbrüste – sie haben so viel geleistet! Mein Körper ist etwas zum Lieben und zum Stolz-darauf-sein!
Dr. Gemma Munro

Ich liebe das Movement, ich liebe die positive Botschaft, die von ihm ausgeht. Als Frauen und Mädchen brauchen wir ehrliche, echte, positive Vorbilder. Wir müssen lernen, mit echter Wärme zu akzeptieren, wie schön wir sind (mit all unseren Kanten, Kurven und kleinen Fehlern). Ich will, dass meine Töchter groß werden und dabei verstehen, wie besonders, fantastisch und individuell sie sind, und dies an sich selbst lieben.
Kellie Brown

BIM hat mir geholfen zu verstehen, dass ich okay bin, so wie ich bin. Nach 45 Jahren Überzeugung, dass meine Figur nicht akzeptabel, nicht gut genug oder „falsch" ist, lerne ich, die Jahre des Selbsthasses zu überwinden, die mich meinen Körper vernachlässigen ließen und meine Verbindung mit meinem Selbst getrennt haben. Wenn ich BIM nur schon während meiner Jugendphase gehabt hätte, es hätte mir sehr geholfen, die positiven Überzeugungen echter Frauen kennenlernen zu können. Ich danke ihnen, Taryn, dass Sie mir erlaubt haben, meinen „gut eingetragenen" und „eingelebten" Körper zu lieben.

Cha Ka

Vor einigen Jahren verlor ich über 35 kg und obwohl es mich Jahre harter Arbeit gekostet hat, dieses Ziel zu erreichen, war ich immer noch nicht zufrieden mit meinem Körper. Ich trage jetzt oben Größe 36 und unten Größe 38. Als ich Ihre Fotos sah und begann, BIM zu folgen, war das der Anstoß um zu begreifen, dass ich zwar Übergewicht und ein Kind zur Welt gebracht hatte, dass dies aber nicht bedeutete, dass mein Körper nicht toll ist. Ich werde immer einen schlaffen Bauch und dicke Arme haben, aber ich bin stolz darauf, wer ich bin, auf das Leben, das ich hatte, und auf das, was vor mir liegt. BIM hat diese Veränderung in meiner Psyche angestoßen und verändert sie immer noch. Wenn ich heute darüber nachdenke, wie negativ die Medien über Frauen und ihre Körperform berichten, macht es mich richtig traurig. Ich freue mich sehr, dass Sie so hart daran arbeiten, diese Einstellungen zu verändern. Ich sehe den zukünftigen Erfolgen des BIM mit Freuden entgegen.

Paula Edwards-Moffat

Das BIM kam in mein Leben, als ich es wirklich brauchte. Ich war schon mal dicker als heute, aber mit Ihrer Hilfe habe ich erkannt, dass meine Augen keine Veränderung registriert haben und ich immer noch mein dickeres Ich sehe, das mich unglücklich macht. Warum? Durch das, was ich bei BIM gelernt habe, ist mir klargeworden, wie mich Zeitschriften, Medien etc. (in mehrfacher Hinsicht) der Gehirnwäsche unterzogen haben, zu denken, mein Aussehen sei nicht „normal" und dass ich, um „glücklich zu sein", dünner und schöner sein müsse. In Wirklichkeit gibt es so etwas wie „normal" oder „perfekt" nicht. Glück oder Zufriedenheit stellt sich auch nicht durch die Abwesenheit von Stress, Traurigkeit oder anderen Gefühlen, die wir im Laufe eines einzigen Tages und erst Recht des ganzen Lebens durchlaufen können, ein. Dank BIM schaue ich jetzt mein Gesicht ohne Make-up an, ohne zu erschaudern (ich glaube, meine

Haut sieht aufgrund von mehr Make-up-freien Tagen jetzt sogar besser aus!) und nut-
ze die Gelegenheit, mich selbst mit freundlicheren Augen zu betrachten ... Und wissen
Sie was? Wo ich früher immer „Elefantenschenkel, zu viel Bauch, Arme wie Fleder-
mausflügel" gedacht habe, sehe ich jetzt die schlanken, starken Beine, die mich letztes
Jahr durch meinen ersten „City-to-Bay"-Lauf über 12 Kilometer getragen haben, die
starken Arme, mit denen ich meine Kinder umarmen kann, und einen weichen wei-
ßen Bauch, auf dem meine Kinder gern liegen, den sie gern berühren und auf den ich
stolz bin, weil ich weiß, dass ich sie darin getragen habe ... Ich habe immer noch einen
weiten Weg vor mir, aber die Facebook-Community, die Sie geschaffen haben, und die
Unterhaltungen, die dort angeregt wurden, geben mir die Hoffnung, dass mein Sohn
und meine Tochter ohne die Körperbildprobleme aufwachsen werden, die ihre Eltern
hatten!
Gabrielle Preston

BIM lässt mich eine Verbindung mit allen Frauen erkennen und wirklich fühlen. Dass
es nicht darauf ankommt, warum unsere Körper so aussehen wie sie aussehen, dass es
keinen Wettbewerb geben muss, wer am besten oder am schlechtesten aussieht, ob man
Kinder oder einen Partner hat, ob man „daran arbeitet" oder nicht. Ich kann meinen
Körper liebevoll ansehen und die schwabbeligen Partien tätscheln und mich ehrlich
freuen, dass sie da sind, und mir gleichzeitig eine gute Gesundheit wünschen und mein
Selbstbewusstsein steigern – so, wie ich bin, genau in diesem Moment. Ich LIEBE es,
in meiner Welt zu sein.
Claire Latham

Ich hasste meinen After-Baby-Body und deshalb HASSTE ich mich selbst. Als ich Ihre
Geschichte las, musste ich weinen. Ich war nie auf den Gedanken gekommen, einfach
meine Einstellung zu ändern, die Stimmen zu ignorieren und meinen Körper so zu
lieben, wie er ist. Nicht trotz, sondern wegen der ganzen Gründe, deretwegen ich ihn
gehasst hatte. Die Schwangerschaftsstreifen bewiesen, dass mein Bauch gewachsen war
und Kinder getragen hatte. Die Tatsache, dass er stark genug ist, nicht nur schwanger
zu sein, sondern auch zu gebären! Es hat mein ganzes Leben verändert. Danke.
Michelle Kaiser Romo

Auch Ihnen einen schönen Freitag! BIM half mir, meinen Bauch mit Schwanger-
schaftsstreifen und schlaffer Decke als Ehrenabzeichen zu akzeptieren, statt immer-

zu zu wünschen, er sei anders – dank der unrealistischen Zeitschriftenartikel über aufgepumpte Bauchmuskeln usw. mit Bildern von Frauen, die noch nie Kinder bekommen haben! Danke, dass Sie es durch Ihre positive Einstellung, Ihr öffentliches Auftreten und die Botschaft, dass wir alle einzigartig sind und nicht mit derselben „Frauen-Plätzchenform" ausgestochen wurden, in Ordnung werden lassen! x

Sue Dunford

Ich weiß jetzt, dass ich nicht einem unrealistischen und unerreichbaren Bild hinterherlaufen muss. Ich habe aufgehört, mich mit 20-Jährigen zu vergleichen. Ich fühle mich nicht länger abstoßend, weil ich auch über meinen Bauch lächeln kann, der meinen Sohn hervorgebracht hat.

Elizabeth Leonard

KAPITEL 21

Häufig gestellte Fragen

Woher nehmen Sie die ganze Energie?

Aus dem Leben! Ich fühle mich durch das Leben so sehr mit Energie erfüllt! Ich liebe das Leben, ich liebe mein Leben und die Leute um mich herum. Ich fühle mich so gesegnet, dass ich am Leben bin. Das zu fühlen, gibt mir Energie.

Physisch gesehen bemühe ich mich, meinem Körper viele gute Sachen als Treibstoff zu geben. Es stimmt, ich habe viel Energie, ABER denken Sie daran, dass ich bei öffentlichen Auftritten, bei Reden oder im Interview auch sehr unter Strom stehe und mich anschließend total erschöpft fühle.

Wie kann ich die Schuldgefühle abstellen, nun da ich mich entschieden habe, gesund und glücklich mit meinem Körper zu sein und ihn zu umarmen, aber meine Freunde und Familie stattdessen glauben, ich hätte irgendwie aufgegeben?

Sie haben KEINEN Grund für Schuldgefühle, also kicken Sie alle Gedanken des Bedauerns oder der Scham beiseite. Sie haben beschlossen, Ihren Körper zu lieben, und wenn diese Liebe stärker wird, werden Sie sie AUSSTRAHLEN und das wird auch andere um sie herum positiv beeinflussen.

Im frühen Stadium Ihres „neuen Ichs" (!) kann es bei Ihren Freunden und der Familie etwas dauern, bis sie sich an Ihr neues Denken gewöhnt haben, aber es wird nicht viel Zeit vergehen, bis sie sehen, welche Freude und welches Glück es Ihnen bereitet, Ihren Körper von innen heraus zu lieben, und sie werden mitziehen. (Und wenn sie das nicht tun, sollten Sie ein ernstes Wort mit ihnen darüber reden, dass Sie kein „Unkraut" in Ihrem schönen Garten haben möchten!)

Wie gehen Sie jetzt mit Ihren Emotionen zu Ihrem Bauch um? Und fühlen Sie sich von anderen beurteilt, weil Sie sich nicht haben operieren lassen? Ich weiß, dass es noch immer viele Frauen gibt, die nichts Falsches an einer kosmetischen Operation finden.

Ich habe nicht wirklich Emotionen bezogen auf meinen Bauch, es ist schließlich nur mein Bauch. Es ist der Platz, der meine drei Babys beherbergt hat, und dabei wurde er ausgedehnt und hat nun mal Dehnungsstreifen. Ich sehe meinen Bauch und meinen ganzen Körper heute anders, ich wertschätze ihn. Ein Beispiel: Heute Morgen bin ich während eines Spiels meines Fußballteams den Platz rauf und runter gerannt, um sie zu coachen. Ich sprintete und sprang einige Male vor Freude in die Luft, als sie Tore geschossen haben. Mein Körper erlaubt mir genau das zu tun, was ich tun muss und möchte, und dafür bin ich einfach dankbar. Spielt es eine Rolle, dass mein Bauch weiß, pummelig, ausgeleiert und schlaff aussieht? Nein. Was zählt ist, was mein Körper kann! Und mein Körper kann alles, was ich tun will und muss!

Und nein, ich fühle mich nicht von anderen beurteilt, weil ich mich nicht habe operieren lassen. Die einzigen Leute, von denen ich Kommentare bezüglich der Frage, ob ich mich hätte operieren lassen sollen, gelesen habe, waren die negativen Trolle – aber auf die höre ich sowieso nicht!

Wie vereinbaren Sie es, Aktivistin, Mutter, Ehefrau und Freundin zu sein? Es muss doch ein enger Zeitplan sein?

Manchmal ist der Zeitplan gnadenlos und wenn die Balance nicht stimmt, fühle ich mich unzufrieden oder in schlechter Verfassung. Letzten Monat habe ich über 100 Stunden die Woche gearbeitet, der Arbeitsplan war zermürbend und die Zeit flog nur so an mir vorbei, und um ehrlich zu sein, war ich währenddessen weder eine gute Freundin noch eine gute Ehefrau! Ich habe es gerade so geschafft, die Kinder vor meiner Arbeit zu beschützen, indem ich spätabends gearbeitet habe, wenn sie im Bett waren, aber das ging auch zulasten meiner Gesundheit.

Die richtige Balance zu finden ist entscheidend, aber es ist auch wichtig zu akzeptieren, dass es Zeiten geben wird (wie jetzt), zu denen Opfer gebracht werden müssen. In den Spitzenzeiten stelle ich sicher, dass ich meinem Körper alles gebe, damit er wie eine Maschine funktioniert. Den Körper zu stark unter Stress zu setzen, führt zu Erschöpfung und Krankheit und das kann man nicht gebrauchen, wenn man auf einen Termin hinarbeitet.

Um fit zu bleiben, lege ich über den Tag verteilt einige fünfminütige Meditationspausen ein, ich verwende viele ätherische Öle, ich trinke grüne Smoothies und viel Wasser, und wenigstens einmal pro Woche gehe ich zur Massage, was sich ziemlich dekadent anhört, aber in meinen Augen eine wirklich sinnvolle Investition ist. Ich verwende keine Cremes, Lotionen, Tinkturen, Parfüms, ich trinke kaum Alkohol, ich habe keine Zeit zum Shoppen, also gebe ich auch kaum Geld für mich aus – ich kann eine wöchentliche Massage problemlos rechtfertigen!

Wo ziehen Sie den Trennstrich zwischen „zieh an, was du willst" und „zieh an, was dir (nach der Geburt) steht"?
Gibt's da einen Trennstrich? Wusste ich nicht! Ich sage, ziehe das an, was du willst und wann du willst, solange du dich darin wohlfühlst. Zieh dich bequem an und zieh dich an, um dich selbst glücklich zu machen und sonst niemanden!

Wie mache ich meinen Freundinnen Mut, sich schön zu fühlen?
Ermutigen Sie andere, die Schönheit ihres Körpers jenseits der äußeren Erscheinung zu sehen. Lehren Sie sie eine neue Währung für Schönheit zu akzeptieren, die unsichtbare Schönheit. Hier ist eine Geschichte, die Sie nutzen können, um eigene Erfahrungen zu machen, die Sie Ihren Freundinnen mitteilen können.

Ich habe mit vielen Frauen gesprochen, die sich total in ihren männlichen Geburtshelfer oder Gynäkologen verliebten und davon schwärmten, wie gutaussehend und attraktiv er ist (und tatsächlich gehöre ich selbst dazu!). Und in Wirklichkeit ist deren Aussehen oft in keiner Weise bemerkenswert, der Grund für die liebevolle Bewunderung, die sie auf sich ziehen, ist einfach, dass sie Freundlichkeit, Mitgefühl und Fürsorge ausstrahlen und sich in einem Moment um uns kümmern, in dem wir so verwundbar sind wie sonst kaum in unserem Leben. Wenn wir davon sprechen, wie unglaublich attraktiv eine solche Person ist, dann reden wir oft über die Tiefe ihres Wesens und die innere Schönheit.

Andererseits habe ich schon einige Frauen getroffen, die in der Presse als „Schönheit" bezeichnet wurden, und wenn ich mich mit ihnen unterhielt, wäre „schön" mir als letztes Wort in den Sinn gekommen, um sie zu beschreiben. Man kann Schönheit nicht sehen, sie liegt innen. Sie hat nichts mit unserem Aussehen zu tun.

In unserer heutigen Gesellschaft wird dünn sein stark mit gesund sein gleichgesetzt. Wie kann man Leuten entgegentreten, die sagen, je dünner man sei, desto gesünder sei man, ohne sich gleichzeitig gegen von Natur aus dünne Menschen zu wenden?

Es läuft alles wieder darauf hinaus, dass man Gesundheit nicht nach dem Aussehen beurteilen kann. Dünner, dicker – auf die Figur kommt es nicht an, Ihre Gesundheit ist individuell und hängt nicht unbedingt mit der Menge oder dem Mangel an Fett auf Ihrem Körper zusammen.

Ich denke, als Gesellschaft müssen wir achtsam sein, dass die Sprache, die wir benutzen, um unsere positiven Absichten mitzuteilen, unsere „Köper zu lieben", nicht andere Kulturen oder Körpertypen herabsetzen oder entfremden.

Als ich zum Beispiel das Foto einer kurvenreichen Frau auf dem Blog veröffentlichte, sah ich Kommentare wie: „Ja, Männer lieben Frauen mit Kurven, nicht Haut und Knochen." Darin liegt effektiv eine Kritik an Personen, die dünn sind. Wir müssen lernen, Körperdiversität zu fördern, statt einen bestimmten Körpertyp.

Kann man nicht seinen Körper lieben UND gleichzeitig den Wunsch haben, sich mit einer Operation verschönern zu lassen? Wer kann beurteilen, ob plastische Chirurgie zu wollen bedeutet, dass man seinen Körper nicht liebt?

Ich respektiere, dass jeder seine eigenen Entscheidungen treffen kann, ohne dafür von anderen beurteilt zu werden. Was ich mit BIM versuche, ist, Leuten eine Alternative zu Schönheitsoperationen aufzuzeigen. Ich möchte den Menschen die Hoffnung und den Glauben geben, dass sie ihren Körper auch ohne Schönheitsoperation lieben können.

Das heißt nicht, dass Leute, die sich haben operieren lassen, nichts bei BIM verloren haben, wir sind schließlich inklusiv, nicht exklusiv!

Wie lerne ich zu lieben, was ich im Spiegel sehe?

Ich denke, sich selbst lieben zu lernen beginnt abseits des Spiegels. Eigenliebe kommt von innen, wie alle Eigenschaften, die eine Person schön machen. Denken Sie darüber nach, was für eine Person Sie sind: Sind Sie freundlich, ein fürsorglicher Freund, würden Sie einem Fremden in Not helfen? Wenn jemand friert, würden Sie ihm Ihren Pullover leihen, würden Sie einem Hungrigen Essen geben, würden Sie anhalten, um einem verletzten Tier zu helfen? Bescheidenheit, Freundlichkeit und Mitgefühl sollten die Währung der Schönheit sein, sodass Sie wissen, dass Sie eine „gute Person" sind, die absolut liebenswert ist, wenn Sie in den Spiegel schauen.

Wie bringt man unter einen Hut, dass man einige Kilo abnehmen muss, um gesund zu sein, und zugleich seinen Körper liebt, wie er ist?
Zunächst einmal ist es nichts Schlechtes, so gut in Form zu sein, wie man kann, aber ich empfehle, das Augenmerk auf die Gesundheit und nicht auf das Gewicht zu legen. Eine Zahl auf der Waage, der man hinterherjagt, ist kein Maß, das Ihre Gesundheit, Ihr Glück oder Sie selbst definiert.

Meine Fitness und Gesundheit schwanken mit meiner Arbeitsbelastung, meinen gesellschaftlichen Verpflichtungen und meinem Stressniveau. In einer idealen Welt würde ich meine Gesundheit auf einem konstanten Level halten, aber weder das Leben noch ich selbst laufen immer glatt und rund! Wenn ich mich etwas niedergeschlagen fühle und nicht meine Bestleistung bringe, dann kümmere ich mich um die Probleme, die mich vom Optimum abbringen. Wenn ich zum Beispiel eine Deadline einhalten muss, sitze ich oft den ganzen Tag und bis in die Nacht hinein am Computer und esse abends große Mengen Schokolade. Den ganzen Tag zu sitzen ist wirklich schlecht für meinen Rücken und Nacken, und ein Nebenprodukt davon, meinen Körper nicht zu bewegen und nicht an die frische Luft zu gehen, ist ein Übermaß an mieser Laune! Ich brauche keine Waage, die mir sagt, dass ich mich mehr bewegen muss, mein Körper gibt mir alle Signale, die ich brauche.

Wenn ich doch die Waage als Indikator meines Wohlbefindens benutzen würde, bin ich sicher, sie würde eine Gewichtszunahme zeigen. Ich habe schon viel auf Waagen gestanden und es war nie eine erfreuliche oder besonders motivierende Angelegenheit. Nach einer Zeit ungesunden Verhaltens aber fühle ich mich angeregt, rauszugehen und mein Energielevel anzuheben, weil ich mich wieder gut fühlen will.

Fallen Sie je in die alten Denkmuster bezüglich Ihres Körpers zurück? Und wenn ja, was sagen Sie sich selbst, um diese abzuschütteln und Ihr Bekenntnis zur Selbstakzeptanz zu erneuern?
Das ist eine sehr gute Frage. Nein, ich falle nicht in die wirklich destruktiven Denkmuster zurück, aber ich habe ganz selten diesen Moment von „Grrr, meine Klamotten passen nicht mehr!". Aber meine Frustration richtete sich auf die Grö-

ße meiner Kleider und nicht auf meine Figur! Ich liebe und respektiere meinen Körper jetzt so sehr, dass ich zu ihm und über ihn nur noch nette Dinge sage. Er hat mir so viel gegeben, ich bin ehrfürchtig vor seinem Talent, seiner Widerstandskraft und seinen Fähigkeiten.

Wie gehen Sie mit dem ständigen Geplapper von Freundinnen in Ihrem Umfeld um, die entweder Diät halten oder über Diäten reden?
Ich glaube, wegen meiner Arbeit sprechen meine Freundinnen selten in meiner Gegenwart über Diäten! Tatsächlich möchte ich gern annehmen, dass die meisten meiner Freundinnen auch glauben, dass Diäten nicht wirken und deshalb auch keine machen!

Wenn Sie dieses Problem haben, würde ich an Ihrer Stelle anregen, dass Ihre Freundinnen etwas zum Thema Diäten recherchieren sollten. Die Statistiken sind verblüffend. Eine kürzlich erschienene Studie weist nach, dass 95 Prozent aller Leute, die eine Diät gemacht haben, anschließend das Gewicht wieder zunahmen, und in einer groß angelegten Studie waren zwei Drittel der Leute nach der Diät schließlich sogar schwerer als vorher. Wir haben mehr Diäten auf dem Markt als je zuvor, aber die Bevölkerung ist übergewichtiger als sie jemals war.

Was ist also die Alternative zu Diäten? Es läuft wieder darauf hinaus, auf Gesundheit zu achten und vor allem unserer Intuition zu folgen. Wenn Sie sich noch nie auf Ihre Intuition verlassen haben, ist jetzt ein guter Zeitpunkt, damit anzufangen. Es ist ein unglaublich mächtiges Werkzeug bei der Lebensgestaltung. Um gesund zu sein brauchen unsere Körper Wasser, gutes frisches Essen, Erholung, Sonnenschein, frische Luft und Bewegung. Wirklich verdammt einfach, oder?! Ich denke, die Antwort auf die Gesundheitsprobleme unserer Gesellschaft liegen in jedem Einzelnen, nicht in der Einführung eines neuen „revolutionären" Produktes.

Ich habe eine dreizehnjährige Tochter und ich glaube, mein Wunsch nach mehr Gesundheit liest sich für sie wie ein Ausdruck von Unzufriedenheit mit mir selbst. Ich hörte sie kürzlich sagen: „Wenn ich noch einen Bissen nehme, werde ich ein Fetti …" Wow!! Wie kann man selbst nach besserer Gesundheit streben, ohne die nächste Generation zu selbsthassenden Überzeugungen anzustacheln?
Kann ich davon ausgehen, dass das, was Sie für Ihre Gesundheit tun, nur positive Dinge sind? Wenn ja, erklären Sie Ihrer Tochter, dass Sie Ihr Leben mit viel

Energie leben möchten und deshalb Ihrem Körper gutes Essen geben, oder dass Sie Ihren Körper bewegen, weil sie es mögen, dass Sie sich aufgrund der beim Training ausgeschütteten Endorphine wohl fühlen.

Meine Freundin Emma Johnston fing letztes Jahr mit dem Laufen an und als ihre Söhne sie fragten warum, antwortete sie: „Damit ich mit euch Kids mithalten kann!", und jagte sie ein bisschen, woran sie eine Menge Spaß hatten! Ich denke, das war eine tolle Antwort.

Emmas Freundin Sarah kam kürzlich zu ihr, um Rat für ihre achtjährige Tochter zu erhalten, die angefangen hatte zu sagen, sie sei fett und müsse eine Diät machen. Sarah selbst hatte kürzlich eine „Transformations"-Diät und eine Fitness-Challenge in ihrem Fitness-Studio begonnen und da sie ihre Kalorienzufuhr einschränkte und mehr trainierte, verlor sie spürbar an Gewicht, worüber sie sich sehr freute und viel mit ihrer Familie darüber redete. Auch ihre Freundinnen kommentierten laut, wie toll sie jetzt aussah. Emma redete mit Sarah über die Botschaften, die ihre Tochter empfing und wie verwirrend sie für sie sein mussten, denn ihre Mutter aß anderes Essen als der Rest der Familie und verbrachte viel Zeit im Fitness-Studio, um „Fett" loszuwerden. In den Augen ihrer Tochter musste dieses Fett so schlecht sein, dass selbst die Freundinnen ihrer Mutter sich freuten, dass etwas davon weggegangen war. Die natürliche Folge davon war, dass Sarahs Tochter ihre Mutter nachahmen und dieselbe Bestätigung erfahren wollte, auch sie wollte eine Diät machen.

Emma riet Sarah nicht, ihr Streben nach besserer Gesundheit aufzugeben, sondern die Art zu verändern, wie sie darüber sprach und es wahrnahm. Sie konnte gegenüber ihrer Tochter und anderen darüber reden, dass sie sich stärker fühlte, sich schneller bewegen konnte und mehr Energie hatte, statt über Gewichtsverlust und Fettreduktion zu reden.

Wie erhalten Sie sich Ihre tolle positive Einstellung, wenn Ihnen so viel Negativität entgegenschlägt?
Erstaunlicherweise begünstigt die Negativität meine positive Einstellung. Sie motiviert mich, noch härter zu arbeiten, um meine Botschaft an noch mehr Leute zu verbreiten. Meine Geschichte und meine Vision für Leute rund um die Welt sind so echt und authentisch und entstanden aus Fürsorge und Zuneigung, sodass ich in dieser Sache völlig zuversichtlich und selbstbewusst bin. Es ist schwierig, das alles auszudrücken, aber ich fühle mich unzerstörbar und unaufhaltsam!

Ich weiß auch, dass der Dreck, mit dem manche auf mich werfen, ihr Problem ist und nicht meins. Und schließlich weiß ich, dass ich die Unterstützung von Millionen Leuten weltweit habe, und das zu wissen ist sehr tröstlich!

Glauben Sie wirklich, dass Sie weltweite Veränderung bewirken können?

Ja natürlich, sonst würde ich das hier nicht machen! Die Embrace-Kickstarter-Kampagne hat mir eine Menge Selbstbewusstsein gegeben, der Strom der Unterstützung und Anteilnahme völlig fremder Menschen hat mich spüren lassen, dass dies der richtige Zeitpunkt war, um den Status Quo in Frage zu stellen.

Wenn die Geschichte uns etwas lehrt, dann dass große Bewegungen und Kulturveränderungen immer mit einer Person begannen, die eine Idee hatte. Nehmen Sie Rosa Parks im Amerika der Rassentrennung, zum Beispiel. Ihr einzelner Akt des Ungehorsams gegen die Anweisung des Busfahrers, ihren Sitzplatz für einen Weißen freizumachen, war der Katalysator für eine Veränderung der Menschenrechte im ganzen Land.

Der andere Grund, warum ich so motiviert bin, das ganze bis zum Ende durchzuziehen, ist, dass ich weiß, dass die Leute es wollen. Als Individuen müssen wir solche Sachen ertragen, aber gemeinsam haben wir Macht. Ich mag zwar nicht die finanziellen Mittel haben, meine Sache durchzusetzen – aber ich habe etwas noch Mächtigeres, nämlich meine Leute, die hinter mir stehen.

Wer inspiriert sie?

Leute wie Denise und Bruce Morcombe, die Eltern von Daniel, der hier in Australien vor einigen Jahren ermordet wurde. Sie haben ihren Kummer und ihre Trauer in ein Programm für die Sicherheit von Kindern umgewandelt. Sie verbringen jetzt unermüdlich ihre Tage damit, aufzuklären und ihre Geschichte zu erzählen, damit kein Kind erleiden muss, was David erlitt, und keine Eltern den Schmerz erleben müssen, ein Kind zu verlieren. Solch selbstlose Menschen, die für andere Außergewöhnliches leisten, inspirieren mich.

Im Allgemeinen liebe und bewundere ich Personen, die sich trotz großer Widrigkeiten und geringer Erfolgschancen erheben und durchsetzen können. Und natürlich Leute, die mehr an andere denken als an sich selbst.

Muktar Mai, eine pakistanische Frau aus dem Dorf Meerwala, ist noch jemand, der mich sehr inspiriert. Das erste Mal las ich von ihr in dem Buch

Die Hälfte des Himmels von Nicholas D. Kristof und Sheryl WuDunn. Muktars Geschichte lautet in Grundzügen so:

Im Juli 2002 wurde Muktar von einer Gruppe Männer vergewaltigt, die so auf Anweisung der Anführer eines mächtigen Clans einen angeblichen sexuellen Fehltritt ihres jüngeren Bruders rächen sollten. Danach wurde sie gezwungen, halbnackt durch das Spalier einer Menschenmenge nach Hause zu laufen.

Angst und Scham, die mit der Vergewaltigung einhergehen, halten das Opfer oft davon ab, sich an die Polizei zu wenden, deswegen bleiben die meisten Angriffe ungemeldet. Eine Menge pakistanischer Frauen bringen sich um, weil sie die gefühlte Schande und Entehrung einer Vergewaltigung nicht ertragen. Aber Muktar tat etwas anderes. Sie ging zur Polizei und bestand auf der Verhaftung der Täter, dann ließ sie erfolgreich Anklage gegen sie erheben, brachte sie vor Gericht und gewann den Prozess. Die Männer kamen ins Gefängnis.

Schon bis hierhin ist die Geschichte inspirierend, doch was sie als nächstes tat, zeigt die ganze Tiefe des Mutes dieser Frau. Mit dem Geld, das sie als Entschädigung erhielt, eröffnete Muktar eine Schule für die Mädchen ihres Dorfes. Sie wollte ihnen für ihre Zukunft Hoffnung geben, indem sie ihnen Bildung und ein stärkeres Selbstwertgefühl gab.

Muktar ist zu einem Symbol der Hoffnung für unterdrückte Frauen ohne Stimme geworden. Sie ist eine Frau, die ich sehr bewundere. Es gibt viele Frauen wie Muktar in der Welt. Da draußen ist viel Inspiration zu finden, wenn die Leute sie in der richtigen Währung bewerten, werden sie sie überall sehen.

KAPITEL 22

Wie geht es weiter?

WENN SIE MIR VOR FÜNF JAHREN gesagt hätten, dass ich hier sitzen und mich so fühlen würde, wie ich mich fühle, und das tun würde, was ich tue, hätte ich Sie wie Elaine Benes aus *Seinfeld* weggeschubst und gesagt: „Raus!" Ich hätte mir in meinen wildesten Träumen nicht vorstellen können, wieviel ich von mir preisgeben würde, bis hin zu Nacktfotos und intimen Geschichten.

Es fällt mir schwer, mich noch mit der Person zu identifizieren, die ich war, als ich vor wenigen Jahren vor dem Spiegel stand, an meinem Bauch zog und mir selbst sagte, ich sei hässlich. Es macht mich traurig, an diesen dunklen Moment zu denken, aber gleichzeitig fühle ich mich dadurch auch inspiriert. Wenn ich Veränderungen bewirken kann, die mein Selbstwertgefühl verbessern und den Hass auf meinen Körper in Liebe zu meinem Körper umwandeln können, ist es auch für andere möglich, dasselbe zu tun. Mich inspiriert das Leben, das ich jetzt führe und es ist ein Leben, zu dem ich auch Millionen andere ermutigen möchte. Um diese Botschaft zu verbreiten, habe ich dieses Buch geschrieben.

Es war nicht Teil eines großen Plans. Ich bin nicht eines Morgens aufgewacht und habe zu mir selbst gesagt: „Ich will versuchen, die Welt zu ändern", oder „Ich werde eine Bewegung anführen, die das Leben der Leute verändert". Ich meine, wer macht sowas schon? Der Weg, den ich genommen habe, wurde nicht im Voraus strategisch geplant, aber er wuchs auf die organischste, transparenteste und authentischste Art, die ich je gesehen habe.

Mein Antrieb und meine Inspiration kommen von IHNEN. Ich bin so demütig angesichts der Liebe und Unterstützung, die ich von fremden Leuten aus der ganzen Welt bekommen habe. Ich habe in den letzten Jahren so viel gestaunt wie noch nie zuvor in meinem Leben. Ich habe immer gewusst, dass mein Leben den Zweck haben sollte, zu helfen, das hat meine Seele immer genährt – und nun, da sich dieser Zweck offenbart hat, kann ich nur ein unglaubliches Gefühl der

Freiheit empfinden, weil ich tue, wozu ich bestimmt bin. Daraus kommt auch ein Gefühl der Verantwortung. Es gibt so viel zu tun, so viel aufzubauen, so viele Leute, mit denen ich mich verbinden muss, so viele Orte, an die ich fahren muss. Der ungewöhnliche und aufregende Teil der Verantwortung aber ist, nicht ängstlich und eingeschüchtert zu sein. Ich fühle mich motiviert, angetrieben und vor allem bereit.

So oft in den vergangenen zwei Jahren habe ich mich gefragt, warum manche Dinge in meinem Leben passiert sind und andere nicht. Aber jetzt verstehe ich die Hindernisse, die Triumphe, die Zurückweisungen, die Fehler, die Lehrstücke, die Siege und die Niederlagen. Es sind Lebenserfahrungen, aus unterschiedlichen Gründen wertvoll, die ich jetzt verstehe und die sich erstaunlich gut anfühlen.

Ich spüre, dass Jasons Tod Mat und mich zusammengebracht hat, und auch wenn wir schon einige turbulente Momente hatten, sind wir dazu bestimmt, unser Leben gemeinsam zu verbringen. Er mäßigt meine wildesten und verrücktesten Ideen, wir ergänzen uns perfekt.

Ich glaube, in der Schule gemobbt zu werden, verlieh mir Empathie für andere.

Obwohl ich Kelley in einer wirklich schwierigen Zeit kennenlernte, wurde sie einer der wichtigsten Menschen in meinem Leben und gab mir Kraft, Mut und Weisheit.

Fotografieren zu lernen war eine großartige Investition, denn es vermittelte mir die Fähigkeiten, die ich für eine Dokumentation brauchte – und es hat mir auch eine Gruppe wunderbarer Freunde beschert.

Die Teilnahme am Fitness-Wettbewerb lehrte mich, meinen Körper „nachher" zu lieben und ermöglichte die Vorher-Nachher-Fotos.

Ich bin mit den zupackendsten, liebevollsten, fürsorglichsten, hilfreichsten und großzügigsten Eltern gesegnet. Ohne sie würde es mich nicht geben.

Diese große Präsentation in Singapur zu vermasseln lehrte mich, nie wieder am Rand zu sitzen.

Wider besseren Wissens einer Müttergruppe beizutreten, als Oliver ein Baby war, brachte mich mit Emma Johnston zusammen, die mir mit unendlicher Unterstützung, weisen Worten und Ermutigungen geholfen hat.

Die Entscheidung, mein Seminar „Developing Daughters, Supporting Sons" auf Video aufnehmen zu lassen, gab mir die Gelegenheit, Hugh Fenton zu treffen.

Mikaela zu bekommen ließ mich verstehen, wie wichtig es ist, daran zu denken, welche Welt wir unseren Töchtern hinterlassen.

Alle Wege haben mich hierhergeführt und es war kein Zufall. Alles, was geschehen ist, ist aus einem Grund geschehen, und das fühlt sich fantastisch an.

Und wie geht es jetzt weiter? Nun, der Weg ist lang und steinig, aber ich bin bereit für einige Herausforderungen. Mit Seminaren, diesem Buch, dem Dokumentarfilm, lokalen Schulprogrammen, Körperbild-Workshops und mit weiteren Petitionen und Kampagnen hoffe ich, das Folgende zu erreichen:

Ich will, dass die Währung von Schönheit nicht Aussehen, sondern unsichtbare Qualitäten sein sollen.

Ich will, dass Mädchen und Jungen voller Respekt und Liebe zu ihren Körpern aufwachsen.

Ich will, dass mehr Menschen gegen Trends und Regeln aufbegehren und aufstehen für das, woran sie glauben.

Ich will, dass die Leute ihre Gesundheit höher schätzen als ihre Schönheit.

Ich will, dass die Menschen weniger auf das fokussiert sind, was sie haben wollen, sondern mehr auf das, was andere brauchen.

Ich will, dass die Leute ihren Horizont erweitern, damit sie mit mehr Dankbarkeit durchs Leben gehen können.

Ich will, dass die Leute Schönheit in Bescheidenheit, Freundlichkeit und Mitgefühl sehen und nicht in schlanken Schenkeln, flachen Bäuchen und straffen Armen.

Ich will, dass Personen mit Macht sich für das Wohlergehen der Menschheit einsetzen und nicht für Rekordprofite.

Und von einer weniger philosophischen Warte ...

Ich will niemals mehr hören:

„Ich möchte nicht fotografiert werden."

„Ich bin auf Diät."

„Sieht mein Hintern hier drin dick aus?"

„Ich hätte gern solche Brüste wie sie."

„Ich hasse meinen Körper."

„Hast du abgenommen?"

Gerade jetzt bin ich happy, zufrieden und, mehr noch als alles andere, wohl gerüstet und bereit, die Herausforderung zum Bewirken globaler Veränderung anzunehmen.

Mein Leben mit drei Kindern ist wirklich hektisch und ich habe eine Menge Dinge gleichzeitig zu tun. Ich habe gerade „UNSTOPPABLE" eingeführt – ein

Online-Programm, das Frauen helfen soll, ihr Potenzial auszuschöpfen. Wir drehen den Embrace-Dokumentarfilm und zwischendrin versuche ich mich in Karate, trainiere die U8-Fußballmanschaft und spiele sehr schlecht Gitarre.

Ich blicke optimistisch in eine Zukunft, in der ich mich viel um die Welt reisen sehe, um Vorträge zu halten und meine Geschichte, und die anderer Frauen, die ich auf dieser Reise durchs Leben kennengelernt habe, mitzuteilen. Ich liebe es, mich mit Leuten zu verbinden, und ich habe festgestellt, dass ich sehr gerne umarme, ich liebe es, jeden zu umarmen, der an mich glaubt, das Body Image Movement unterstützt und für die Botschaft eintritt. Das Movement ist eine große Familie von Leuten, die zusammenarbeiten, um positive Veränderung zu erzielen.

Und wenn ich recht in der Annahme gehe, dass Sie sich eine ähnliche Welt wünschen wie ich, dann müssen Sie aufstehen und mit mir zusammenwirken. Das können Sie, indem Sie mich in den sozialen Medien unterstützen:

Werden Sie Mitglied im Body Image Movement.

Auf der Seite www.bodyimagemovement.com finden Sie einen gelben Kasten für Ihren Beitritt („sign up"). Sie müssen nur Ihre E-Mail-Adresse einfügen, das genügt! Es ist eine tolle Methode, damit wir in Verbindung bleiben, und wenn ich etwas Wichtiges mitzuteilen habe, kann ich es Ihnen sagen.

Folgen Sie dem Body Image Movement in den sozialen Medien.

Facebook: Body Image Movement

Twitter:

Taryn: @tarynbrumfitt

BIM: @bodyimagemvmt

Instagram: BODYIMAGEMOVEMENT

Verwenden Sie den Hashtag #ihaveembraced in den sozialen Netzwerken.

Ich möchte Sie ermutigen, Posts in den sozialen Medien zu teilen, es hilft wirklich, die Nachricht zu verbreiten – und vergessen Sie nicht, all Ihren Freunden vom Body Image Movement zu erzählen!

Und schließlich möchte ich vor allem, dass Sie glauben:

Glauben Sie an sich selbst.

Glauben Sie, dass Sie Ihren Körper lieben können und glauben Sie, dass wir gemeinsam eine positive, weltweite Veränderung bewirken können.

Die Zeit ist für uns gekommen, auf Wiedersehen zu sagen. Ich danke Ihnen für die Erlaubnis, ein Teil Ihres Lebens zu werden und bitte denken Sie daran: „Ihr Körper ist kein Schmuckstück, er ist das Vehikel zu Ihren Träumen." x

DANKSAGUNG

Danke an:

Meinen Clan, Mathew, Oliver, Cruz und Mikaela – ihr seid der Hammer! Ich könnte euch nicht mehr lieben als ich es tue, wie ich immer zu sagen pflege: „Ich liebe euch so sehr, dass ich glaube, mein Herz platzt!" Danke für euer grenzenloses Verständnis und eure Ermutigungen, und dass ihr mich auf jedem Schritt begleitet.

Besonderer Dank geht an:

Mat, deine Rolle in alledem war nicht einfach! Als die Zeiten hart waren, hast du es mit mir durchgestanden, du warst mein ständiger Halt, du hast meine flatterhaften Launen ertragen und der Bewegung alles gegeben, was sie brauchte. Danke.

Meine Mum und meinen Dad, dafür, dass sie mir alles gaben, was ich brauchte. Danke für eure endlose Unterstützung, Liebe, Großzügigkeit und Freundlichkeit, ihr habt mir großartige Erinnerungen für ein ganzes Leben beschert. Ich könnte mir keine besseren Eltern wünschen. Dad, ich danke dir für deine weisen Worte, und Mum, dir für die Fülle deiner selbstlosen Taten, die mein Leben etwas weniger chaotisch machten. (Du weißt, wovon ich spreche!)

Emma Johnston, für deine weisen Worte und deine einzigartige Fähigkeit, komplizierte und verwickelte Strategien in praktische und leicht verdauliche Angriffspläne umzuwandeln. Und vor allem dafür, dass du eine tolle Reisegefährtin bist, mich auf Flügen beruhigst und nicht zu kompliziert bist bei Zweibettzimmer-Arrangements!

Heath Vogt, ich danke dir für deine grenzenlose Flexibilität, deine Geduld und dafür, dass du alle meine Anrufe annimmst, wenn etwas schiefgeht oder richtig gut läuft! Vor zwölf Monaten versprach ich dir, mehr „proaktiv" und weniger „reaktiv" zu sein, damit wir nicht immer unserem eigenen Schwanz hinterherjagen. Ich verspreche dir, diese Zeit kommt!

Kate Ellis, für die Aufnahme der berüchtigten Vorher-Nachher-Fotos! Zusammen mit all meinen tollen Fotografen-Freunden, die mich wieder aufgenommen haben. Es war nicht leicht, meinen Fotografenkreis zu verlassen, vor allem, weil wir uns gerade erst alle gefunden hatten. Es ist so tröstlich zu wissen, dass unsere Freundschaft über die Kamera hinausgeht.

Schulmuttis! Kim, Emma, Fiona, Kellie und Danielle. Vielen Dank dafür, dass ihr zum „Dienstplan" gehört, wenn ich unterwegs bin, und dafür, dass ihr mehr als Schulmutti-Freundinnen seid. Freundinnen fürs Leben, egal ob unsere Kinder miteinander auskommen, ich liebe euch alle.

Ellen DeGeneres. Ich danke dir einfach im Voraus, Ellen. Ich bin sicher, wenn dieses Buch im Handel ist, werden deine Leute mit meinen Leuten sprechen und die Magie wird sich entfalten!

Jason Butterworth, Aunty Ronda, Kelley McPhee, Steven McArthur, Nigel Marsh, Bec Derrington, Rachel Wade, Hugh Fenton, Operation Global Change, New Holland Publishers und alle Freunde, die an mich glauben, mich unterstützen und lieben.

ÜBER DIE AUTORIN

Taryn Brumfitt liebt das Leben, die Menschen und mehr als alles andere ihren Mann und ihre drei Kinder. Sie ist die Gründerin und die ansteckende Stimme hinter dem Body Image Movement, einer globalen Bewegung, die verändern will, wie Frauen über sich selbst und ihre Körper denken.

Als Autorin, Rednerin und freier Geist ist Taryn eine international anerkannte Aktivistin, die sich für ein positives Körperbild einsetzt, wofür sie – neben Beyoncé und Kate Moss – mit einem der „Frau des Jahres"-Preise des *Brigette*-Magazins ausgezeichnet wurde. Sie erreicht mit ihren starken Botschaften über 100 Millionen Menschen weltweit in den sozialen Netzwerken.

Mit ihrer Seminarreihe „Developing Daughters, Supporting Sons" und ihrem Online-Programm „Unstoppable" möchte Taryn eine Generation starker Frauen formen.

Nach Interviewauftritten bei *Good Morning America, 60 Minutes, The Today Show* und Abbildungen auf den Titelseiten von *Women's Health* und *Fitness,* konnte Taryn für ihr neuestes Projekt, den Embrace-Dokumentarfilm, die Unterstützung von Stars wie Rosie O'Donnell, Zooey Deschanel, Ashton Kutcher, Ricki Lake und Nora Tschirner gewinnen und 9 Millionen Zuschauer mit dem mitreißenden Trailer bewegen.

Taryn tanzt gerne, als ob ihr niemand zuschaut (selbst *wenn* Leute zusehen), trinkt gern grüne Smoothies, verteilt Tritte beim Karate und liebt es, Bücher in der Hängematte zu lesen … Und wer sie schon im Interview gesehen hat, kennt auch ihre berüchtigte pink-orange Brille!